SHODENSHA
SHINSHO

000万人社会の衝撃

消滅から日本消滅へ

久和

祥伝社新書

はじめに

ほぼ四半世紀にわたる経済の閉塞感に加え、本格的な人口減少が始まり、誰もが日本の行く末を案じているように見える。しかし、世間の議論の多くは目前の問題に捉《とら》われ、先々の戦略は二の次となっているようにしか思えない。少子化問題もどこか他人事《ひとごと》のようであり、消費税の負担もいまの懐勘定《ふところかんじょう》だけが先走っている。

「地方消滅」というショッキングな指摘が世間を震撼《しんかん》させたが、地方が消滅した先には日本全体の消滅が待っている。東京だけが生き残れるわけはなく、遠い未来ではあるが、この日本という国自体がなくなってしまうかもしれない、そんな心配もある。

そんなことはない、大丈夫だよ、という根拠のない楽観主義が蔓延《まんえん》すればそれこそ、回復できない深刻な経済や社会状況に落ち込んでしまう。現在は奈落《ならく》の底へ落下することを回避できる、本当に最後のチャンスであるし、そう信じたい。

2015年の国勢調査によって、初めて人口減少が確認された。1970年代中盤から続く少子化の状況は、高齢化を伴って社会保障や財政に大きな負担をかけ続けている。経済成長を持続するには働き手の確保や技術の進歩が欠かせないが、人口減少・高齢化はこうした経済のエンジンに不調をもたらし始めている。国土の構造も人口が増加していた時代の名残《なごり》から脱却できず、コンパクトな街づくりも進んでいない。

これらの問題についてはさまざまなところで議論され、批評され、そしていくつもの新しい政策が提案されている。しかし、人口、経済、国土、財政・社会保障を包含し、鳥の目で俯瞰《ふかん》した著作というものはそれほど多くはない。また、できうる限り客観的に議論を行なうには、データなどを提示して議論を進める必要もある。

本書では、これらの課題を把握・整理し、将来の布石となるような政策の提案を試みている。まずは本書を開いていただきたいが、その先で「将来の世代に豊かな社会を残すにはどうすればいいのか」という議論が巻き起こり、日本を消滅から救うための政策論争が盛り上がれば幸いである。

第1章では、まずは人口減少の実態と人口減少・高齢化が引き起こす問題を整理する。これまでの類書と異《こと》なるのは、人口問題を経済社会と密接に関連させて解説した点である。また人口減少楽観論への反論などを踏まえ、日本がどれだけ大変な事態となっているかを明らかにしようと考えた。

第2章は、これまでの経済成長の歴史を振り返りつつ、人口変動との関係から経済成長の要因を分析した。これによって、これからも持続的に成長ができるかどうかが見通せる。同時に、経済成長がどうしても必要なことを強調している。

第3章は、増田《ますだ》レポートで注目を集めた「地方消滅」のロジックと筆者なりの解釈を加えて国土のあり方を議論した章である。ここでの主張は筆者個人の責任に帰《き》するが、今後の国土構造については人口減少に即した視点が不可欠となる。

第4章は、財政と社会保障の現状をまとめたものである。膨大な政府債務の現状や現在の年金・医療・介護制度などを、将来世代に引き継ぐための条件などを議論する。

第5章は、それまでの章を受け、四つの分野（人口、経済、国土、財政・社会保障）に関して「日本消滅を回避する戦略」を検討したものである。まだまだ足りない部分はあるが、議論を進めるうえでの「叩き台」として利用してもらえれば本望である。

著者の試算では、このまま少子化が改善しなければいまから50年後（２０６６年）の人口は８０１９万人になり、１００年後（２１１６年）には３９２５万人、そして２２００年を迎えると１１６４万人になる。日本は８０００万人社会を迎えるのか、それとも……。

目次

第2章　これからも成長は可能か　65

第3章　東京一極集中と地方創生　119

第4章　危機にある財政と社会保障　175

第5章　日本消滅を回避する戦略　233

図版作成……………篠　宏行

第1章　8000万人社会の到来

東京やその近辺に住んでいると、人口が減っているという実感はなかなかわかない。都心では若者や子どもを連れた家族も多く、高齢化が進んでいるという現実感にも乏《とぼ》しい。しかし日本はすでに人口減少に陥《おちい》っており、このまま推移すれば50年後の人口は現在の3分の2程度にまで減ってしまうことになる。

株価や為替《かわせ》、経済成長率といった経済変数と違って、人口の変動のスピードはきわめて緩《ゆる》やかで、人口減少の大きなトレンドを肌身で感じることがなかなかできない。そこが人口問題の難しいところで、気がつけば後戻りできないところまで来てしまっている。

そのような〝見えにくい〟人口が、いまどうなっていて、これからどうなるのか。また、その背景にある少子化の根本問題は何なのか、などの話題から議論を始めたい。

1　ピークを過ぎた総人口

人口を数えることの難しさ

人口総数を正確にカウントすることは、なかなか難しい。大学の教室にいる学生が何人いるか、ということだけなら目で追って数を確認できるが、数えているうちに教室から抜け出したり、反対に遅れて教室に来る学生もいたりして、学生の数は時間とともに変動する。

日本全体の人口を数えることはさらに難しい。赤ちゃんが生まれたり、高齢者が亡くなったり、海外に転勤する人がいるかと思えば、海外から日本に来る人もいる。絶えず人口は変動している中で、正確な数を求めることはほとんど不可能に近い。

このほとんど不可能に近いことを成し遂《と》げようとするのが、総務省統計局による「国勢調査」である。国勢調査は5年に1回、実施される。ちなみに、日本では10月1日時点の人口がその年の代表値になり、国勢調査も10月1日に実施されている。

2015年の10月に行なわれた国勢調査はこれまでと異なり、インターネット回答などが可能になった。しかし、日本全体の人口を把握しようとすると、最終的には国勢調査の調査員が回答をしていない世帯の人口を確認して報告するなど、非常に手間がかかるうえに、申告の漏《も》れなどもあり、人口のカウントには不確実性は避けて通れない。

それでも総人口（これには日本人だけではなく外国人も含まれる）がどれだけなのか、ということは行政などにとっても大事な指標なので、総務省統計局では毎月、「人口推計」によって人口総数などを公表している。

これは国勢調査の人口を起点として、毎月の出生数と死亡数の差（これを自然増減という）および海外からの転入数と転出数の差（これを社会増減という）を加えることで、翌月の人口総数などを推計するものである。ある意味、人口の変動はこの四つの要因を考えればいいのであり、いかにこの四要因を正確に把握するかが問われる。

この5年間で和歌山県が消滅？

日本の総人口の推移を振り返ると、第1回国勢調査を行なった1920年の総人口は5596万人、また第二次世界大戦後の1945年の総人口は7215万であった。1億人を超えたのは1967年であり、総人口は1億20万を数えた。このとき、筆者は小学生で、社会の授業で先生が1億人を超えたことを誇らしげに語っていたのを覚えている。

その後、1984年には1億2千万人を超え、2005年の国勢調査では1億2777万人となった。2010年の国勢調査では1億2806万人であり、この5年間では人口増となるが、その間に総人口のピークがあった。

先ほど紹介した総務省統計局「人口推計」によれば、2008年12月の1億2810万人が日本の総人口のピークであったとみられる〈図表1‐1〉。後で述べるように、日本

〈図表1-1〉わが国の総人口と人口増加率の推移

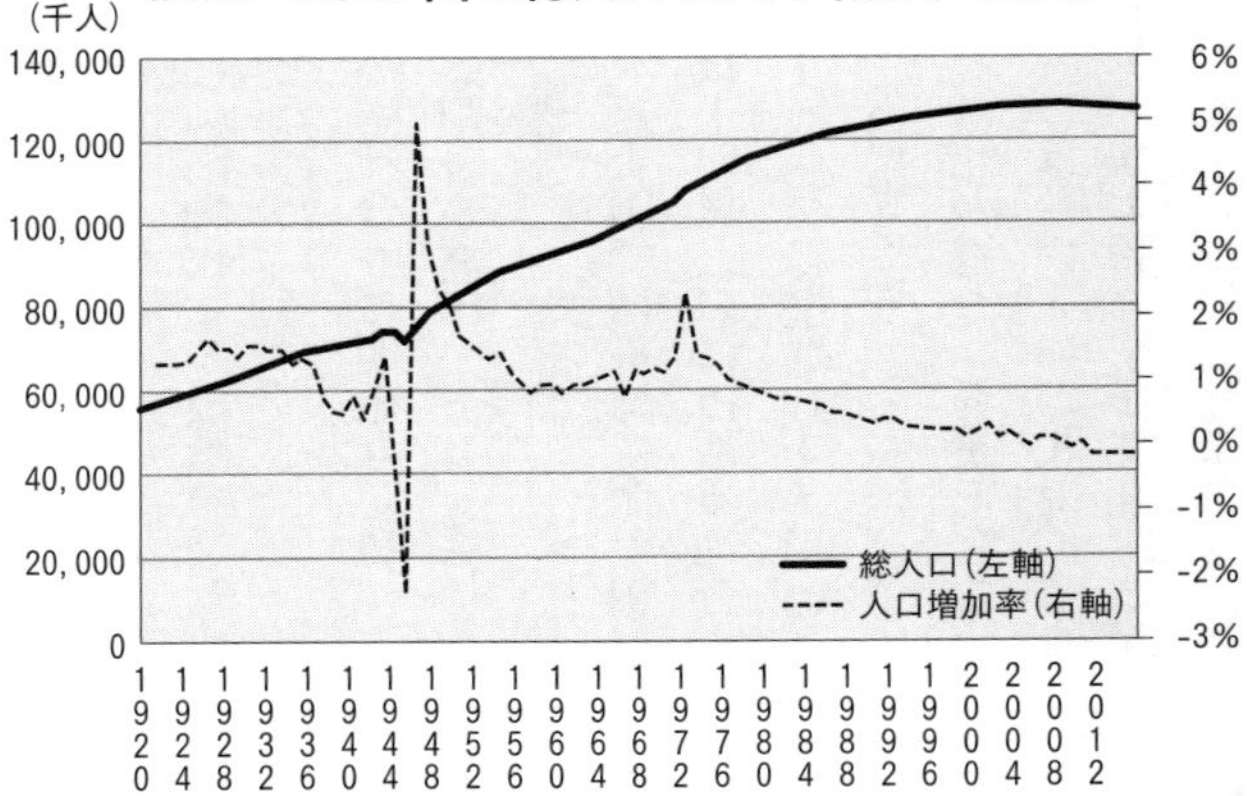

資料：国立社会保障・人口問題研究所「人口統計資料集」（2015年版）、総務省統計局「国勢調査」、「人口推計」

のこれからの長い未来を通じても、この値《あたい》を超えることはほとんどありえないであろう。

さて、２０１０年の国勢調査では総人口は１億２８０６万人であったが、２０１５年の国勢調査（速報）によれば総人口は１億２７１１万人にまで減少している。この５年間で95万人もの人口が減少したことになる。数字だけをみてもわかりにくいが、この値はほぼ和歌山県１県分の人口（２０１５年の和歌山県の人口は96・４万人）に相当する。この勢いはさらに加速し、今後、２０２０年までには四国４県分の人口が消滅すると予測されている。将来の人口については後で触れる。

超高齢社会に突入

問題は人口減少だけではない。超高齢社会がすでに始まっていることである。日本の状況は「高齢化」の段階を通りすぎ、すでに「高齢社会」に突入し、さらに「超」がつく社会となっている。

「高齢社会」に明確な定義があるわけではないが、一般に、65歳以上の人口が総人口に占める割合が高い（たとえば14％という基準がよく使われる）社会を指す。65歳以上の割合が「高齢社会」より低いのが「高齢化社会」である。ただし、最近の国連のレポートなどでは、途上国では平均寿命が相対的に短いなどの事情から、世界共通の高齢化指標として60歳以上が総人口に占める割合を用いるなど、柔軟に捉えている。ちなみに、日本では、2015年では65歳以上人口の比率は26・7％と人口の4分の1を超えている（総務省統計局「人口推計」）。

高齢化が進む（高齢者の比率が高まる）理由は大きく二つに分けられる。

一つは若い人口が相対的に少なくなること、すなわち出生率の低下・出生数の減少で、もう一つは平均寿命の伸長である。平均寿命が延びたということは、高齢者の死亡率が低下してきたことを意味する。

なお、平均寿命はその年に生まれた赤ちゃんが平均的に何歳まで生きられるか、を示す指標である。したがって、すでに生まれた人がその年齢まで平均的に生きられる、というわけではないが、平均寿命が延びればすでに生きている人の生存年数が延びることも期待される。この期待される生存年数を平均余命と言う（たとえば65歳時点の平均余命などと使う）。個人的には「余命」という言葉はあまり好きになれない。

日本が世界でも最高齢の平均寿命を誇ることは、よく知られている。２０１０年の男性の平均寿命は79・55年、女性は86・30年と計算されている。これは30年前（１９８０年）の平均寿命（男性73・35年、女性78・76年）と比較すると男性は6年、女性は8年近く延びている。諸外国と比べても女性は世界一、男性は香港《ホンコン》やアイスランドに次いで世界第三位である。

先ほど述べたように、高齢化の指標は柔軟である。１９８０年の65歳時点の平均余命は男性が14・56年、女性が17・68年であったが、２０１０年では男性が18・74年、女性が23・80年まで延びている（厚生労働省「完全生命表」）。単純にみればおよそ30年間で、4〜6年も平均余命が延びているのである。平均余命から逆算すると、現在の65歳は昔の60歳に相当すると言える。

それだけでなく、周りを見渡せばまだまだ65歳は若い。人口の指標あるいは基礎年金の支給開始年齢からみれば、65歳は高齢者の区切りになるが、近年では75歳、すなわち後期高齢者を一つの区切りにするほうが実態を表わしているように思われる。

75歳以上人口の総人口に占める比率をみると、2015年では12・9%となる（総務省統計局「人口推計」）。言いかえれば総人口の8人に1人を超える人口が75歳以上なのである。冒頭でも述べたが、都心に住んでいるとその実感は薄いが、少し都市部を離れて地方に向かえば、まさにそのとおりの地域も多い。そもそも歴史上、75歳以上人口がこれほど生存している社会というものは存在したであろうか。まさに日本は未曾有《みぞう》の超高齢社会に突入したのである。

高齢化の指標をもう少し付け加えておこう。国勢調査をもとに平均年齢や中位数《ちゅういすう》年齢を計算することができる。中位数年齢は、すべての人に年齢順に並んでもらったときに、ちょうど真ん中に立つ人の年齢である。すなわち中位数年齢より上の人口総数と下の人口総数が同じになる。この中位数年齢は2010年で45・0歳であった。50年前（1960年）が25・6歳、30年前（1980年）が32・5歳であったことを考えると、人口全体が高齢化していることがわかるであろう。

100歳以上の人口も急増している。2015年では、100歳以上人口はすでに6万3千人を数えており、毎年3万人程度が100歳を迎える。昔であれば100歳の長寿はそれこそ珍しいものであったが、いまや百寿の記念品として首相から贈られる銀杯のコストが問題になるほど、高齢者が増えているのである。もちろん、長寿は喜ばしいことであるが、しかしその高齢者を支える土台をしっかりとしたものにしなければならない。

出生数は100万人割れ目前

人口の動向はおもに出生数と死亡数の動向で決まる。とりわけ日本のように海外からの移住者が少ない場合には、国内の出生と死亡で人口の動向がほぼ決定する。人口が減少するということは、端的に言えば死亡数が出生数を上回っているということである。

〈図表1-2〉は厚生労働省「人口動態統計」から、出生数と死亡数の推移を示したものである。これによれば2005年以降、死亡数が出生数を上回っており、2015年では死亡数は129・0万人と130万人に迫る一方、出生数は100・6万人と100万人を割るぎりぎりのところにある。

死亡数は高齢化とともに年々増加し、2003年に101・5万人と初めて100万人

〈図表1-2〉出生数と死亡数の推移(千人)

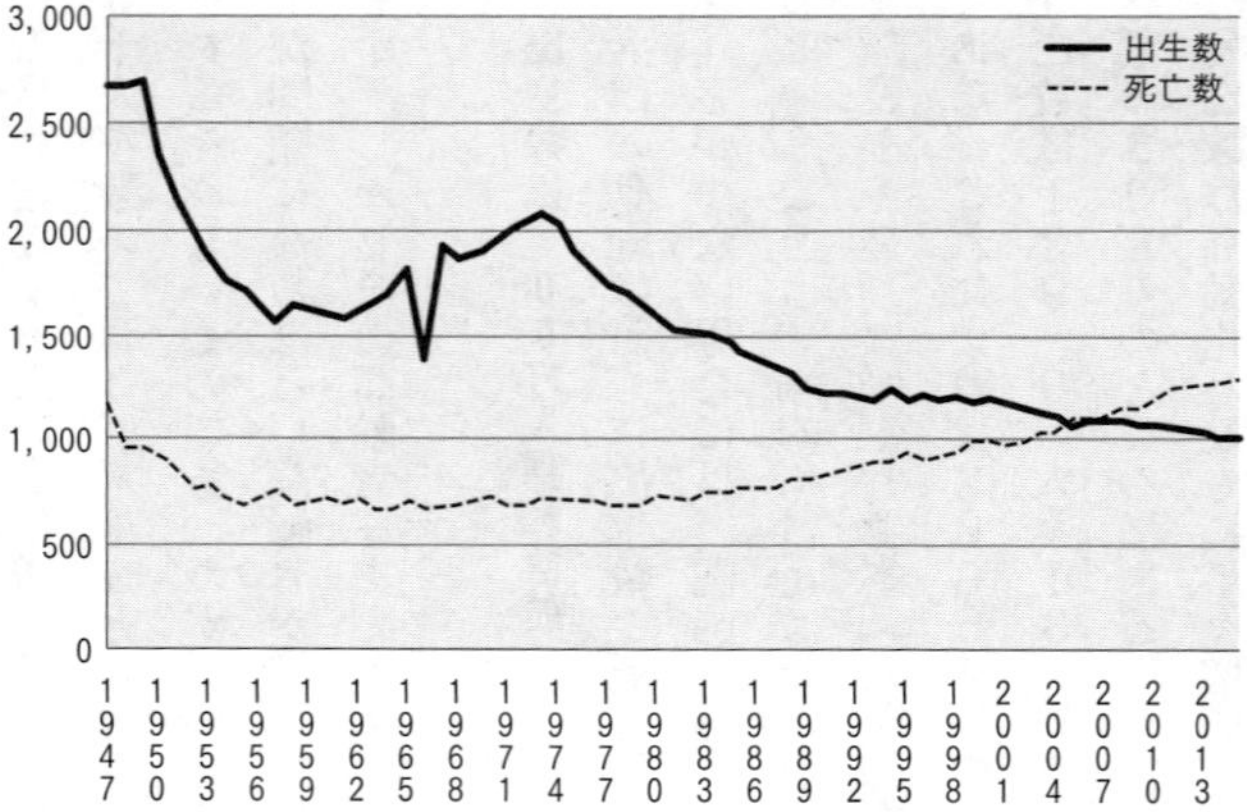

資料：厚生労働省「人口動態統計」

を超えたのち、さらに増加が速まっている。その一方、出生数は大きく落ち込んでいる。すでに述べたように、２０１５年が１００・６万人、２０１４年は１００・３万人と１００万人の壁をぎりぎり踏みとどまっている。

しかし、それも時間の問題であろう。２０１６年以降、１００万人を下回ると見込まれる。振り返ってみると団塊の世代（１９４７～49年生まれ）の出生数はおよそ２７０万人であった。また、団塊世代の子どもにあたる第二次ベビーブーム世代の出生数も、２００万人を超えていた。

最近の出生数を少し追ってみよう。現在、40歳前後となっている１９７５年に生まれた世代の出生数は１９０・１万人であった。この世代は、第二次ベビーブームの最後に当たる。それから10年が経過した1985年の出生数は、143・2万人とおよそ50万人も減少している。さらに1995年の出生数は118・7万人にまで減少している。

1995年に生まれた子どもたちは現在20歳前後、大学に進学していれば大学3年生になっている。彼らもまた少子化時代の子どもたちなのであるが、ここ数年に生まれた世代の出生数はそれよりもさらに15～20％も少ないのである。彼らが18歳になり、大学受験をする頃の受験風景は、いまとは違ったものになろう。

強まる東京圏集中

これまでは全国の人口について時系列で見てきたが、人口の地域分布についても簡単に触れておこう。本書の他の章で、東京一極集中を扱う部分があるので詳細はそちらに譲《ゆず》るとして、概略だけを押さえておきたい。

すでに述べたように、2015年の総人口は1億2711万人であり、30年前（1985年）の1億2105万人と比べるとおよそ606万人の人口増加となっている（国勢調査の速報値による）。しかしながら、都道府県別にみると総人口の増減には大きな違いがある。

この30年間で、最も総人口が増えたのは神奈川県で169・5万人増であった。さらに東京都が168・5万人、埼玉県が139・7万人、千葉県が107・6万人人口を増やしており、東京圏に位置する1都3県の人口増加が著《いちじる》しい。反対に、最も人口が減少したのは北海道で29・5万人減、続いて秋田県で22・1万人、長崎県で21・6万人の減少を記録している。

こうした人口増減に関する都道府県別の違いによって、人口分布も大きく様変わりをしている。人口分布の状況をみるため、三大都市圏（東京圏〈埼玉、千葉、東京、神奈川〉、中京圏〈愛知、岐阜、三重〉、関西圏〈滋賀、京都、大阪、兵庫、奈良、和歌山〉）の人口が全国に占める割合（集中度）を取り上げてみよう。

三大都市圏への人口の集中度は1985年の50・0%から2015年では53・6%に高まっている。その増加幅はわずかに見えるが、しかし東京圏だけを取り出すと1985年の25・0%から2015年に28・4%へと上昇しているのに対し、中京圏、関西圏の合計では1980年の25・1%から2015年でも25・2%とほとんど変わっていない。すなわちこの30年間では、総じて東京圏だけが人口の集中度を高めているということである。

人口の集中だけをみると、東京圏が突出していることがうかがえる。

2 人口減少の主因は少子化

低迷が続く出生率

2015年の合計特殊出生率（一人の女性が一生の間に産む子どもの数の目安）は、1・46と依然として低いままである。合計特殊出生率が1・46であると、たとえすべての女性が結婚して母親になっても、それぞれが1・46人しか子どもを産まないので親世代（両親の数である二人）の人口を維持できないことになる。

合計特殊出生率が2・07であれば、その世代の人口を維持できるとされ、この出生率の水準を人口の置換え水準と言う。ただし、この合計特殊出生率という指標は、仮想の値であることに注意する必要がある。というのは、一人の女性が何人の子どもを産むかということは、少なくともその女性の15～49歳までの期間（最近では50歳を超えての出産もあるが、これまでは49歳を出産の上限と考えていた）を観察しなければわからないことである。

しかし、それだけの期間を待っていたのでは、年々の出生動向を把握できないので、毎年の女性の年齢別の出生率（母の年齢別の出生数をその年齢の女性人口で除した値）を15～49歳まで加えて求めたものが、この合計特殊出生率である。仮想の値とはいえ、出生動向を示す重要な指標となっている。

日本の合計特殊出生率の推移をみると、戦争直後のベビーブームの時代（1947～49年）では4・5前後であった。その後、低下したものの一時期を除きしばらくの間は、2・0を超えていた。なお、1966年の丙午《ひのえうま》の年には一時的に1・58まで低下したが、翌年には2・23に回復している。これが2・0を下回るようになったのは1970年代半ば以降である。

この時期は高度経済成長が第一次石油ショックによって終焉《しゅうえん》を迎え、経済にとって戦後最初の構造転換を経験したときでもある。1975年に1・91を記録すると、それ以降、再び2・0を超えることはなかった。少子化を合計特殊出生率が人口の置換え水準（2・07）を下回る状態と定義すれば、すでに40年近く少子化が継続していることになる。

少子化の危機感が一気に高まったのは1990年の1・57ショック以降である。前年（1989年）の合計特殊出生率が1・57と丙午の年の1・58を下回ったことから、少子化問題が大きくクローズアップされた。そもそも少子化という言葉が一般的になったのは、

1992年度の国民生活白書が「少子社会の到来，その影響と対応」をテーマとしたことが大きく寄与している。同白書では、少子化を「出生率の低下やそれにともなう家庭や社会における子供数の低下傾向」と定義している。

1990年前半にバブル経済が崩壊し、いわゆる「失われた10年」の時代に入ると、合計特殊出生率はさらに低下を続ける。1995年に1・42と1・5を下回り、2005年にはとうとう1・26と戦後最低水準を記録した。その後、団塊ジュニア世代の出産適齢期等もありやや改善するものの、2014年1・42、2015年1・46と近年ではその水準は足踏みをしていて、人口の置換え水準2・07には程遠い水準にある。

世界に広がる少子化

少子化に悩んでいるのは日本だけではない。〈図表1-3〉は日本を含むOECD（経済協力開発機構）の主要8カ国の合計特殊出生率の推移を示したものである。

日本に加え、ドイツ、イタリア、スペインといった国々の合計特殊出生率は1・2～1・4程度の低水準に位置している。一方、アメリカ、イギリス、フランス、スウェーデンといった国々の出生率は現在でも1・8～2・0の水準を維持している。

〈図表1-3〉先進国の合計特殊出生率

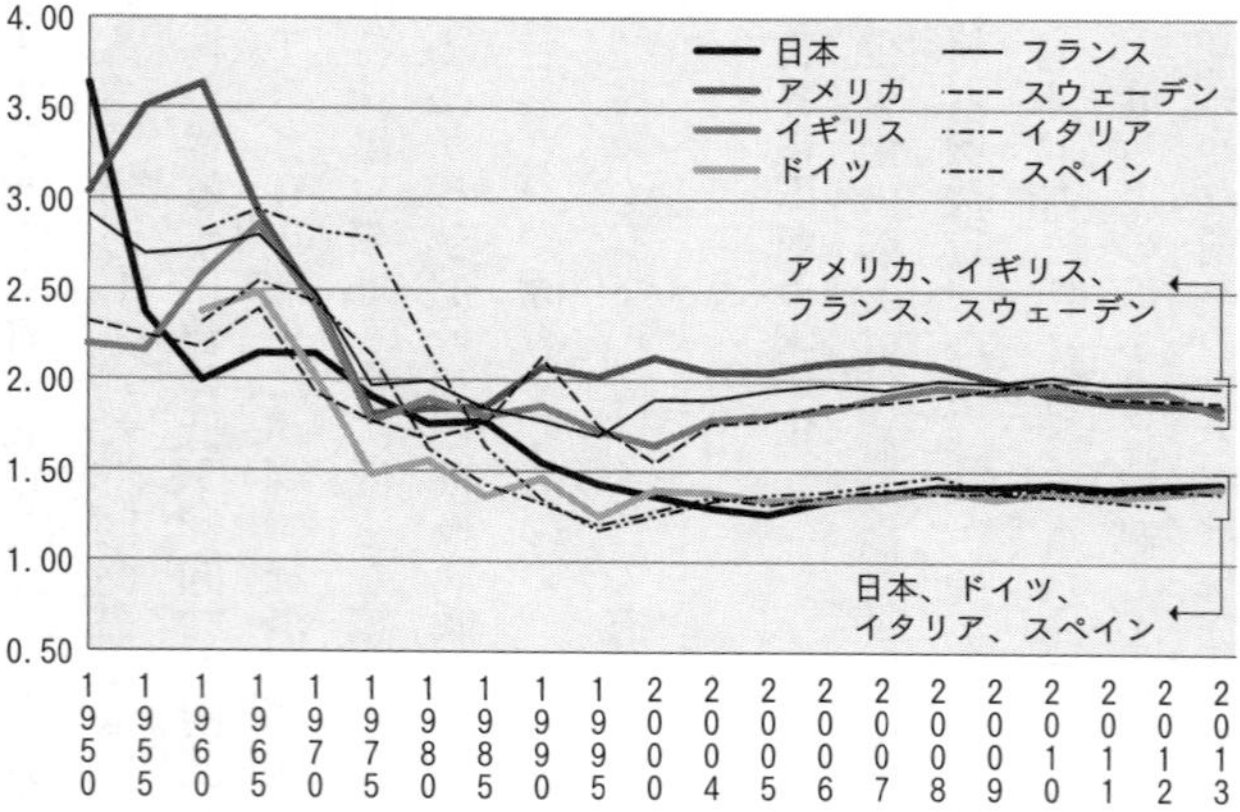

資料：United Nations "Demographic Yearbook"他

図表のように近年ではこれら8カ国の合計特殊出生率は二つのグループに分化しているが、興味深い点は出生率の高い国々には第二次世界大戦の戦勝国が含まれ、低い国々は当時の枢軸国《すうじくこく》や独裁的な国（スペイン）が含まれているということである。なお、2010年の時点では、OECDに加盟している国のおよそ半数の国でその合計特殊出生率は1・8を超えている。

さらにアジアをみると日本よりも出生率が低い国も多い。2013年の合計特殊出生率をみると韓国は1・19、台湾は1・07、またシンガポールも1・19であった。東南アジアでもタイの合計特殊出生率は1・40（2012年）と日本よりも低く、また、ベトナムも合計特殊出生率が徐々に低下し1・8程度と推定されている。先日、中国では一人っ子政策の廃止が正式に決定されたが、しかしこれにより現在の合計特殊出生率の水準1・5程度から大幅に上昇するとは考えにくい。

すでに述べたように、人口減少の主要な要因は出生率の低下にある。したがって、このように低出生率に直面するアジア諸国においても、人口減少が現実となる日は遠くない。国連が公表した「世界人口予測2015年版」によると、タイは2020年代中頃、中国は2030年頃、韓国は2030年代中頃に人口減少に転じるとされている。

少子化の要因を探る――結婚行動の変化

少子化の原因は何だろうか。多くの経済学者がこの問題に挑戦してきた。経済成長とともに人々の生活が豊かになるにつれ、子どもへの教育投資が増える、あるいは公的年金制度等の発達によって老後、子どもに頼る必要がなくなるなど、経済社会のさまざまな要因が複雑に絡《から》み合って生じたと考えられる。アジア諸国の少子化は、共通してこうした要因が影響している。

日本では、少子化の要因として結婚行動の変化が影響しているという議論が多い。晩婚化や未婚化といった人口学的な変化と、社会経済環境の変化を分けて考える議論である。日本の社会では、結婚が子どもを持つことの前提条件となっている。これは非嫡出子の割合が低いことからもわかる。２０１４年では非嫡出子が出生数全体に占める割合は２・４％であり、近年やや上昇しているものの、終戦直後の１９５０年の２・５％と比べてほとんど変わりはない（厚生労働省「人口動態統計」）。

一方、近年「授かり婚」が増加しており、これは結婚と出生が分離しはじめた兆候であるという見方もある。しかし厚生労働省（２０１０）「人口動態統計特殊報告―出生に関する統計」によれば、結婚期間が妊娠期間より短い場合の出生（これが「授かり婚」の定義である）数が嫡出第1子出生に占める割合は２００９年で25・３％と１９９５年の22・５％よりも上昇しているものの、この20年間では大きく変化したとは言えない。こうしたことを踏まえると、依然として結婚と出生は密接につながっていると考えられる。

では、１９７５年に合計特殊出生率が２・０を下回ってからの40年近くの期間、結婚行動はどのように変化してきたのだろうか。まずは女性の平均初婚年齢を見てみよう。１９７５年時点の女性の平均初婚年齢は24・７歳であったが、１９９５年には26・３歳、さらには２０１５年では29・４歳まで上昇している（厚生労働省「人口動態統計」）。まさに晩婚化が進行していると言ってよい。

女性の未婚率も上昇している。総務省統計局「国勢調査」によれば、25〜29歳未婚女性の割合は1975年の20・8%から1995年48・2%、2010年では60・3%にまで上昇している。さらに30〜34歳女性の未婚率も1995年の19・7%から2010年では34・5%へとほぼ2倍に高まっている。そのため、第1子の平均出産年齢も1975年の25・7歳から1995年の27・8歳、2013年では29・8歳にまで上昇している（国立社会保障・人口問題研究所〈2014〉）。

晩婚化は確実に出生数を減少させる。たとえば女性が35歳までに子どもを持とうと考える場合、1975年の平均初婚年齢である24・7歳で結婚すれば10年の期間があるのに対し、2015年の平均初婚年齢である29・4歳では5・5年しかない。それだけ子どもを持つ機会が減少すると解釈できる。

近年では40歳を超えた出産も見られるが（2014年では全体の出生数の5・1%）、生涯にわたって結婚しない男女も増えているため、高齢出産の増加も少子化改善には限界がある。ちなみに女性の生涯未婚率（50歳時点の未婚者の比率）は、1975年は4・3%、1995年は5・1%とその間の上昇幅は小さかったが、2010年では10・6%にまで急上昇している。

少子化の要因を探る――経済社会環境からの視点

少子化は結婚行動だけで説明できるものではない。そもそも結婚行動がなぜ変化したのか、という点を明らかにしなければ問題の解決にはつながらない。言いかえれば、結婚行動の変化をもたらした水面下の経済社会状況を明らかにする必要があり、同時に経済社会の諸条件が直接的に出生行動へ与える影響についても検討しておく必要がある。

もちろん、結婚や出生行動の変化の背景には、人々の価値観の変化も大きい。しかし、価値観が変わった、というだけでは何の説明にもならない。価値観の変化を示すエビデンスと出生行動との因果《いんが》関係等を解き明かさなければ説明を放棄していることと同じである。

出生行動に影響を与える経済社会環境は多々あるが、ここでは三つの視点に絞って整理しておきたい。第一は、子どもを持つことのコストの上昇である。生活が豊かになるにつれ、子どもに対する投資が増加し、育児や教育の費用が上昇したというものである。

やや古いデータであるが、文部科学省「平成21年度　文部科学白書」によれば大学を卒業するまでに各家庭が負担する平均的な教育費は、幼稚園から高校まで公立でかつ国立大学に進学した場合は約1000万円、すべて私立の場合には約2300万円になると試算されている。家庭によっては、これ以上の負担がかかる場合もあるだろう。

子どものコストにはこれ以外にも目に見えない「機会費用」もかかる。これは次の論点とも関連するが、もし女性が出産・育児と就業との選択を迫られ、働くことをあきらめれば、生涯得られたであろう所得を失うこととなる。この逸失《いっしつ》所得が機会費用に相当する。

これも少し古いデータであるが、内閣府「平成17年度　国民生活白書」の分析によれば、大卒の女性が卒業後、60歳まで就業を継続した場合の生涯賃金は2億7700万円と推計され、一方、28歳に出産のため退職し、子どもが6歳になったときにパート・アルバイトとして再就職する場合の生涯所得は4913万円にとどまり、逸失所得の割合は82%にものぼるという。

子どものコストと出生率の関係については、1992年にノーベル経済学賞を受賞したゲーリー・ベッカーによる質量モデルが有名である。これは教育費用など子どもの質を高めるコストが高まると、子どもの数（量）が減少するということを述べた理論であり、まさに前述の状況を説明したものである（詳細は拙著『人口経済学』〈日本経済新聞出版社〉参照)。

第二は、女性の働き方の変化に伴《ともな》う、出産と育児の両立を可能とする社会システム・制度の不備である。近年、育児休業等が整備され、これを利用する女性も増えてきたが、それでも出産・育児によってキャリアの継続が難しくなるケースはまだまだ多い。

国立社会保障・人口問題研究所「第14回出生動向基本調査(夫婦調査)(平成22年)」によれば、第1子出産前後の女性の継続就業率は38%程度にすぎない(出産前に有職であった者が出産後に就業継続した割合)。育児・介護休業などの制度は充実してきても、それを社内で取得できる雰囲気に乏しいという指摘もある。とりわけ、第2子以降の出産でこの壁にぶつかる女性も多いと見られる。

こうした就業と出産・育児との両立が依然として難しいという問題は、結婚行動にも影響を与える。なぜなら、女性が結婚を決断するとき、その後の人生の方向性も同時に考慮しており、結婚・出産・育児と就業を分けて考えているわけではないので、結婚促進だけでは少子化問題の解決にはならない。言いかえれば、たとえ晩婚化・未婚化が解消したとしても女性の就業と出産・育児の両立を支援する仕組みが整わなければ、出生率の向上につながるとは限らないということである。

第三は、若年層を中心とした雇用環境の問題である。結婚や出産など家族を形成するには安定的な雇用や所得が不可欠である。たとえば内閣府「平成27年版　少子化社会対策白書」によれば、「非典型雇用（筆者注・非正規雇用）の人の有配偶率は正社員の人の半分以下となっているなど、就労形態の違いにより家庭を持てる割合が大きく異なっていることがうかがえる」などという分析もある。

また、総務省「労働力調査（2015年）」から正規・非正規別の男性の有配偶率をみると、30代前半では正規労働者の有配偶率は59・5％であるのに対し、非正規労働者の有配偶率は22・7％に留まるなど、雇用形態によって大きな違いが見られる。雇用の安定化は家族形成にとって重要な要因である（〈図表1－4〉参照）。

安定した雇用と所得が出生率を高めるという視点に関して、社会学者のイースタリンは相対所得仮説が参考になる。この仮説によれば、親は、自分が子どもであった時代の生活水準と将来の期待される生活水準とを比較して、将来より豊かな生活ができると考えれば子どもを持ち、そうでない場合は子どもを持つことを控える、というものである。

高い経済成長が期待されれば出生率は高まることになるが、反対に経済成長に悲観的であれば出生率は低下する。相対所得仮説を引用すれば、日本では1990年代半ば以降、

〈図表1-4〉年齢別有配偶率（2015年、男性）

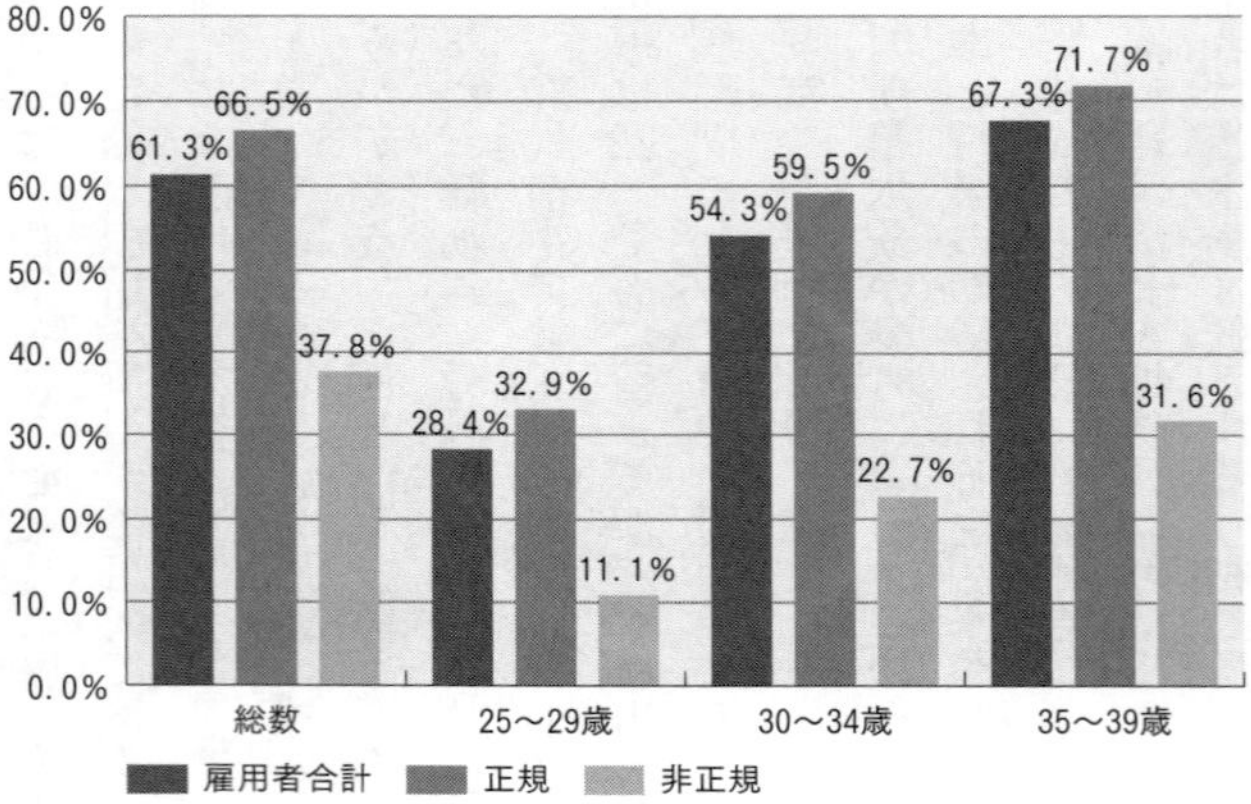

資料：総務省統計局「労働力調査」

一段と合計特殊出生率が低下したが、その背景には失われた10年とされる経済停滞が要因の一つとしてあったと考えられる。

婚外子は出生促進となりうるか？

すでにみたように、先進国では高い出生率を維持している国々（アメリカ、フランス、スウェーデン等）と低出生率に悩む国々（日本、ドイツ、イタリア等）に分かれている（〈図表1-3〉（28ページ）参照）。

このうち、フランスやスウェーデンでは結婚は必ずしも出産の前提条件となっていない。両国では同棲などによる婚外子の割合が高いことが知られている。ＥＵの統計局であるユーロスタットによれば、２０１２年の婚外子の割合はフランスが55・8％、スウェーデンでは54・5％にのぼり、嫡出子よりもその割合は多くなっている。

　わが国でも、結婚と出生の結びつきをほどくことで少子化の改善に寄与するという議論も聞かれる。はたしてそうだろうか。

　出生率が低迷しているドイツではフランスやスウェーデンとは異なる動きが生じている。近年、ドイツでは非嫡出子が増加しており、出生全体に占める非嫡出子の割合は1995年では16・1％であったが、2012年では34・5％と倍増している。しかしながら合計特殊出生率はこの10年間、1・3～1・4の間を低迷しており、非嫡出子の増加が出生率の上昇に結びついているとは言えない。

　このことは何を物語っているのか。それは日本では結婚が出生行動の前提となっているという議論が一般的であるが、この前提条件を外しても、出産・育児環境を整備しなければ少子化問題は解決しないということとなる。近年、政府は「婚活」を少子化対策の一つとして支援しているが、2015年の「行政事業レビュー」でも取り上げられたようにその効果は疑問であると言えよう。

さて、ここまでは、すでに生じ始めた人口減少の状況や、人口減少をもたらした主たる要因である少子化の要因等を整理してきた。次はいよいよ、本書のテーマである「8000万人社会」出現の衝撃について語りたい。

3　8000万人社会の衝撃

2060年の人口は、2010年の3分の2に

政府（厚生労働省並びに国立社会保障・人口問題研究所〈社人研〉）は、ほぼ5年ごとに将来の人口推計を行なっている。直近の将来人口推計は2012年1月に公表されている。〈図表1－5〉は過去4回の将来人口推計による総人口の予測を比較したものである。推計の詳細については後述するとして、まずは総人口の推計値だけを紹介しておきたい。

すでに述べたとおり、2015年の国勢調査による総人口（速報値）は1億2711万人であった。なお、2012年の社人研の推計の基礎になった総人口は2010年の1億2806万人である。総人口は出生率・死亡率とも中位の仮定（標準的な仮定）の下では2025年に1億2066万人となり、翌年以降1億2千万人の大台を割り込み、203

5年では1億1212万人、さらに2048年には1億人を下回り9913万人となると計算されている。この推計の最終年にあたる2060年では総人口は8674万人にまで減少する。さらに筆者の推計によれば、いまから50年後の2066年には8019万人となる。

2060年時点の総人口の推計値である8674万人はどの程度の規模であろうか。数値が大きくて直感的にはわかりにくいが、2010年と比べると4132万人の減少、減少率にすると32・2%とほぼ3分の1の人口がこの50年足らずの間に失われることになる。この4132万人をイメージするために、最近(2015年)の都道府県の人口の大きさと比較してみよう。

4132万人は、東京圏(東京都、千葉県、埼玉県、神奈川県)に茨城県と栃木県を加えた人口総数にほぼ匹敵する。つまり、関東地方がすっぽり日本から抜けてしまうようなものである。

また、少し乱暴であるが北海道と東北地方、それに中国・四国地方と九州地方を合わせても4000万人余りであるので、これらの地方の道県が消滅する規模以上である。このたとえで人口減少の規模の大きさが少しでも理解できればと思う。

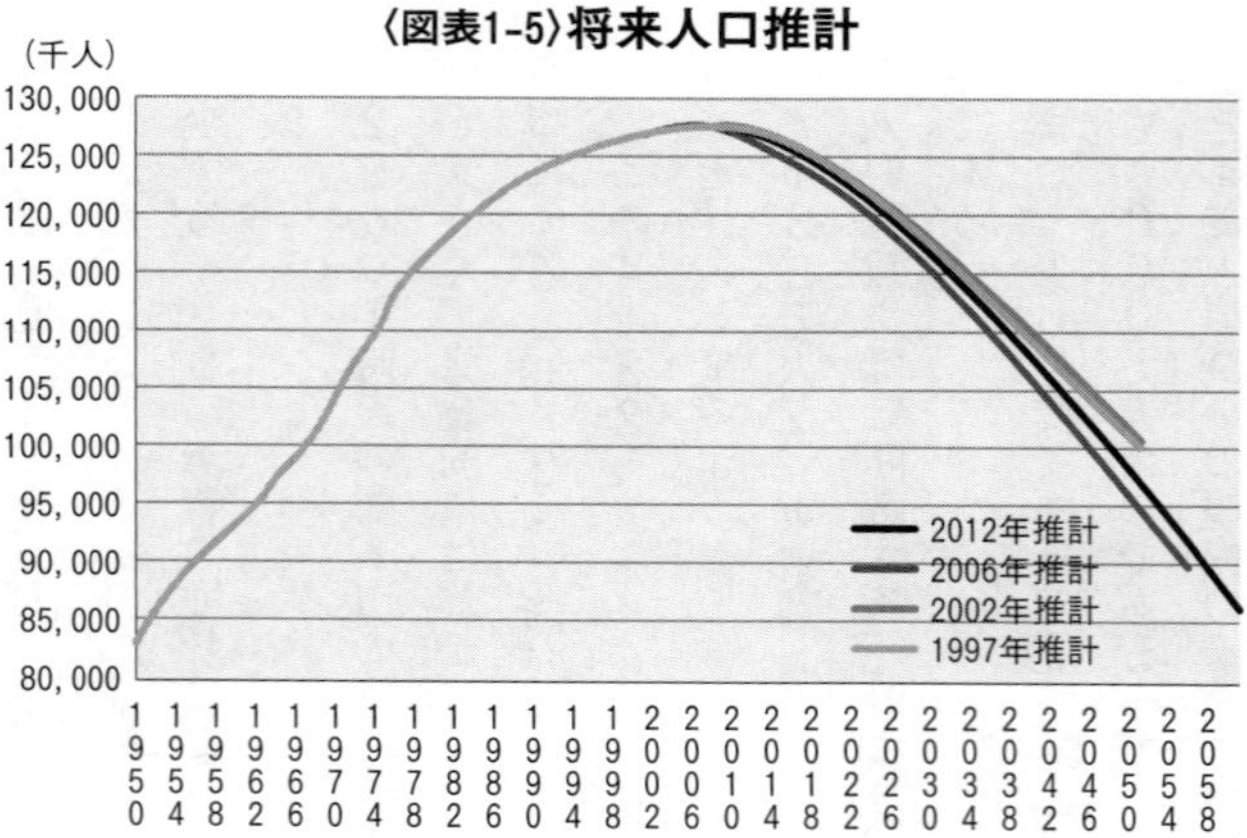

資料：国立社会保障・人口問題研究所（2012）
「日本の将来推計人口（平成24年1月推計）」他

なお、図表からわかるように、２０１２年以前の人口推計をみても、人口減少幅の大きさはそれほど大きく変わらない。２００６年の推計では２０５５年が推計の最終年度であったがその総人口の推計値は８９９３万人と２０１２年推計よりも人口減少の幅は大きいものとなっている。

２０１２年の社人研の推計は２０６０年度が推計の最終年度であるが、それ以降については、筆者が推計を行なっている。この推計によれば人口減少は止まらず、２０６７年には８０００万人を割り込み７９１０万人に、さらに２１１０年には４２８０万人と現在の人口の３分の１にまで減少する。

〈図表１‐５〉を再度見てほしい。この図表を見ると、まるでこれまで来た道を戻るような人口推移となっている。2060年の人口規模8674万人はほぼ1953年の総人口（8698万人）と等しい。また、2048年に総人口は1億人を切ることになるが、これは1966年の総人口（9905万人）と近い。

したがって、人口減少はそれほどたいしたことはないという議論もあるが、それはとんでもないことである。その理由の一つは前に述べたように、人口が減少の一途を辿《たど》り、そのブレーキが利《き》かないことであり、1953年や1966年の状況と全く異なる。二つ目は、同じ人口総数でもその年齢構造が大幅に異なる点である。これについてはこれから述べていきたい。

超高齢社会がやってくる

総人口の推計についてここまで詳細に述べてきたが、もう一つ重要な推計は人口の年齢構造である。近年の高齢化等の指標については見てきたところであるが、将来の年齢構造をみると、まさに超高齢社会としかいえないような状況が迫っている〈図表1‐6参照〉）。

〈図表1-6〉年齢構造の推計値

年齢構造係数

年	0～14歳 人口割合	15～64歳 人口割合	65歳以上 人口割合	75歳以上 人口割合
2010	13.1%	63.8%	23.0%	11.0%
2030	10.3%	58.1%	31.6%	18.1%
2060	9.1%	50.9%	39.9%	26.9%

従属人口指数・老年化指数

年	従属人口 指数	老年人口 指数	平均年齢	中位数 年齢
2010	56.7	36.1	45.0	45.1
2030	72.2	54.4	50.4	52.7
2060	96.3	78.4	54.6	57.3

資料：国立社会保障・人口問題研究所（2012）
「日本の将来推計人口（平成24年1月推計）」

65歳以上人口の比率は２０１０年の23・０％から２０６０年では39・９％にまで上昇する。10人のうち４人がいわゆる高齢者になる。しかしすでに議論したように、高齢者の概念としては75歳以上人口の比率の方がふさわしいかもしれない。その値は２０１０年の11・０％から２０６０年では26・９％、何と４人に一人が後期高齢者となる社会である。はたしてこれほどの高齢社会は歴史上にあったのだろうか。

このような超高齢社会を維持していけるのだろうか。それほどの不安を醸《かも》し出す数値となっている。ちなみに、中位数年齢は２０１０年の45・１歳から２０６０年では57・３歳となるが、57歳より高齢の人口と若い人口が同数になるというわけであるから、現役世代の高齢化も進行していることになる。

いま、扶養率という値を定義してみよう。社会保障制度のみならず、現役世代は高齢世代をさまざまな形で扶養している。現役世代を20〜64歳とし、高齢世代を65歳以上としておこう。ここで扶養率を、20〜64歳人口の数を65歳以上人口の数で割った比率とする。この扶養率は、「高齢世代一人を支えるのに必要な現役世代の人口数」を表わしている。公的年金制度において、一人の高齢者の年金給付のためには何人の現役世代が保険料を拠出しなければならないか、という状況をイメージすればいい。

扶養率を計算すると1950年では10・0人となり、10人の現役世代が一人の高齢者を支えていた。これが2010年には2・6人にまで急減し、2060年では1・2人となる。少し極端ではあるが、2060年には現役世代は自分一人の食い扶持《ぶち》だけではなく、高齢者のためもう一人分の食い扶持を稼がなければならないということになる（話はそれるが、それだけの所得が得られるような経済が実現しないと、現状の生活水準を維持することは難しくなる。そのためには持続的な経済成長が必要だ、という論理となる）。

ここまでは高齢化に関する比率を見てきたが、高齢者の人口数はやや異なる様相を示す。65歳以上人口比率は2060年まで上昇する一方であるが、高齢者〝数〟をみるとそれまでにピークを迎えることになる。その説明の前に団塊世代について述べておきたい。

団塊世代と2025年問題

同じ年に生まれた人口の集団をコーホート（コホート）と言うが、過去をみるとこのコーホートが膨《ふく》れた時期が二つある。最初は1947～49年の第一次ベビーブームの時期であり、この世代は団塊世代と名づけられた。次は団塊世代の子どもたちにあたる第二次ベビーブーム世代が生まれた時期であり、1970年代前半がそのピークであった。

ちなみに、戦後のベビーブームはアメリカなどでもみられ、その子どもたち、さらにはその子どもたちとコーホートが膨らむエコー効果が観測される。そのため、一時期第三次ベビーブームが日本で期待されたのであるが、第二次ベビーブーム世代の多くは現在40歳を超えたことから、残念ながら実現することはなかったようだ。

高齢化を牽引《けんいん》するのは、実はこのベビーブーム世代である。2007年には団塊世代が定年を迎えることで話題を集めたのは記憶に新しいが、2012年には65歳を迎え、2025年には団塊世代が75歳を超えることになる。

ちなみに、65歳以上人口の比率をみると、2011年では23・3％であったが、194

7年生まれのコーホートが65歳を迎えた2012年には24・1%と0・8ポイント上昇し、1949年生まれのコーホートが65歳を迎え団塊世代が65歳になった2014年になると、この比率は26・0%にまで上昇している。また、65歳以上人口の数も2011年の2975万人から2014年では3300万人にまで増えている。

団塊世代が75歳を超える2025年には75歳以上の後期高齢者の人口も急速に増加するとされ、これが社会保障の各制度に影響を与えることから「2025年問題」と言われている。社人研（2012）の推計では、団塊世代が75歳を迎える前の2021年の75歳以上人口比率は15・3%であるが、2025年には18・1%にまで高まる。同時に75歳以上人口も2021年の1887万人から2025年では2179万人に達する。

高齢化比率の上昇と高齢者人口の減少

高齢化の問題についてさらにその先の将来について見てみよう。先に述べたように高齢者〝数〟は高齢化比率と少し異なる動きを見せる。〈図表1‐7〉は1990年以降2060年までの65歳以上人口、75歳以上人口とそれらの総人口に占める比率の推移を示したものである（2010年までは実績、2011年以降は社人研〈2012〉による推計）。

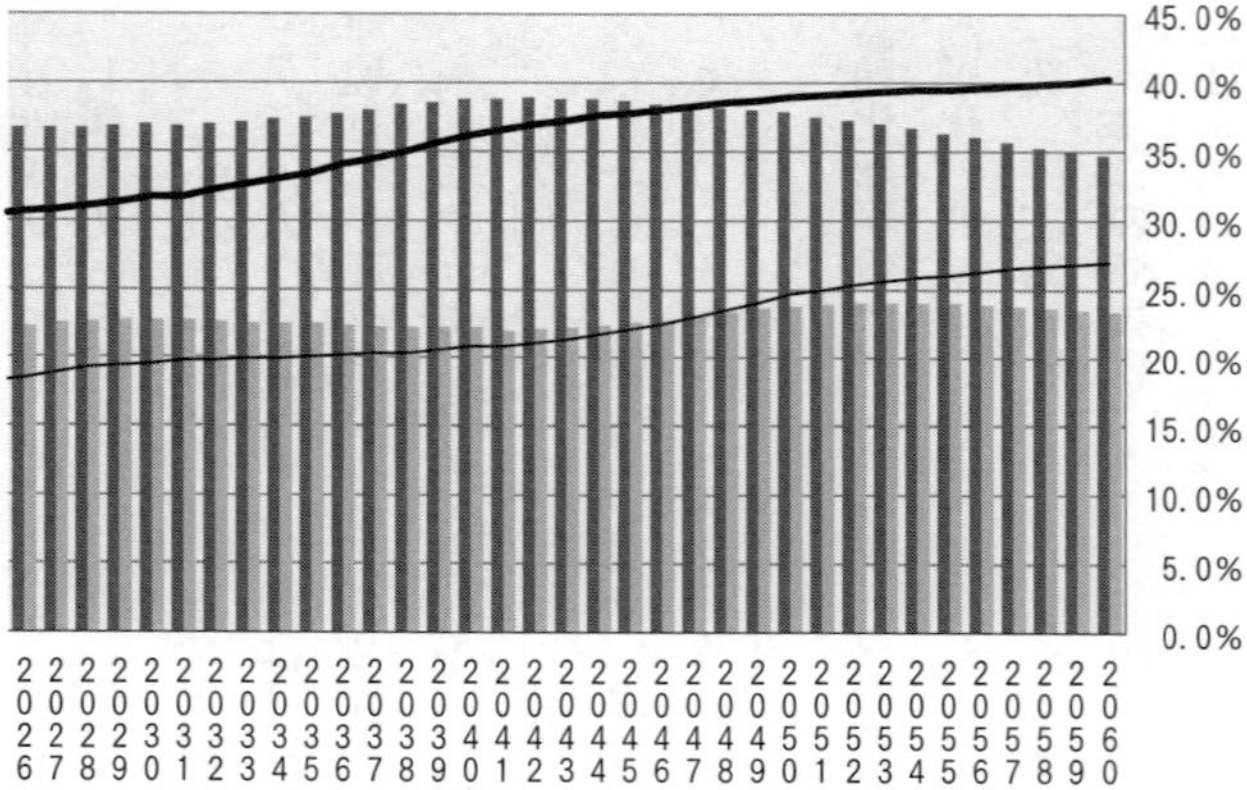

計」、国立社会保障・人口問題研究所（2012）「日本の将来推計人口（平成24年1月推計）」

65歳以上人口比率、75歳以上人口比率とも２０６０年に向かって一貫して上昇しているが、人口〝数〟については少し様相が異なる。65歳以上人口は２０４２年に３８７８万人のピークを迎え、その後減少を始める。また、75歳以上人口は２０５３年に２４０８万人のピークを迎え、減少期に入る。

　このことから、高齢化比率が上昇しても、それは高齢者人口が同様に増加するということにはならない。高齢者人口が減少しても、少子化の影響でそれ以上に現役世代等の人口が減少するために高齢化比率は上昇することになる。

　このことから、高齢化が経済社会に影響を与えることを分析する場合などには、異なる

〈図表1-7〉高齢化の推移

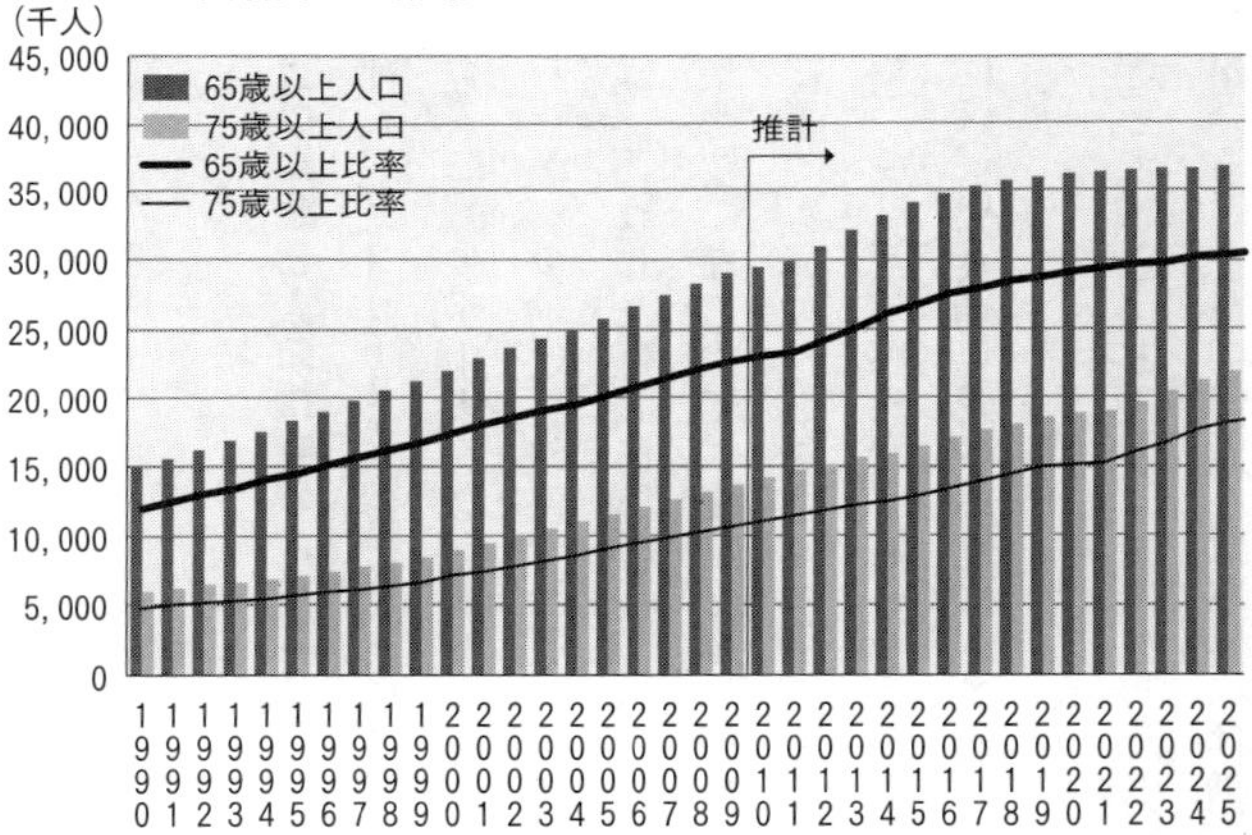

資料：総務省統計局「国勢調査」、「人口推

思考法が必要となる。公的年金制度のように、現役世代が負担を行ない高齢世代が給付を得るような制度では、一人の高齢者を何人の現役世代が扶養するか、といった高齢化比率が問題となる。一方、医療や介護の分野で、どれだけの病床が必要であるとか、特別養護老人ホームを供給すべきかといった議論を行なう場合には数が重要になる。

高齢者の数の視点から、将来推計を再度見なおしてみよう。２０２５年に団塊世代が75歳を超え、２０３５年には85歳を超える。同時に、第二次ベビーブームの世代が２０４５年以降、75歳を迎えることになる。75歳以上人口等のピークを考慮すると、高齢化の諸問題が一層厳しくなるのは２０４０年代ということになる。この2040年代をいかに乗りきるかが、長期的に見た超高齢社会の課題となる。

人口動態と人口推計のメカニズム

社人研（2012）の推計では8000万人社会が到来し、さらにその先の未来においても人口減少が止まらない状況が描かれている。そのような社会を変えることは可能なのだろうか。少子化が改善すれば、再び人口が増加する社会が訪れるのであろうか。ここからは、こうした疑問を検討してみたい。しかしその前に、人口推計のメカニズムなどの説明が必要になるので、少しの間、お付き合い願いたい。

冒頭でも述べたように、翌年の人口を計算するには前年の人口に自然増減（出生数－死亡数）と社会増減（国際人口移動）を加えればいい。もちろん、年齢構造などを推計するためには、男女別年齢各歳別に、これらの要素を考慮することになる（ただし、出生数は別である）。

たとえば2015年に20歳だった男性のうち、2016年までに事故や病気で亡くなる人がいる。また、何人かは海外へ移動し、反対に何人かが海外から移動してくる。1年間の死亡、国際移動を考慮することで2016年の21歳の男性人口が計算できる。一方、出生については出産可能な女性人口に仮定した出生率を乗じて計算する。人口学ではこうした手法をコーホート要因法と呼ぶ。社人研の人口推計は基本的にこのコーホート要因法を採用している。

これまでの説明から明らかなように、将来の人口推計を行なうには出生率、年齢別の死亡率、人口の国際移動率を仮定すれば、基準となる時点の人口（一般には国勢調査の確定人口）から順次、将来の人口が計算される。言いかえれば、将来においてどれだけの出生率を仮定するのか、年齢別の死亡率およびこれから計算される平均寿命・余命をどこまで見込むのか、ということによって将来の推計人口は変わることになる。

社人研（2012）の推計は、合計特殊出生率、死亡率、国際人口移動に関してある仮定の下で計算されている。これらの仮定値はおおまかに言えば過去のこれらの値を将来に延長することによって定めている。〈図表1-5〉（40ページ）でみた将来推計人口で仮定された出生率は最終的に1・35程度で推移すると仮定されている。この1・35という仮定値は現在（2015年）の1・46より低いが、これは過去の合計特殊出生率などを参考に仮定されたためである。

もし出生率が回復したなら

少子化対策の結果、合計特殊出生率の値が改善した場合には総人口はどのように推移するのか。人口の置換え水準まで合計特殊出生率が改善した場合、将来の高齢化はどの程度になるのか。こうした疑問に応えるため、先の社人研の将来人口推計で設定した年齢別死亡率や人口の国際移動率の仮定値を変えずに合計特殊出生率だけを変更して、将来人口推計を行なった結果を示したものが〈図表1-8〉である。

ケースAは現在の1・4程度の合計特殊出生率が2025年に1・8まで改善して、その合計特殊出生率の水準が以降も持続するとしたものであり、ケースBは合計特殊出生率が2025年に1・8、さらに2035年に人口の置換え水準となる2・1程度まで回復するというシナリオである。将来人口の推計は2200年までの超長期にわたって計算を行なっている。

ケースAでは現在の合計特殊出生率の水準よりも高い1・8としているものの、長期的には人口は減少を続け、2090年（2010年に生まれた赤ちゃんの平均寿命にほぼ相当する年）には8101万人となり、2200年には4656万人にまで減少する。

一方、ケースBでは人口は減少するものの、2090年に9466万人となりその後、

〈図表1-8〉ＴＦＲの仮定と超長期人口推計

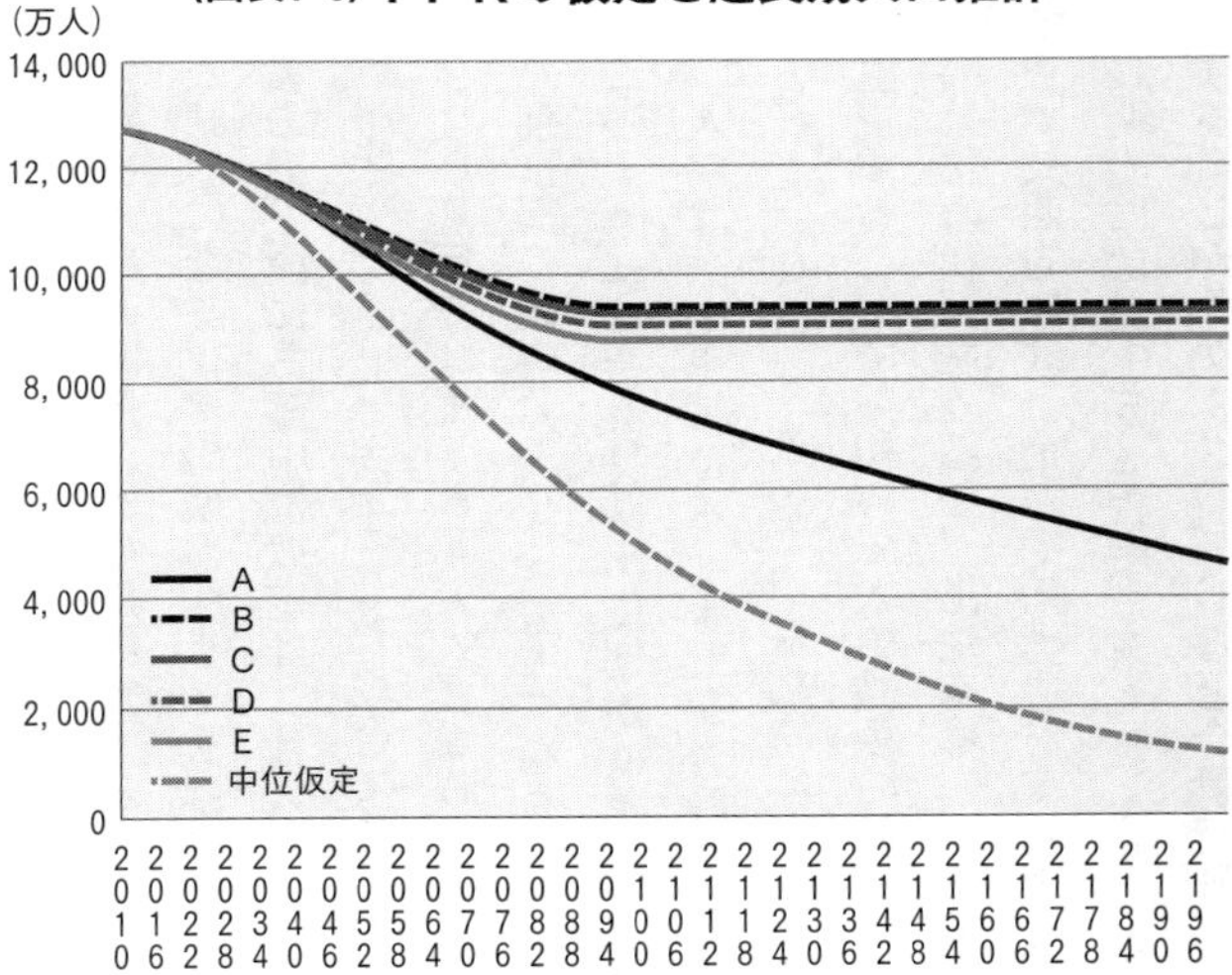

(単位：万人、%)

ケース	出生率	2090年の人口	1970年との差	2010年との差	2200年の人口	高齢化比率
A	2025年:1.8	8,101	-2,366	-4,705	4,656	31.5% (2095年)
B	2025年:1.8→2035年:2.1	9,466	-1,001	-3,340	9,479	26.7% (2095年)
C	2025年:1.8→2040年:2.1	9,371	-1,096	-3,435	9,360	26.7% (2100年)
D	2025年:1.8→2050年:2.1	9,200	-1,266	-3,606	9,130	26.7% (2105年)
E	2030年:1.8→2050年:2.1	8,945	-1,522	-3,861	8,838	26.7% (2110年)
中位仮定	ＴＦＲ＝1.35	5,720	-4,747	-7,086	1,164	41.2% (2100年)

注：1）ケースＡと中位仮定は総人口は安定しない。ケースＢ～Ｅの安定時期は2090～2110年頃
2）1970年の総人口は10,467万人、また2010年の総人口は12,806万人
3）高齢化比率の（　）内の数値は年齢構造がほぼ安定する時期
※著者の推計による

ほぼその水準で安定する。ちなみに２２００年の総人口は９４７９万人となる。合計特殊出生率を人口の置換え水準に固定すると、人口は一定期間後に、増えも減りもしない安定的な状態になる。その他のケースもほぼ同様である。

表の最下段にある中位仮定は、社人研（２０１２）の推計をそのまま延長（すなわち合計特殊出生率を１・35で固定）した場合であるが、総人口は２０９０年には５７２０万人、また２２００年では１１６４万人となり、さらに減少が続く。ちなみに、１１６４万人は現在の東京都の人口（１３３９万人）をも下回る水準である。

このように、合計特殊出生率が改善しても、最終的に人口の置換え水準に達しない限り、人口は減少を続ける。また、合計特殊出生率がたとえ置換え水準に達したとしても（さらに上回れば別であるが）、将来的に人口１億人を維持することも難しい。こうした状況を直視することで、初めて人口減少の衝撃が理解できるようになる。

高齢化の状況をみると、出生率を一定に仮定することで、たとえそれが置換え水準以下でも、長期的には一定の年齢構造が実現する。そのため、ケースAでは65歳以上人口比率は長期的には31・５％程度で落ち着くが、中位仮定（社人研推計）では41・２％にまで上昇する。しかしケースB、Cなど合計特殊出生率が置換え水準で一定になれば、26・７％

と現在よりも若い年齢構造が実現することになる。まさに少子化対策は究極の高齢化対策といえる。

希望出生率1・8が意味するもの

2015年9月、安倍《あべ》首相は2020年に向けて「新三本の矢」を発表した。これはGDP600兆円、出生率1・8および介護離職ゼロを目指すというものである。

このうち、合計特殊出生率1・8は希望出生率とも呼ばれ、若い世代の希望が実現すると出生率は1・8程度に向上するとされる。この希望出生率1・8は、2014年5月に日本創成会議・人口減少問題検討分科会が行なった「ストップ少子化・地方元気戦略」という提言の中で初めて言及されたものである。

社人研が人口推計の参考資料にするために実施している「出生動向基本調査」というアンケート調査があるが、2010年のこの調査では夫婦の「予定子ども数」は平均2・07人、また独身女性の「理想子ども数」は2・12人であり、これに結婚希望率や夫婦の離死別などを考慮したうえで、「予定子ども数」や「理想子ども数」が実現するとした場合には、合計特殊出生率が1・8になる、ということから希望出生率と名づけられた。

〈図表1-9〉

首相が総裁再選会見

出生率1.8へ子育て支援

介護離職ゼロめざす

2020年へ「新3本の矢」

記者会見する安倍首相（24日、自民党本部）

自民党は24日、党本部で両院議員総会を開き、安倍晋三首相（党総裁）の総裁再選を正式に決めた。首相はこれを受けて党本部で記者会見し「アベノミクスは第2ステージに移る」と経済最優先の政権運営を進める考えを表明。2020年に向けた経済成長の推進力となる新たな「3本の矢」として、**合計特殊出生率**（3面きょうのことば）1・8を目指す子育て支援策や社会保障の充実につながる介護離職ゼロなどを目標に掲げた。（関連記事3面、会見要旨4面に）

新たな3本の矢と首相発言のポイント

新たな3本の矢（目標）

①希望を生み出す強い経済
GDP600兆円

②夢を紡ぐ子育て支援
出生率1.8

③安心につながる社会保障
介護離職ゼロ

首相発言のポイント

- アベノミクスは第2ステージ
- 「1億総活躍」プランを作成
- 50年後も人口1億人維持
- デフレ脱却は目の前
- 17年4月の消費増税は予定通り
- 内閣改造・党役員人事は骨格維持

新たな3本の矢は①希望を生み出す強い経済②夢を紡ぐ子育て支援③安心につながる社会保障――の3項目。首相は「長年手つかずだった日本社会の構造的課題である少子高齢化の問題に真正面から挑戦したい」と意気込みを示した。

経済の現状については「デフレ脱却はもう目の前だ」と強調。「国内総生産（GDP）600兆円の達成を明確な目標に掲げたい」と述べた。達成時期は示さなかったが、14年度に490兆円だった名目GDPを2割増やすため、女性や高齢者、障がい者らの雇用拡大や地方創生を本格化して「生産性革命を大胆に進める」とした。

平成27年９月25日付け
日本経済新聞（朝刊）

その後、この希望出生率は「まち・ひと・しごと創生長期ビジョン」などにも取り入れられ、新三本の矢の一つとして結実したものである。もちろん、いままで見てきたように出生率1・8では人口減少を止めることはできないが、まずは当面の目標として現在の1・4程度の出生率を1・8にまで引き上げ、その後20 30〜40年頃に2・07の置換え水準まで改善すれば、〈図表1-8〉（51ページ）にあるケースBのように将来的には安定した人口が確保され、また高齢化比率も低下することが期待される。

なお、1・8は希望出生率であり、目標出生率という言い方はしていない。これについては、これまで政府が出生率の目標値を定めてこなかった経緯が関係していると考えられる。出生率に目標を設定することについては、一部から戦前の「産めよ、増やせよ」という全体主義的な考え方を連想するという指摘もある。もちろんそのような趣旨は全くないのであるが、こうした声に配慮する必要があるということである。

この希望出生率1・8を実現するため、政府は「一億総活躍社会」実現のための政策と併《あわ》せて、若者の雇用安定・待遇改善、仕事と子育てを両立できる環境、保育サービスなど結婚から妊娠・出産、子育てまで切れ目ない支援などを進めていくとしている。

4 人口減少社会の課題

まだまだ残る楽観論

ここまで明示的ではないにせよ、人口減少はさまざまな問題を引き起こすので何とか対応しなければならない、というスタンスを取ってきた。当たり前ではないか、と考える読者が大半であると思われるが、しかし各所でいろいろな方と議論するとまだまだ「人口減少楽観論者」がいる。

その中にはこんな楽観論もあるのかという話もあった。一つ一つ楽観論に対して反論をしてきた中で、典型的な楽観論とその矛盾を紹介してみよう。なお、これらの楽観論を大学のゼミで紹介すると、「本当にそんなことを言う人がいるのか」というのが、学生からの一般的な反応である。

最初の楽観論は、「人口減少で通勤電車が楽になる」「人口減少で大学の受験戦争がなくなる」「高速道路の渋滞もなくなる」といったものである。こうした楽観論は、経済学の基本である需要と供給の法則をわきまえていない見方である。

人口が減少して需要が減少すれば、これまで8両編成で走っていた電車は4両編成になるか、時間間隔が延びるか、あるいは運賃が高くなるであろう。大学受験に関しては、確かに18歳人口が減少し、大学全入時代が到来するとされるが、しかし供給側の大学がもたなくなり、大学の倒産・廃校の時代が訪れる。また、難易度の高い大学は相変わらず入学は難しいままだろう。なぜなら大学側がそのレベルを維持するために定員を減少させるからである。高速道路の渋滞がなくなり需要が減れば、道路の維持費用を捻出するために通行料金は上がるだろう。

二つ目の楽観論は、「人口密度が減少し住みやすくなる」「地価が下がる」などである。これは第3章の主要テーマとも関連するが、人口が減少すればその地域自体が消滅する可能性があり、地価は安くなるかもしれないが居住環境の維持は難しい。公共サービスを受けるにしても人口が少ない分、インフラ等の固定費用の分担が増えることになる。地価については郊外では安くなるかもしれないが、コンパクト化が進み需要が集中する都市部では反対に上昇することも考えられる。

高齢化に関する楽観論としては、70歳以上を高齢者と定義すれば高齢化比率は低下するなどの意見もある。しかし、問題は高齢者の年齢ではなく医療や介護などを需要する人口が増えることであり、それを支える現役世代が減るのであるから、見かけ上の数字が低下しても解決にはならない。最後は、有名な小説家が「ルネッサンスは人口が減少したからこそ開花した」という話であるが、文化も大切だが食い扶持に困ってしまえばそれどころではないだろう。

この他にも経済成長に関する楽観論もあるが、それについては次章で紹介する。

国力という視点

楽観論ではないが、人口減少を無理に止める必要はないとする見方の一つに、世界の人口は急増しているのであるから、環境問題や食料問題を考えれば日本の人口が減ることは好ましい側面を持つのではないか、という主張もある。

もし世界が国や民族を超えて、モノやヒトが自由に行き来でき、かつ民族や宗教などに関する諍《いさか》いもないのであれば、こうした議論も成立するかもしれないが、現実からすれば日本という国が存在し、その中で生活しているわれわれにとっては、日本の人口がどうなるかにきわめて関心が高いはずだ。誤解していただきたくないのは日本人の人口が重要だというのではなく、外国人を含めた日本に住んでいる人口の話をしているということである。

国の人口規模は経済同様、国力を象徴するものであろう。一人当たりのGDPが大きく、かつ人口規模が大きい国の筆頭はアメリカであるが、日本もそうした人口と経済の規模を誇っていた国の一つである。一方、中国のようにまだ一人当たりGDPは大きいと言えないが人口規模が巨大な国もある。中国が国際的なステータスを高めたのは高い経済成長が続いたこともあるが、13億の人口を抱えているという面もあろう。

国力の視点から考えれば、やはり人口規模は重要な要素になる。人口減少が続けばそれだけ国の存在感も小さくなり、同時に人口減少が経済成長を停滞させることになれば（その可能性は高いと考えられるが）輪をかけて国力が減退する懸念が生じる。

国連人口部の「世界人口推計　2015年改訂版」(UN〈2015〉)によれば、1950年の日本の人口はおよそ8200万人で、世界第5位の人口大国であった。2010年ではこれが世界第11位に後退し、日本の上にはパキスタン、バングラデシュ、メキシコといった国が位置している。

2050年になると順位は17位になり、フィリピンやベトナムにも抜かれる。さらに2100年では人口規模のランクは30位まで下がってしまう。ちなみに、2100年の人口規模の順位は1位がインド、2位が中国、3位がナイジェリアなどとなっており、アメリカが第4位を維持している。

1980年代後半のバブル期には日本の経済力はアメリカのほぼ半分にまで近づいた(米ドル基準の名目GDP)。しかし現在では4分の1程度にまで経済規模は落ち込んでいる。将来をみれば、たとえ一人当たりの経済水準が変わらなくても人口増加が維持されるアメリカと人口減少になる日本では彼我《ひが》の差はますます大きくなる。国際交渉にせよ、輸入品の確保にせよ、島国として生きる日本は、国力の維持という視点も併せ持って人口を考えていく必要があろう。

最適な人口規模というものはあるのか

人口減少問題を議論していると、人口減少や少子高齢化がさまざまな問題をもたらすなら、人口規模の好ましい水準というものは決められないのか、諸問題を生じさせない年齢構造や高齢化比率はあるのか、といった質問が必ず出てくる。しかしながら、そんなに都合のいい最適な人口水準や年齢構造といったものは存在しない（歴史的には最適人口論といった学問的議論もあったが、もはや過去の遺物である。詳細については拙著『人口経済学入門』〈日本評論社〉を参照されたい）。

住宅の密度や都市の集積具合を基準としても、それで決まる人口規模が常に一定に留まるとは限らない。労働力人口と資本装備の関係から適切な人口水準が決まったとしても、資本装備が高度化するにつれその水準は変化するだろう。若者が多い年齢構造が生産能力や社会保障制度の点から見て好ましいといっても、50年後には増えた若者が高齢者になり、再び同じ問題が繰り返される。

あるいは前節で見たように、合計特殊出生率を人口の置換え水準に維持できれば人口は増えも減りもせず安定化するが、そもそも合計特殊出生率をその水準で固定化するのはほとんど不可能である（前節のケースはあくまでもシミュレーションである）。たとえ出生率を

2・07に固定できたとしても、将来実現する安定人口は現在の人口や年齢構造に依存するのであるから、想定される好ましい人口規模や年齢構造が実現するわけではない。

人口は時間とともに変化するもので、これを人為的にコントロールできるものではない。ただし、何らかの目標（たとえば希望出生率）を設定することは、現在時点で想定される将来の人口動向よりもより好ましい将来像を描くための手段であって、最適な人口水準を定めようとしているわけではない。この点を理解しておくことがきわめて重要だと考える。

人口減少が引き起こす課題

本題に戻って、人口減少や少子高齢化が引き起こす課題についてまとめてみよう。

人口が減少し、高齢化が進めば働き手が減るということは容易に想像がつく。労働力人口が減少すれば経済の潜在的な生産能力が低下し、経済成長への影響が心配される。長期的な経済成長を考えるには、こうした生産能力からの視点が必要だが、人口減少や高齢化によって、若年人口が少なくなることで社会全体の創造性や革新性が低下し、生産性の上昇にも影響する可能性がある。

経済への影響についてはさまざまな議論があり、マクロ経済全体の経済成長ではなく一人当たりの豊かさを考えればいい、あるいは「経済成長という神話」を見直すべきだ、という意見もあるが、はたしてどうだろうか。こうした問題については次章で詳細に検討したい。

社会保障制度への影響も深刻だ。年金、医療、介護といった諸制度は人口構造と密接に関連している。年金制度はその典型的な例であろう。若年人口が年金の保険料を負担し、高齢者が年金給付を受けるわけであるから、高齢化はそのバランスを崩し、また人口減少とともに若い世代の負担も増えることになる。膨大な政府債務を抱える現在、財源問題と切り離してこうした社会保障制度の行方《ゆくえ》を議論することもできない。さらには、世代間の格差の問題もより顕在化していくであろう。本書の後半ではこれらの問題を扱う。

人口の減少は全国一様に進んでいくわけではなく、都市部と地方では人口減少の速度や高齢化の進展度合いも異なる。高齢化の進み具合の違いは、医療や介護に対する需要と供給の地域的なミスマッチを起こすことになる。また、限界集落といわれる地域のみならず郊外部でも、そもそもその地域を維持できるかどうかの瀬戸際に立たされている。

２０１４年5月の日本創成会議による「地方消滅」というセンセーショナルな提言は、

全国に衝撃を与えた。これは単なるシミュレーションではなく、手を拱《こまね》いていれば確実に訪れる未来図である。一方で、近年進む東京一極集中はどのような結末をもたらすのか、人口減少時代の国土計画はどうあるべきか、なども大きな関心となっている。第3章でこれらの問題を検討してみたい。

経済成長、社会保障・財政、都市・地域構造といった主要な論点の他、人口減少や少子高齢化は多様な課題をもたらしている。たとえば、高齢化によってコミュニティの維持が難しくなる、社会的な多様性が失われる、世の中の活力が鈍化する、少子化で家族のありようが変わる、高齢者向けの社会インフラの整備が必要、少子化で子どもへの溺愛《できあい》などが増える、義務教育の供給やシステムを見直す必要がある、など広範囲な分野に及ぶ。

本書ではこれらを一つ一つ取り上げていくことはできないが、8000万人となった社会はこれまでとは大きく様相が異なり、多様な課題を抱えることとなる、という点だけは理解していただきたい。

第2章　これからも成長は可能か

人口減少が本格化し、高齢化がさらに進展すると、いま私たちが享受しているこの豊かさをこれからも維持できるのか。私たちが抱く不安はここにある。バブル崩壊以降の20年間、経済の低迷が続いたが、それでも何とか豊かな生活を過ごせたのは、バブル期以前に蓄《たくわ》えた経済的遺産のおかげだったとも言えるだろう。

この20年間、大企業や金融機関の盛衰もあり、またIT化の流れも浸透したが、輸出頼みの産業構造や正社員中心の雇用形態は、何ら大きく変わっていない。これからもこの調子で経済の微調整を続ければ大丈夫だ、という幻想を心の中に持っている人たちも多いかもしれない。しかしそんな楽観論は全く通用しない。

この20年間、日本はデフレという魔物に取りつかれ、この魔物さえ退治できれば再び好況が訪れるのではないかという幻想が跋扈《ばっこ》していた。しかし本当の魔物は、過去の遺物にしがみつく産業構造であり雇用形態などであって、そこに人口減少・高齢化という一撃が加われば日本経済はひとたまりもない。

日本をとりまくグローバルな環境も大きく変化しつづけている現在、もはや新たな一歩を踏み出さない限り、日本は先進国の仲間から大きく立ち遅れることは間違いない。悲観的な未来像を覆《くつがえ》すには、何が必要か。それを考えることが本章のテーマである。

〈図表2-1〉戦後の混乱期（大阪の闇市）

写真提供：共同通信社

1　戦後の経済成長と人口

混乱期からの出発とベビーブーム

１９４５年８月に日本は終戦を迎え、それまでの軍国主義体制から脱皮することになった。連合国軍総司令部（ＧＨＱ）と新政府は農地改革の推進、財閥解体による企業再編、傾斜生産方式による産業復興など、あらゆる側面でこれまでの日本にはない新しい社会を築き始めた。

戦後、荒れ果てた市街地は徐々に活気を取り戻していった。その原動力となった一つの要因として、若い労働力が豊富にあったことが挙げられる。

その当時の人口は、1944～46年に実施された人口調査と1947年の臨時国勢調査からわかる。国勢調査は5年に1回実施されることになっているが、1945年の敗戦の混乱時には国勢調査の実施は難しく、延期されることになった。

しかし、一国の人口はすべての基本になる貴重な統計情報であり、国勢調査に代わって人口調査が1944年、45年、46年と実施されている。1944年は戦時下ということもあり、必需物資の配給を行なうための基礎資料として人口調査が必要であった。また、終戦直後の1945年の11月には早くも人口調査が実施されたが、これは翌年（1946年）の衆議院議員選挙の基礎資料の作成が目的であり、調査項目は男女別・年齢別人口という簡易なものであった。

さらに1946年4月には、連合国軍総司令部の指令によって人口調査が行なわれている。国勢調査自体の実施は1947年に延期され、これまで唯一の臨時調査と位置付けられている。この臨時国勢調査の目的は、「戦後産業の復興と民生の安定」のために基礎的な統計を整備することにあった。

1940年の第4回国勢調査の総人口は7193万人であり、うち58・5％にあたる4210万人が生産年齢人口であった（ちなみに、1940年調査の結果は、戦時中のため人口総数などが発表されただけで、詳細は１９４９年に報告書が刊行するまで公表されていなかった）。総人口の推移をみると１９４４年の人口調査では７３８４万人、45年調査では７２１５万人に、そして46年調査では７５７５万人となっている（なお、調査対象地域などは各調査時点で若干異なっている）。

敗戦前の空襲などにより総人口は大きく減少したが、その後外地から軍人などが帰還するにしたがい総人口は増加に転じ、１９４７年の臨時国勢調査の結果では総人口は７８１０万人にまで増加し、生産年齢人口は４６７８万人（総人口の59・９％）であった。１９４０年の国勢調査と比べると総人口は６１７万人の増加となるが、生産年齢人口だけをみると４６９万人増であり、総人口増加分のおよそ４分の３は働き盛りの人口が増えたことになる。

人口増加の背景を人口移動から見ておこう。１９４５年と46年の人口調査の間では総人口は３６０万人の増加となっているが、そのうち自然増減（出生数－死亡数）は58万人程度でしかない。したがって46年の社会増（転入数－転出数）は３０２万人余りとなる。その大部分が外地からの在外邦人の引揚げであり、そのため若い人口が急増した。同様に１９４７年の国勢調査と比較するとこの年にも81万人の社会増があった。一挙に４００万人もの若い人口が増えた計算になる。

こうした若い人口の増加は、その後の結婚・出産ラッシュをもたらした。いわゆる第一次ベビーブームである。この時期に生まれた世代は、後に作家である堺屋太一《さかいやたいち》の命名から「団塊の世代」として知られている。他の国でも、戦争によって結婚・出産が遅れるとその後にベビーブームが生じるが、日本ではこの期間が非常に短く、第一次ベビーブームは1947〜49年であったとするのが一般的である。

結婚状況をみてもこれがわかる。人口千人当たりの婚姻率は1947年が12・0‰（千分率、パーミル）、48年が11・9‰であり、各々93万件を超える結婚が生じている（2015年の婚姻率5・1‰であった）。

出生数をみると、1947年では267・9万人と前年（1946年）の190・6万人のおよそ1・4倍の出生数を記録し、さらに48年には268・2万人、49年には269・7万人が生まれ、1947〜49年の出生数の合計は805・8万人にものぼった。合計特殊出生率は1947年で4・54、49年でも4・32と、現在の水準と比べると3ポイント以上も高い水準であった（なお、人口の置換え水準に相当する出生率は1947年では2・71であり、また乳幼児死亡率も高かった点なども考慮しておく必要がある）。

一方、この第一次ベビーブームは終焉《しゅうえん》するのも早かった。出生数は1950年代に入ると急減するが、その理由は1948年に成立した優生保護法によって中絶が合法化されたこと、また1949年には政府が避妊具などの販売を認めたことなどによって家族数の制限が実行されたこと、などによるものである。家族計画の考え方が浸透したことが、第一次ベビーブーム終焉の重要な要因と考えられている。

日本経済は1950年代半ばから高度経済成長を遂《と》げることになるが、それを担《にな》ったのは第一次ベビーブームをもたらした戦前生まれの世代だった。彼らの子どもにあたる団塊世代（とその前後の世代）はバブル経済をもたらし、それ以降の長期停滞の種を残したのである。

高度経済成長から第一次石油危機まで

戦後の混乱を脱し、経済の復興を進めるため政府とGHQは傾斜生産方式を採用した。石炭業と鉄鋼業の生産回復のため、復興金融公庫がこれらの産業に多額の融資を行ない、また石炭や鉄鋼などの原材料を購入する企業には、その購入価格を抑えるための価格差補助金によって支援を行なった。

しかしそのための原資は日銀の国債引受けなどによったため、急激なインフレがもたらされた（ちなみに、財政法が日銀が国債の直接引受けを禁止しているのは、戦後のこうした経験に基づくものである）。インフレを抑えることを目的として、経済安定計画（いわゆるドッジ・ライン）による緊縮財政がとられたが、これが一転して不況を引き起こした。

そこに勃発したのが１９５０年6月の朝鮮戦争である。日本経済は戦争による特需（朝鮮特需）で復活し、１９５１年には東西対立の激化もあり、日本を西側陣営に組み込むためサンフランシスコ講和条約が結ばれ、再び独立国の立場に戻った。

朝鮮戦争終結後、いったんは景気の足取りは悪くなるが、１９５０年代半ばになると神《じん》武《む》景気と呼ばれる好況が訪れる。神武景気の名前の由来は初代天皇とされる神武天皇が即位して以来の好景気、である。１９５０年代後半には「三種の神器」と言われた白黒テレビ・洗濯機・冷蔵庫が普及するようになり、人々の生活も豊かになっていった。その象徴としてしばしば引用されるのが、経済企画庁による１９５６年の経済白書に記された「もはや『戦後』ではない」という宣言であった。

１９５８年からは42カ月にわたって景気が拡大する岩戸《いわと》景気が始まり、その後に続く高度経済成長の幕開けとなる。１９６０年には池田《いけだ》首相による「所得倍増計画」が発表され

〈図表2-2〉高度成長期からバブル崩壊までの人口等の増加率

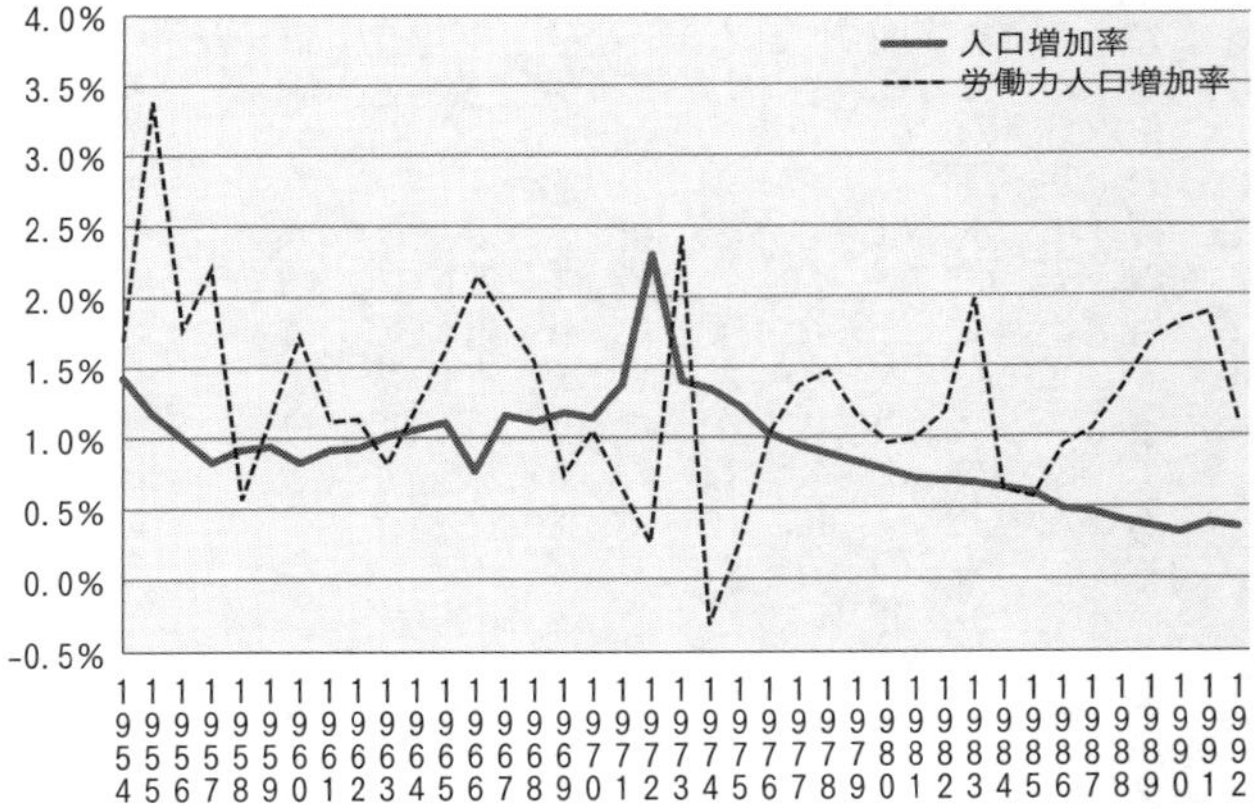

資料：総務省統計局「人口推計」、「国勢調査」、「労働力調査」

た。これは10年間で所得を2倍にするというものであったが、実際は1960〜70年にかけて実質国内総生産は2・6倍に増加するなど、計画を上回る速度で経済は拡大していった。1955年から1973年に高度経済成長が終焉するまでの間の実質経済成長率は、9・2％に達している。

高い経済成長の背景には、安価な為替《かわせ》レートや輸出主導型の製造業の成長など、多様な要因があるが、高い人口増加率が国内の経済の需要と供給の両面を支えていたと言える。〈図表2-2〉は、高度経済成長期からバブル経済崩壊までの間の人口と労働力人口の増加率を示したものである。

ここでは特に1950年代半ばから197

3年までの高度経済成長期の期間を注目してほしい。1955年から73年までの年平均増加率を計算すると、人口は年1・1%、労働力人口は人口増加率を上回る年1・3%であった。

日本の総人口は1967年に1億人を突破するまで増加したが、総人口が増加するということは、国内の需要がそれだけ増加するということでもある。先に見た「三種の神器」の普及は、人口増加やそれに伴う世帯数の増加によって支えられていたのである。一方、拡大する経済を供給面から支えるには働き手の増加が必要であるが、高い労働力人口の増加がこれを可能としたのである。

なお、強調しておかなければならないのは、10%近い実質経済成長率は人口増だけによってもたらされたわけではない、ということである。後述するように、経済成長率と人口増加率の差は、一人当たりの経済成長率ということになるが、高度経済成長期には毎年8～9%の高水準で人々の生活が豊かになったということである。

この時期に関しては総人口や労働力人口の増加のみならず、人口の都市化という人口分布の変化の視点も大事である。〈図表2－3〉は1970年代までの都道府県間の人口移動を示したものである。

〈図表2-3〉1970年代までの人口移動

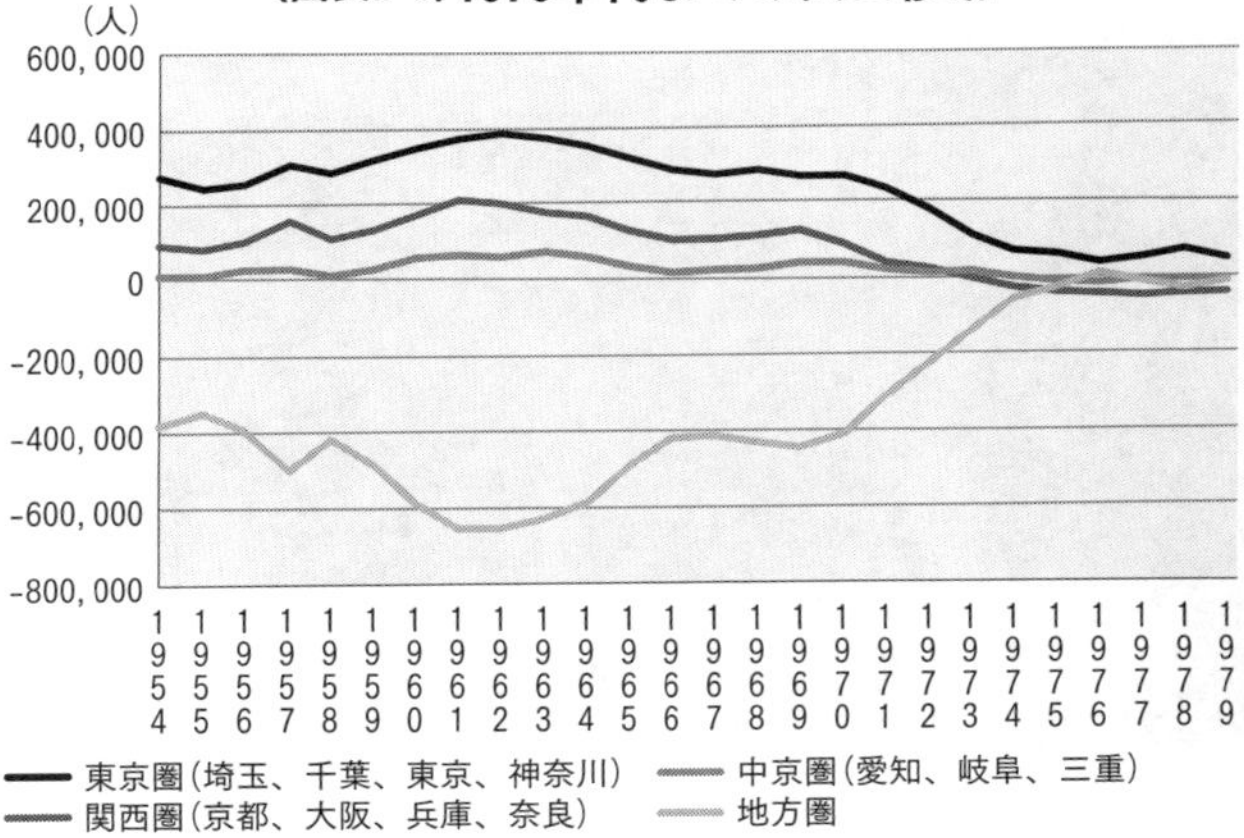

資料：総務省統計局「住民基本台帳人口移動報告」

これをみると、１９５４年から１９７３年までの高度経済成長期にほぼ対応する期間では、地方圏から三大都市圏への人口の流入が非常に多くなっている。産業構造の高度化に伴う都市部での製造業の発展が、地方から多くの若者を都市に惹《ひ》きつけたことなどが三大都市圏への人口の集中をもたらした。

〈図表２‐４〉はいわゆる「集団就職」の様子をとらえたものであり、地方から多くの中卒・高卒者が仕事を求めて押し寄せてきた。ちなみに、１９５４年から１９７０年にかけて東北６県（青森・岩手・宮城・秋田・山形・福島県）から東京都に移動してきた人口（転入超過数）は92・2万人にものぼる。こうした若い人口が働き手として高度経済成長を支

〈図表2-4〉集団就職

写真提供：共同通信社

えていたのである。

ちなみに、国勢調査から三大都市圏の人口が総人口に占める割合を求めると、１９５０年では34・７％（うち東京圏は15・５％）であったが、１９６０年には39・６％（同18・９％）、１９７０年では46・１％（同23・０％）に上昇している。１９７０年ではおよそ二人に一人が三大都市圏に、そして４人に一人が東京圏に住んでいるという都市部への集中が急速に進んだのである。

高度経済成長も、１９７３年の第四次中東戦争を契機とする第一次石油危機によって終焉を迎える。この戦争を機《き》に、石油輸出国機構（ＯＰＥＣ）が１９７３年10月に原油価格を１バレル３・01ドルから５・12ドルへ、さらに12月には11・65ドルへ引き上げた。原油価格の上昇によって、国内物価（消費者物価指数）は対前年比で23％も上昇して「狂乱物価」と呼ばれた。

また、１９７４年の経済成長率は戦後初めてマイナスとなった。この頃、筆者は中学生であったが、学校から家に帰るとなぜかトイレットペーパーが山積みになっていたのを記憶している。原油価格の値上げで、トイレットペーパーや洗剤不足になるという噂《うわさ》が立ち多くの消費者がこれを買い求めたという。いまでは考えられない光景が繰り広げられていたのである。

経済・労働市場の構造変化と少子化の出現

戦後の日本には大きく二回の経済の構造変化があったとされる。最初の構造変化は第一次石油危機で、二度目がバブル経済の崩壊と言われているが、この二回の構造変化は経済のみならず人口や社会の構造も大きく変貌させた。まずは１９７０年代中盤以降の経済状況を見ておこう。

第一次石油危機を乗り越えた日本は、安定成長の時代に入る。第一次石油危機以降の１９７４年から１９８５年までの実質国内総生産の成長率は、３・８％と大きく鈍化（それでも現在の日本の経済状況と比べれば相当に高いが）する一方、１９７５年度には特例公債

（赤字公債）を発行するなど、財政赤字の拡大が始まる。さらに、1979年にはイラン革命が勃発し、原油の需給が再び逼迫《ひっぱく》して第二次石油危機が生じた。日本は、第一次石油危機の教訓などもあり、省エネなどの促進で二回目の石油危機には比較的うまく対処できたとされる。

1950年代以降、日本のみならず西洋諸国では大きな政府を目指す動きが進んだ。その背景には、東西対立の下で、資本主義でもなく社会主義でもない「福祉国家」志向があった。福祉国家での政府の役割は広範な社会保障と完全雇用をもたらすことであり、そのためには積極的な財政政策と手厚い社会保障制度の構築が必要となる。

こうした中、日本でも社会保障・福祉の充実が議論されるようになり、1973年には社会保障給付の大幅な引き上げが行なわれ、この年は「福祉元年」と呼ばれた。そのメニューには①老人医療の無料化、②健康保険の被扶養者家族への7割給付、③「5万円年金」と「物価スライド制」の導入などが盛り込まれている。皮肉なことに、1973年は高度経済成長の最後の年であり、この年以降、経済成長が鈍化する中で社会保障費の拡大や、当時の田中《たなか》内閣が掲げた「日本列島改造論」の影響などで、財政支出の拡大が余儀なくされていく。

1970年代は一方で産業構造の変化も顕在化し、サービス化・ソフト化が着実に進んだ。第三次産業に占める就業者の比率は1965年の43・0％から1980年では55・4％にまで上昇している（いずれも国勢調査による）。1970年代前半までは女性の労働力率は徐々に低下してきたのであるが、これは農業などの第一次産業から製造業などの第二次産業に産業構造が変わってきたためである。

第一次石油危機以降、高度経済成長を支えてきた重厚長大産業からサービス化・ソフト化への流れは、女性の社会進出を促《うなが》した。この背景には、女性の高学歴化の要因もある。女性の高校進学率をみると1965年では69・6％にすぎなかったが1980年では95・4％にまで上昇しており、大学・短大への進学率も同時期に11・3％から33・3％にまで高まっている。

こうした経済の安定成長への移行や女性の社会進出といった大きな構造変化とともに、合計特殊出生率も1970年代中盤以降2・0を下回り、さらに低下を続けることになる。この当時の人口の置換え水準は2・10程度であったが、1975年の合計特殊出生率は1・91、さらには1985年には1・76まで下がった。まさに少子化が始まったのである。もちろん当時は、現在ほどは人口問題に対して大きな危機感はなかったが、しかし出生率の低下傾向に対して1974年版の厚生白書は「長期的には人口は増減のないいわゆる静止人口の状態に近づいてくる」という分析を掲載している（実際にはそれよりも深刻な未来が待っているとは予想もできなかったのであるが）。

なお、1970年代中盤以降、少子化と女性の社会進出が並行して進行したことから、両者に負の因果関係があるという分析がなされたこともあるが、この点については慎重な分析が必要である。なぜなら両者に直接影響を与える第三の変数（女性の賃金上昇等）を考慮しないと「見せかけの相関」を計測してしまう可能性があるからだ。

安定成長からバブル経済へ

1970年代半ばは経済成長、労働市場、出生の各分野において大きな構造変化が出現した時期であった。経済は1980年代に入ると徐々に回復し、1980年から1990年の10年間の実質国内総生産の成長率は4・1%に達した。1980年代前半、第二次石油危機を切り抜けた日本の経済力は、ドイツとともに先進国の中でも抜きん出ており、一方で財政収支と経常収支の「双子の赤字」に苦しむアメリカの経済力は相対的に低下していた。

1980年以降、為替レートも円安のまま進み、経常収支の黒字が定着するとともにその規模が次第に拡大して、アメリカとの間で通商摩擦《まさつ》が激化する。1985年には日独通貨の切り上げと米国ドルの切り下げを目的としたプラザ合意が成立し、それまで1ドル＝235円だった為替レートは1986年には1ドル＝150円程度にまで上昇し、円高不況と呼ばれる景気の後退が生じた。

これに対応するために公共事業の拡大や金融緩和が行なわれ、また、内需拡大や市場開放といった政策の方向性を示した「前川《まえかわ》レポート」も公表されるなど、政府は一気に需要拡大政策に動く。こうした流れがバブル経済をもたらしたとされる。

需要拡大政策の結果、資金供給が急増し、これが株式や債券等の金融資産や土地などの投資に向かい、1987年には株価や地価が急上昇を始める。日経平均株価は1989年末には3万8915円に達するなど、バブル経済が日本を襲った。これに加えてバブル経済は、深刻な人手不足をもたらした。1990年の有効求人倍率は1・4倍に達し、新規求人倍率は2・07倍であった。さらに、雇用形態の多様化も進みパートやアルバイトなどの非正規雇用も増えた。この時期、第一次ベビーブームで生まれた団塊世代が壮年期に成長し、経済・社会の中核を担うようになる。

1980年代を通じて、出生率は低下の一途を辿《たど》る。1989年の合計特殊出生率は1・57と1966年の丙午による一時的な低水準を下回ったことから、1990年に「1・57ショック」という言葉が生まれ、少子化に対する危機意識が本格化する。一方、総人口は依然として増加を続けており、1984年には1億2千万人を突破し、1990年には1億2361万人に達する。しかし65歳以上人口比率をみると、1980年には9・1%であったが1990年には12・0%に達し、高齢化の足音が徐々に高まり始めた。

人口の高齢化に対応するため、政府は社会保障制度を整備する必要に迫られるが、1980年代前半までは財政赤字に悩み、1982年度はゼロ・シーリング、1983年度はマイナス・シーリングなどにより財政支出の抑制に努めた。社会保障関連支出の抑制も進み、1982年には老人保健法を施行して老人医療無料化を廃止し、1984年には健康保険法の改正で加入者本人に対する自己負担を課すなど、負担増を求めた。

また、1987年には基礎年金制度を導入し、将来の高齢化の進展への対応を図った。しかしながらこうした社会保障制度の見直しは、若年層が高齢層を財政的に支援するという賦課《ふか》方式の仕組みがそのまま残され、出生率の低下と高齢化の進展に対応するための抜

〈図表2-5〉バブル経済時の若者たち

写真提供：共同通信社

本的な改革とは言えなかった。

失われた20年と超低出生・高齢化時代の到来

バブル経済に歯止めをかけるべく、日銀は公定歩《ぶ》合《あい》を数度にわたり引き上げ、また政府は不動産融資に総量規制をかけるなど、資金供給の抑制を図った。

その結果、株価は１９９０年の年初から下がり始め、それに遅れて地価も１９９１年の後半から低下し、バブル経済は終焉を迎えた。金融機関の不良債権問題やバブル経済崩壊後の深刻な景気後退など、その代償は大きく、ここから「失われた10年（20年）」と称される長い経済の停滞が始まる。

政府は１９９０年代を通じて財政出動や減

税を繰り返し、これが財政赤字の拡大と政府債務の累積を招いた。しかし、いずれの景気対策も有効とは言えず、1997年はこの年に発生した東アジア通貨危機もあり、戦後二回目のマイナス成長を記録する。北海道拓殖銀行の経営破綻《はたん》、山一證券の自主廃業があったのも1997年であった。

1990年代後半の日本経済は、金融機関の不良債権問題とこれに伴う資産デフレに翻《ほん》弄《ろう》され、正常化されるのは、2002年の「金融再生プログラム」などの実施を経て2000年代中盤になってからである。

1990年から2000年にかけての10年間の実質国内総生産の成長率はわずか1・1%に留まっている。この間の長期低迷に関しては、さまざまな分析が行なわれた。最も主要な見方は、金融機関の不良債権問題が経済の足を引っ張ったというものであるが、これに加え構造改革の遅れや生産性が上昇しなかったなどの論点もある。特に、林文夫《はやしふみお》とエドワード・プレスコットという現代を代表する二人の経済学者が示した、「生産性の低下が主因である」とする見解は注目を集めた。

2000年代に入ると、経済の様相は少し変化する。2001年に誕生した小泉《こいずみ》内閣は構造改革を前面に押し出し、郵政民営化や不良債権問題の処理を進めた。経済は2002

年1月から「いざなみ景気」と呼ばれる73カ月におよぶ過去最長の好況を経験するが、2002年から2008年までの年平均の実質経済成長率はわずか0・9%に過ぎず、「実感なき景気回復」と揶揄《やゆ》された。

その後、2008年9月のリーマン・ショックによる景気後退や2011年3月の東日本大震災などを経験した日本経済は、ようやく2012年に登場した安倍政権によるアベノミクスにより小康状態を迎えることができた。しかしこの20年間、経済を苦しめてきたデフレからの脱却は、まだ中途である。

バブル経済が崩壊して以降の20年間は、日本は超高齢化の時代に突入するとともに、出生率の低下も進んだ。1990年の65歳以上人口比率は12・1%であったが、2010年では23・0%とほぼ倍増し、合計特殊出生率は1990年の1・54から2005年に1・26と戦後最低を記録し、2015年でも1・46に留まっている。人口は減少局面に入り、また高齢化は多額の社会保障給付を必要とするため、財政の負担は高まる一方となっている。経済の低迷と同時期に超低出生・高齢化時代を迎えたことになる。

労働市場についても、この20年間の推移を簡単にみておこう。バブル経済が崩壊した1992年の完全失業率は2・1%であったが、2002年には5・4%にまで上昇した。

この頃、新卒の若者の就職も厳しく、「就職氷河期」などという言葉も生まれた。失業率はその後次第に低下したものの、リーマン・ショックによる景気後退時には再び5・1%にまで悪化している。

同時に雇用の形態も多様化し、パートやアルバイト、契約社員といった非正規雇用者の割合は1993年の20・8%（女性のみでは38・5%）から2015年では37・5%（同56・3%）にまで高まっている。経済の停滞と国際競争への対応のため、企業が人件費抑制に走ったことが非正規雇用者の割合の上昇につながったとされる。こうした不安定な雇用状態が若者の家族形成を遅らせ、これが少子化に拍車をかけたとする見方もある。

また、この期間、女性の労働市場への進出も鈍っている。1990年の女性の労働力率は50・1%であったが、2010年では48・4%、また2015年でも49・6%に留まる。高齢化の影響もあるが、今後の労働力不足を見込むと「女性活躍」の必要性はさらに高まっている。

人口ボーナスと人口オーナス

ここまで、戦後の経済史と人口の推移を重ねて見てきたが、まとめると、高い経済成長の時代は若い人口が増えており、また出生率も比較的高かったが、安定成長を経て経済成長が低迷する時代にあっては超低出生・高齢化が伴ってきているということである。こうした経済と人口の関係をどのように捉えればいいのだろうか。また、こうした関係は普遍的に見られるのであろうか。近年、経済と人口の関係について興味深い仮説が登場した。人口ボーナスと人口オーナスという議論である。

この議論は主として人口の動態が経済に影響を与えるという見方にもとづく。高度経済成長の時代のように、高齢化の程度は緩やかで出生率は低下傾向にあり、子どもの人口(年少人口)は増えているものの相対的には生産年齢人口に比べて少ない。このような時代にあっては働き盛りの人口(生産年齢人口)は子どもや高齢者を扶養する負担が小さいので、経済成長にとっては好ましい状態にある。しかも増え続ける年少人口は将来の経済成長を支える人的な資源として期待できる。

このように人口動態が経済にとって好ましい環境をもたらす場合を、人口ボーナス(demographic bonus)という。なお、人口ボーナスは1990年代の終わり頃から国連人口基金(UNFPA)が使い出した用語で、一般的には労働力人口の増加率が総人口の増加率よりも高い状態と定義され、また近年では「人口学的配当(demographic dividend)」とも

〈図表2-6〉人口ボーナスとオーナス

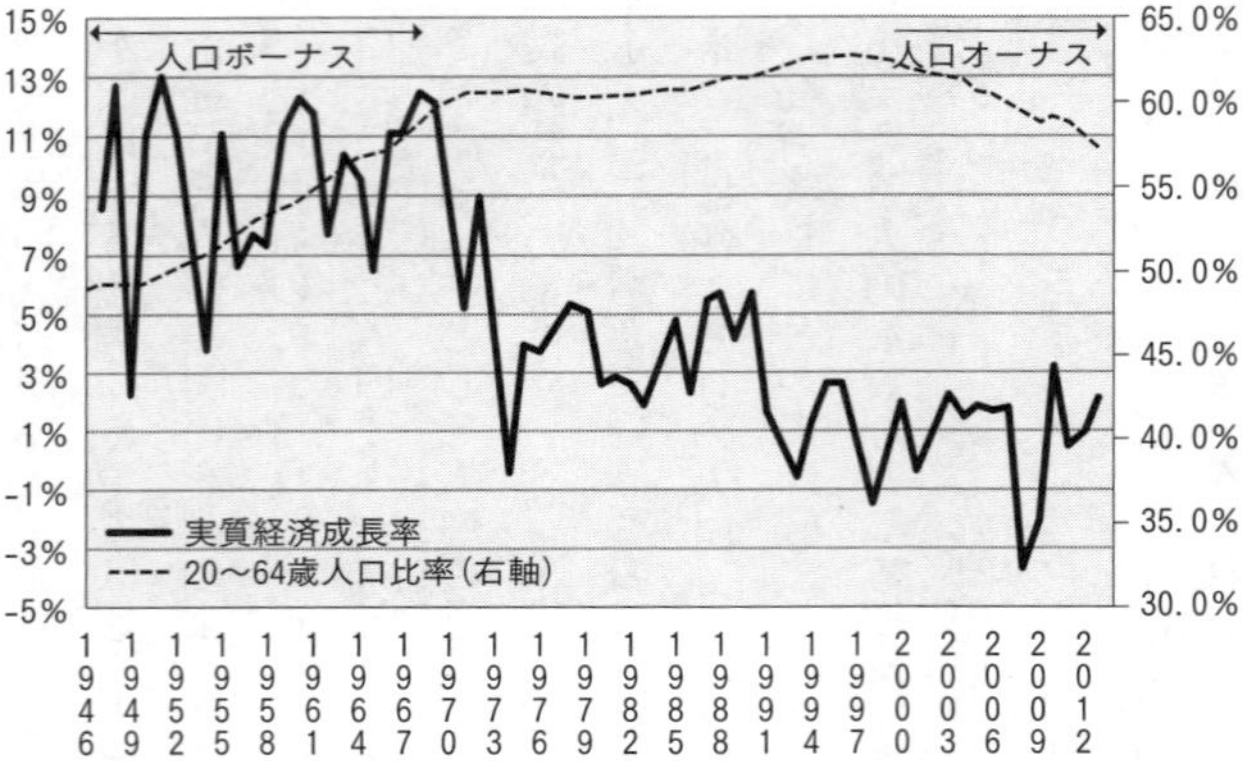

資料：内閣府「国民経済計算」、総務省統計局「人口推計」、「国勢調査」
注：経済成長率は改訂されたＳＮＡをつなげたものである。

呼ばれている。

人口ボーナスの反対の状況が人口オーナス（demographic onus）であり、これは生産年齢人口に対して高齢者の人口が増加し、その扶養の社会的負担が経済成長の重荷（onus）になるとともに、労働力人口が減少するなど働き手の人口が総人口に比べ相対的に低下している状況を表わす。

人口オーナスの状況では人口動態が経済成長を鈍化させる方向に働くが、まさにバブル経済崩壊以降の日本はこうした人口オーナスの状態にあると言えよう。

人口ボーナス、人口オーナスの目安として、ここでは20〜64歳人口が総人口に占める割合を取り上げてみよう。20〜64歳人口は労働力人口をおもに担う年齢層であり、総人口に占める比率が上昇している時期を人口ボーナス、反対に低下している時期を人口オーナスとしておこう。〈図表2‐6〉は戦後の日本の経済成長率と20～64歳人口比率を併せて示したものである。これをみると20～64歳人口比率は終戦直後から上昇し、1973年に60・7％で最初のピークを迎える。まさに高度経済成長の終焉時と一致する。

その後、この比率は安定的に推移しつつやや上昇し、1996年に62・7％に達する。以後は低下を続け、2010年では59・1％であった。ちなみに労働力人口のピークは1998年の6793万人であり、これ以降減少を続けているが、その意味では日本は1990年代後半から人口オーナスの時代に入ったということになる。

ちなみに、国立社会保障・人口問題研究所の将来人口推計（2012年）によれば2060年における20～64歳人口比率は47・3％まで低下する。人口オーナスの時代がこれからも続くということである。

人口が経済に影響を与えることは間違いないとしても、こうした人口ボーナス・オーナスという表面的な関係だけで経済成長を説明できるものであろうか。もし人口オーナスが経済成長を鈍化させるというのであれば、日本は今後、経済成長をあきらめなければならない。

もちろん、高齢化が進めば社会保障制度などの経済的負担は高まり、少子化で労働力人口の減少も予想されていることなどから、日本経済が長期的に直面する難題は多い。しかし、人口の議論だけで経済成長のメカニズムを完結するわけにはいかない。次の節ではこの点を経済学の視点から考察する。

2 成長しなければ支えられない8000万人社会

一人が一人を支える社会の到来

ここまで過去の経済成長と人口の動向について振り返ってきたが、問題なのはこれからである。経済成長がなかった場合にはどんなことが起きるのだろうか。まずは、社会的な扶養の問題を考えてみたい。社会保障制度については後述の章で詳細に議論するが、年金や医療、介護といった主として高齢者を支援する仕組みは、若者が財政的にこれらの制度を支えている。年金給付は現役世代が保険料を支払い、主として高齢者が給付を受けるものであるし、高齢者の医療費の多くは現役世代が支払った保険料の支援で賄《まかな》われている。

〈図表2-7〉扶養率の推移

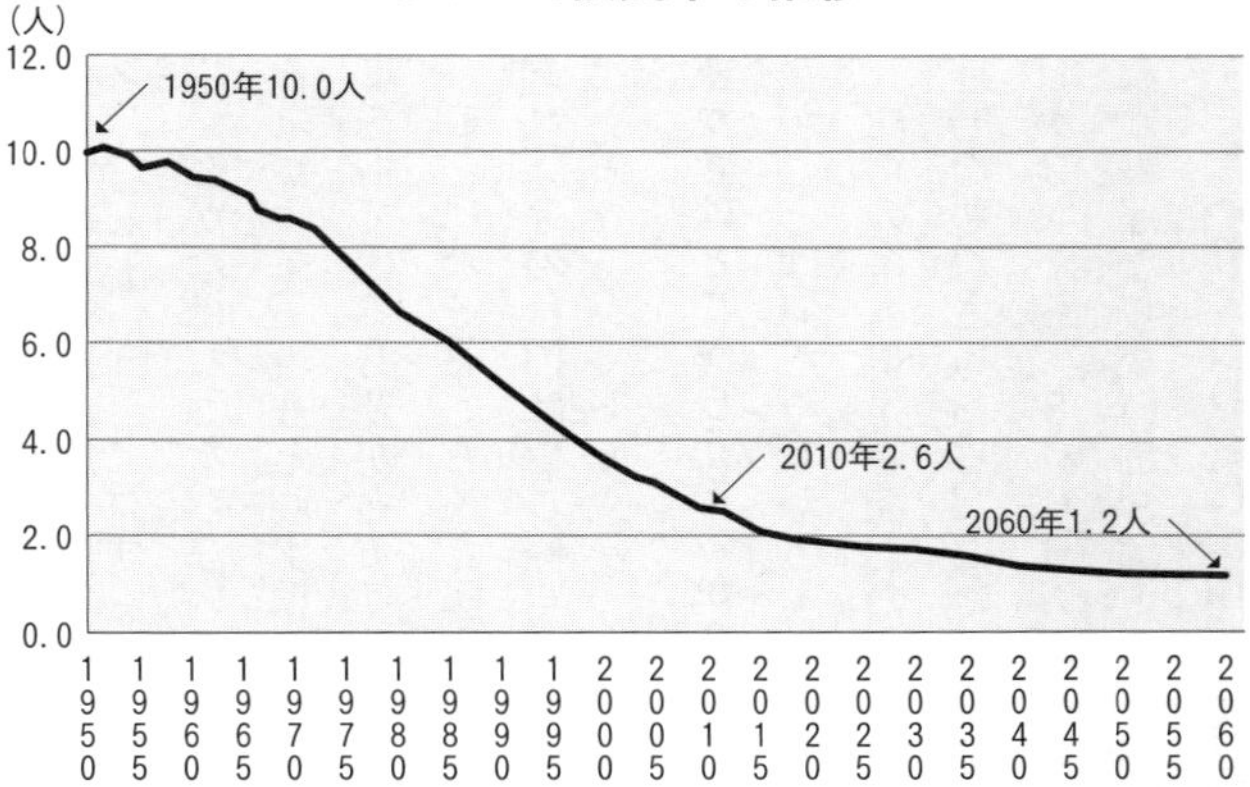

資料：総務省統計局「国勢調査」、「人口推計」
国立社会保障・人口問題研究所「日本の将来推計人口」(平成24年1月推計)

すなわち、現役世代が高齢者を支える仕組みができ上がっているのである。

〈図表2-7〉に示した扶養率は、20〜64歳の人口数を65歳以上の人口数で除した値である。現役世代を20〜64歳とすれば、これらの現役世代が何人で一人の高齢者（65歳以上）を扶養しているかを表す指標になる。

この指標によると1950年では10・0、つまり10人の現役世代が一人の高齢者を支えていたが、2010年ではこれが2・6人に急減し、2060年では1・2人になる。8000万人社会は、総人口が減るだけでなく現役世代の負担が大きくなる社会でもある。

2060年の扶養率1・2の意味を考えると、ほぼ一人の現役世代が一人の高齢者を支えることになる（扶養率は19歳以下の人口を省いているが、この層を考えれば一人の現役世代がほぼ一人の高齢者もしくは子どもを支えるということになる）。このことは一人で二人分の生活の糧《かて》を稼がなければならないことを意味する。

したがって、現在と同水準の社会保障などを維持するには、現役世代が相当程度の所得水準を得ている必要がある。そのためには経済成長を維持していかなければならない、ということになる。もちろん医療や介護などの社会保障の水準を現在よりも低く設定するのであればその負担は少し軽くなるが、経済成長による所得の確保の必要性は変わらない。

豊かさはどこからくるのか？

豊かさとは何だろうか。本書はこうした哲学的な問いに答えることが目的ではない。また、所得の多さや生産能力の高さだけが豊かさとは限らないし、物質的な豊かさのほかに精神的な豊かさもある、といった議論を否定するわけではない。

しかしながら、８０００万人社会で現在と変わらない生活を送るには、所得水準を維持しなければならないことはまちがいない。所得や生産能力を示す指標が、国内総生産（ＧＤＰ）であり、ＧＤＰには環境や資源、精神的豊かさは含まれないものの、豊かさの大きな部分を占める物質的な豊かさを示す。そのＧＤＰという昔ながらの指標を議論の前提にすることは、多くの人にとって許容できるものと考える。

経済成長はＧＤＰの増加率であるが、近年では経済成長はもはや不要である、といった議論を聞くことがある。はたしてこれは本当だろうか。人口減少や高齢化が進む社会で、経済成長が失われれば、どんなことが生じるのだろうか。豊かさを維持するには、やはり経済成長が必要なのではないだろうか。当たり前のようであるが、この点を再度確認しておくことは大事である。要点を明らかにするために、簡単な数値例を挙げてみよう。

いま、10人で構成される社会があるとする。このうち７人が働いて、３人の高齢者を支えているとしよう（高齢化比率は30％）。７人は一人当たり年間１００万円に相当する国内総生産（ＧＤＰ）を生み出す。したがってＧＤＰの総額は７００万円である。これを10人の人口で配分すると、一人当たりの所得は70万円である。これが現在の生活水準となる。

さて、人口が減少し高齢化が進んで、この国の人口は８人に減り、働いているのは５人だけになったとする（高齢化比率は37・５％）。働いている一人が生み出すＧＤＰが変わらず１００万円だとすると、ＧＤＰの総額は５００万円、一人当たりの所得は62・５万円に減ってしまう。生活水準は以前と比べて７・５万円だけ減ってしまうが、その理由は働く人の数の減少（7人→5人）である。

もし以前と同じ生活水準（70万円）を維持するには一人が生産するGDPを増やさなければならない。すなわち全体のGDPを560万円にするため、働いている一人が生み出すGDPを112万円に増やさなければならない。この場合のGDPの総額560万円は、10人の場合より20％だけ少ないが、それは同じ比率だけ人口が減少したことによる。

これは単純な数値例であるが、しかし高齢化を伴う8000万人社会では一人当たりのGDPを増やさなければ、これまでの豊かさを維持することはできないのである。ここでの重要な点は全体の（マクロの）GDPを増やすのではなく、働く一人当たりのGDPを増やすという点である。では、もはやマクロのGDPは不要なのか、といえばそうではない。話はさらに複雑になる。

マクロと一人当たりの豊かさの関係

経済学者の多くは一人当たりのGDPの水準を見るべきで、人口減少社会ではマクロのGDPはそれほど重要ではないと考える。確かに、先ほどの数値例でみても一人当たりの豊かさを確保できれば問題はないように見える。しかしここが難問である。

一般に一人当たりの経済成長率とマクロの経済成長率、それに人口増加率は以下のような関係式で示すことができる。

一人当たりの経済成長率＝マクロの経済成長率－人口増加率

先の数値例では、一人当たりの経済成長率は０％、マクロの経済成長率がマイナス20％、さらに人口増加率がマイナス20％であるから、右の式が成立している。

現実的な数値を考えてみよう。２０１０～２０６０年にかけては毎年およそマイナス０・８％の人口増加率になると見込まれている。したがって一人当たりの豊かさを維持する（右の式の一人当たりの経済成長率を０％とする）のであれば、マクロの経済成長率はマイナス０・８％でいいことになる。しかし、はたしてこの論理は成立するであろうか。

第一に、この単純な式は、すべての人が負担すべき経済資源について何も触れていない。道路や橋などの公共投資を考えてみよう。これらは国民全体が負担をするものであり、今後、道路や橋の修復など社会的インフラに大きな負担が必要となる。人口が減少すればそれだけ一人当たりの負担が増えるのであるから、マクロの経済成長率を高めておく必要がある。

第二に、高齢化が進展し社会的な再分配（社会保障制度など）が増えれば、それだけ多くの取引コストが必要となるなど、社会全体の効率性が低下する懸念がある。したがって、こうした社会的コストを賄うためにも、マクロの経済成長率を高める必要がある。

第三に、マクロの経済規模が低下することは、国際的な競争力の低下につながる。今後、資源や食糧などの輸入を担保するためにも、一定の経済競争力は不可欠である。その典型的な例が中国であり、一人当たりの所得水準は低くても、13億7000万人がまとまった経済規模は国際的にも大きな存在感を与えている。

第四に、やや技術的であるが、先ほどの式はマクロの経済成長率が人口増加率と関係なく決まるという前提での式となっている。この前提が崩れて、人口の増加率がマクロの経済成長率と関係している場合には、一人当たりの経済成長率が低下する可能性が生じる。この点については次で詳説する。

人口規模と経済水準

ここで説明したい点は人口の規模がマクロの経済水準（あるいは経済成長率）に影響して

いる可能性である。

経済学では一般に、規模に関して収穫一定という仮定を置くことが多い。生産水準が労働力人口の数で決まるとすれば、労働力が2倍になればGDPも比例して2倍になるという論理である。しかし現実の経済を見ると、労働力人口が増えればそれだけ生産の効率も高まると考えることができる。

商品の販売現場を想像してほしい。多数の客が来店している状況では販売員が一人ですべての客をこなすより、販売員を二人にして、一人が客に応対しもう一人がレジを担当するなどによって二人が連携すれば、売り上げは高まるであろう（分業の利益）。もちろんあまりに販売員が増えすぎて混雑現象が生じれば（レジが混雑すれば）、売り上げは低下するが、規模が大きくなるほど効率的な販売が可能になると考えられる。こうした事象を規模に関して収穫逓増《ていぞう》の状態といい、労働力が2倍になるとGDPは2倍以上になるという見方である。

これに似た概念で、集積の経済というものがある。これは多数の多様な人や企業が集まることで得られる外部経済（市場での取引を通じないでメリットを享受すること）のことである。多数で多様な主体が集まることで情報や知識等の交換が行なわれ、また新たな需要が創出されるなどから新規の産業が生まれたり、既存企業のビジネスチャンスが広がったりする。東京などの大都市はまさにこの集積の経済のメリットを具現化した地域と言えよう。人口規模が大きくなることで集積の経済も大きくなる。

さらには、需要面からも人口規模が経済を拡大させる可能性がある。秋葉原《あきはばら》は海外でも有名になったオタクと呼ばれる個性的な趣向を持つ若者の街であるが、いまや訪日観光の目玉ともなった感がある。秋葉原は、多くのオタクが秋葉原に集まったことで新たな需要が生まれ、それがさらにオタクを呼び寄せるという循環によって成長した街である。人口規模が小さい地域ではこうした趣向を持つ人も少なく、また秋葉原などの特定の地域に集まることもないだろう。

その意味では人口規模が大きいほど、多様な産業が生まれ、その市場の規模も大きくなる。ニッチ産業なども人口や市場規模が大きく、多様なニーズを持つ消費者が集まるほど成立すると考えられる。

人口規模が経済に影響を与えるということを考えれば、人口規模が縮小するとそれに伴ってマクロ経済の規模も縮小する懸念がある。そうなると、一人当たりの経済成長率を決める式から、人口増加率がマイナスに拡大するほどマクロの経済成長率も低くなり、その結果一人当たりの経済成長率は低くなり、一人当たりの生活水準を維持することはより難しくなる。言いかえれば、マクロの経済成長率を高めることが必要であり、その意味では成長戦略などのマクロ政策は、高齢化を伴う人口減少社会ではますます重要なものとなる。

3 経済成長の課題

経済成長の三要素

８０００万人社会に向けて、日本は本当に成長を持続できるのであろうか。経済成長について、経済学のオーソドックスな視点から分析を行なってみたい。

経済は、需要と供給の関係から分析される。国内総生産（ＧＤＰ）という用語を使ってきたが、これは一定期間内にどれだけの生産を行なったか、という供給面の指標である。しかし、この総生産と同額と定義される経済指標に国内総支出（ＧＤＥ）があり、これは一定期間内に消費や投資などがどれだけ行なわれたかを示す需要面の指標である（最近では国内総支出と呼ばずに国内総生産〈支出側〉と表記されるようである）。経済を需要面（支出面）から観察するには、どれだけの消費や投資が行なわれたか、輸出入はどうであったか、などを分析するが、生産面（供給面）から見るにはそれだけの生産能力があるのか、という視点が必要になる。

一般に、短期的な経済の動向を観測するには需要面が重視され、好況や不況といった景気循環はこの需要面から判断される。これに対して、経済を長期的に分析するにはその経済がどれだけの潜在的な生産能力があるのか、という点が重要になる。経済成長は基本的に長期的な視点で見るべきものであり、ここでの趣旨も長期的な将来にかけて経済成長を考えるということであるから、供給面をもとに議論を進めることが適当である。加えて、人口が経済に与える影響についても、長期的な視点が欠かせない。

経済を供給面で見る場合、生産関数という考え方が役に立つ。難しい数式ではない。生産に必要な要素（生産要素）をどれだけ投入すると、どれだけの生産（GDP）が生じるかを記述したものである。生産要素の投入量を増やせば増やすほど（一般的には）生産量は増えることになる。言いかえれば、潜在的生産能力を評価するには、生産要素がどれだけあるかを考えればいいことになる。

これからの経済成長の可能性を長期的に見るには、この生産要素がどれだけ確保できるのか、という点から考察を進められる。特に人口減少や高齢化が生産要素の確保にどのように影響するのか、という分析が要《かなめ》になる。

この生産要素にはいろいろなものが考えられるが、重要なものとして労働力、資本ストック、生産性という三つの要素がある（この他にもエネルギー資源や土地などの生産要素も考えられる）。以上の三つの生産要素を用いて、これまでの経済成長にどれだけ貢献したか、という分解を行なうことができる。

これを成長会計というが、〈図表２-８〉は、１９７０年以降、近年までの経済成長率に対する三つの生産要素による貢献度を示したものである（データは〈独〉経済産業研究所「ＪＩＰデータベース２０１５」による）。これによると、１９７０～80年、１９８０～90年では三つの要素がすべて経済成長にプラスに貢献している。

たとえば、１９８０～90年では年平均で計算された実質経済成長率は４・32％であったが、労働力の増加によって１・02％、資本ストックの増加によって１・97％、さらに生産性（経済学では全要素生産性〈ＴＦＰ〉と呼ばれ、労働と資本ストックの貢献以外の部分を表わす）の増加によって１・33％の成長が実現されたと読むことができる。

「失われた10年」とされる１９９０年代では、資本ストックは１・11％の増加を記録した

〈図表2-8〉経済成長率の要因分解

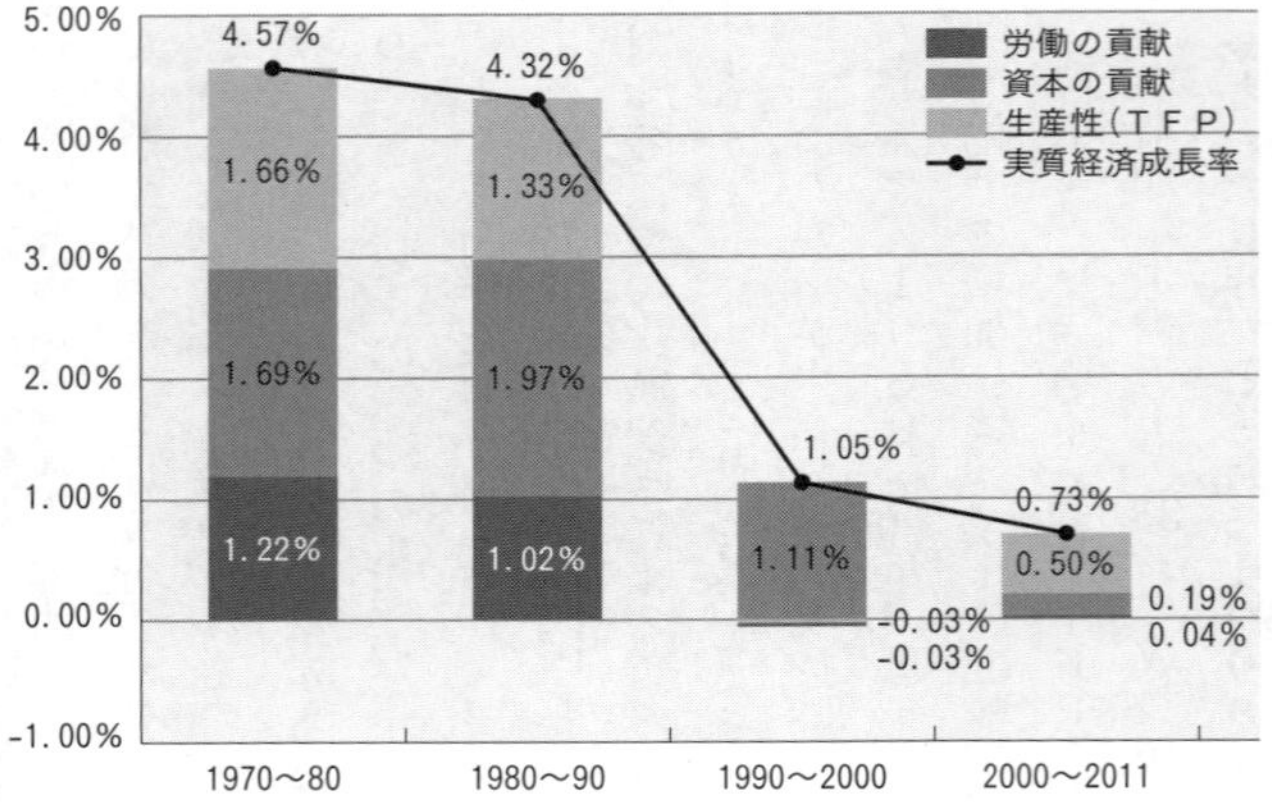

資料：独立行政法人 経済産業研究所「JIPデータベース2015」

が、労働力人口も生産性もマイナス0・03％であって、これが経済成長率を押し下げていたことがわかる。さらに、2000年以降になると生産性は0・5％に回復したが、資本ストックの伸びは0・19％に低下し、労働の貢献も0・04％と、ほぼないに等しい。

人口減少・高齢化と成長の三要素

以上から、ここ20年程度の日本経済は、三つの生産要素すべてが経済成長を促すものとなっていなかったことがわかった。この点については、人口増加の停滞や高齢化の進展が影響しているとも考えられる。人口減少・高齢社会では経済成長が必要であるとしたが、そうであれば将来にかけて成長を持続させる

〈図表2-9〉人口減少等が経済に及ぼす影響

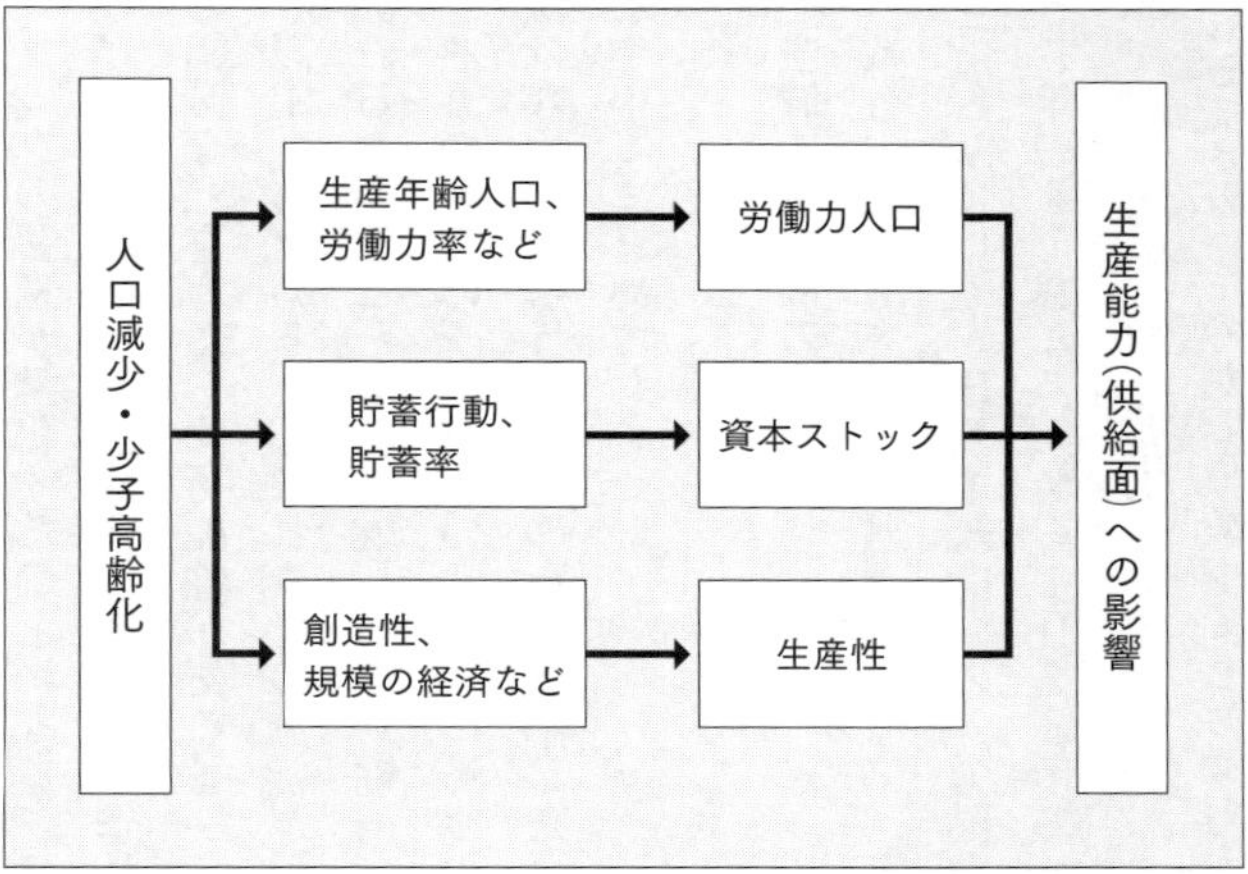

ことは難しくなる。では、人口動向と生産の三要素にはどのような関係があるだろうか。それをまとめたものが〈図表2－9〉である。

人口が減少すれば、生産年齢人口も減少するため労働力人口は減少する。また、高齢化によって働く意思を持つ人口の割合（労働力率）も低下すると見られる。この二重の影響で将来の労働力人口は減少することになる。

また、高齢化が進めば、老後の生活のために貯蓄を引き出す人が増え、また現役世代の人口が減少すれば持ち家や老後の備えなどのために貯蓄をする人も減るであろう。

日本では、家計の貯蓄が企業の投資行動に大きな影響を与えているので、企業等の資本ストックの蓄積が鈍化することになる。また、生産性の源泉は働く人々の創造性などであり、高齢化は社会の創造性を失わせる恐れがある。加えて、人口規模の縮小は規模の経済の縮減などをもたらす可能性がある。

以上をまとめると、これまでの分析が将来も妥当するのであれば、8000万人社会が訪れるということは経済成長もまた期待できないということになってしまう。本当にそうだろうか。この呪縛ともいえる人口減少の連鎖から脱して、経済成長を持続可能にする方法はないのだろうか。この点を議論したいが、その前にまずは生産の三要素の現状と今後についてまとめておきたい。

激減する労働力人口

戦後の経済史でも振り返ったように、高い成長を記録していた時代は労働力人口も増加を記録していた。総務省統計局の「労働力調査」によると、高度経済成長の時代では1955年の4194万人から1973年の5326万人まで、年率で計算すると平均1・3%で労働力人口は増加していた。また、1973年からバブル経済が崩壊した1992年(6578万人)の期間であっても労働力人口の増加率は1・1%であった。

しかし、労働力人口は１９９８年に６７９３万人のピークに達した後、漸減傾向に入り、２０１５年では６５９８万人とピーク時から１９５万人の減少となっている。労働力率（15歳以上人口に占める労働力人口の割合）をみても１９９８年の63・３％から２０１５年では59・６％にまで低下している。これは指標の定義上、分母に含まれる高齢者の人口が増えた影響もあり、高齢化が労働供給に影響を与え始めたとも言える。

男女別に労働力人口をみると、２０１５年では男性が３７５６万人（労働力率は70・３％）、女性は２８４２万人（同49・６％）であった。労働力率に着目すると、男性の労働力率は１９９３年の78・０％から次第に低下しており、また女性の労働力率も１９９２年の50・７％から微減している。

女性の社会進出が議論されている中、なかなか女性の労働力率は上昇しない。その背景には、女性の就業形態には非正規労働者が多いなど景気の動向に雇用が敏感なこと、就業と育児・介護との両立支援がいまだ充分でないこと、などが考えられる。なおこの点については、第５章の女性活躍の箇所で再び論じたい。

人口減少とともに将来の労働力人口はどうなるのだろうか。２０１５年に（独）労働政策研究・研修機構（ＪＩＬＰＴ）が公表した「平成27年　労働力需給の推計」によると、現状の働き方が変わらず、経済成長も見込めない場合には労働力人口は2030年に5800万人にまで減少するとしている。

したがって、今後15年で労働力人口がおよそ800万人も減少することになるのであり、5800万人という水準は1980年代初頭の水準でもある。ここでの予測は2030年までであるが、2030年以降、生産年齢人口の減少に伴って、労働力人口の減少はさらに加速すると考えられる。

労働力人口減少への対応を進める必要があるが、そのためには女性・高齢者・外国人の活用が可能性として考えられている。高齢者の活用に関しては多くのところで議論されているが、まずは60歳定年以降の雇用条件を整備することや、65歳以上の高齢者の働く場の創出などが課題となっている。

定年制に関して言えば、2004年に高年齢者雇用安定法の改正により、企業は①65歳以上までの定年の引上げ、②65歳以上の継続雇用制度の導入（2013年の改正で希望者全員を対象とすることとなった）、③定年の定めの廃止、のいずれかを導入することとなった（高年齢者雇用確保措置）。

厚生労働省が公表した「平成27年高年齢者の雇用状況」によれば99・2％の企業がこの

高年齢者雇用確保措置を「実施済み」としている（2015年6月現在）。その内訳をみると定年制廃止を実施した企業は2・6％、定年制の引上げを実施した企業は15・7％であり、ほとんどの企業が継続雇用制度の導入で対応している。なお、同調査によれば、65歳ではなく70歳以上まで働ける企業が全体の20・1％あるとしている。

高年齢者雇用確保措置の導入により60～64歳の労働力率は近年、漸増傾向にある（男性の場合、2005年の70・3％から2015年では78・9％に上昇）ものの、65歳以上の労働力率はほとんど上昇していない（同、29・5％から31・1％）。高齢化によって労働参加できない高齢者も増えるが、健康寿命の伸長などから65歳以上の高齢者の活用が今後の課題となろう。

その場合、70歳を視野に入れた定年制等の引上げが議論されることになる。しかし、高齢雇用者の増加が、若年労働力人口の新規就業の妨げになっているという指摘もあることから、高齢者自身による起業やNPOなどの形態による社会参加も進めていくべきであろう。65歳以上の就業を促進することは、高齢化に伴う社会保障給付を抑え、保険料収入を増やす、といった効果も考えられる。

なお、前述のJILPTの推計で、経済成長が持続し女性や高齢者の活用が進めば20

30年の労働力人口は6362万人となり、2015年からの減少幅は240万人程度に抑えられるとしている。また、労働力人口の減少に対して外国人の活用も考えられるが、これについては第5章で再度触れたい。

枯渇《こかつ》する国内貯蓄

国内の資本ストックの蓄積を進め、同時に新しい設備を導入するには、投資のための資金が必要であり、そのためには国内での貯蓄の促進が欠かせない。〈図表2-10〉は1981年以降の資本ストックの増加率と家計貯蓄率の推移を示したものである。両者の相関係数を計測すると0・83であり、家計貯蓄率の高さが資本ストックの増加率と関係していることがわかる。

日本はかつて高い貯蓄率を誇っていた国である。1980年の家計貯蓄率は17・5%、また1981年は18・4%であったが、次第に低下して2013年ではマイナス1・3%とマイナスを記録し、2014年はプラスに戻ったものの0・1%という低い水準にある。貯蓄率に影響を与える要因にはさまざまなものが考えられる。消費の変動が大きくなければ、所得が高いほど貯蓄に回す部分が増えることから貯蓄率は高まり、また、貯蓄手段が多用で魅力的であるほど貯蓄は多くなるだろう。しかしここでは高齢化の要因を取り上げて、貯蓄率の低下傾向を考えてみたい。

経済学でしばしば貯蓄行動の説明として「ライフサイクル仮説」が取り上げられる。これは若年人口が多い経済であるほど将来に備えた貯蓄が多くなるが、高齢者が増えるにつれ貯蓄の取り崩しが増えるため貯蓄率が低下する、という仮説である。

すなわち高齢化の進展に伴って貯蓄率が低下するということになる。加えて、年金や高齢者のための医療・介護制度が充実すれば老後の備えのために貯蓄を行なう誘因も低下することから、高齢化に伴う社会保障制度の拡充も貯蓄率を引き下げる方向に働く。

このように、ライフサイクル仮説を援用すれば、高齢化が近年の家計貯蓄率を低下させた主たる要因の一つということになる。なお、高齢者が実際に貯蓄を取り崩しているかどうかについては、その定義などによって分析結果にやや違いはあるが、無業の高齢者世帯では、貯蓄の取り崩しが行なわれているという点に関する異論は少ない。

家計の貯蓄（率）の低下は、資本ストックを通じた潜在的な生産能力のみならず、経常収支などにも影響を及ぼす。これはＩＳバランスからの推論である。（政府支出と税収を無視して考えると）ＩＳバランスの推論は次の式が出発点になる。

〈図表2-10〉資本ストックの増加率と家計貯蓄率

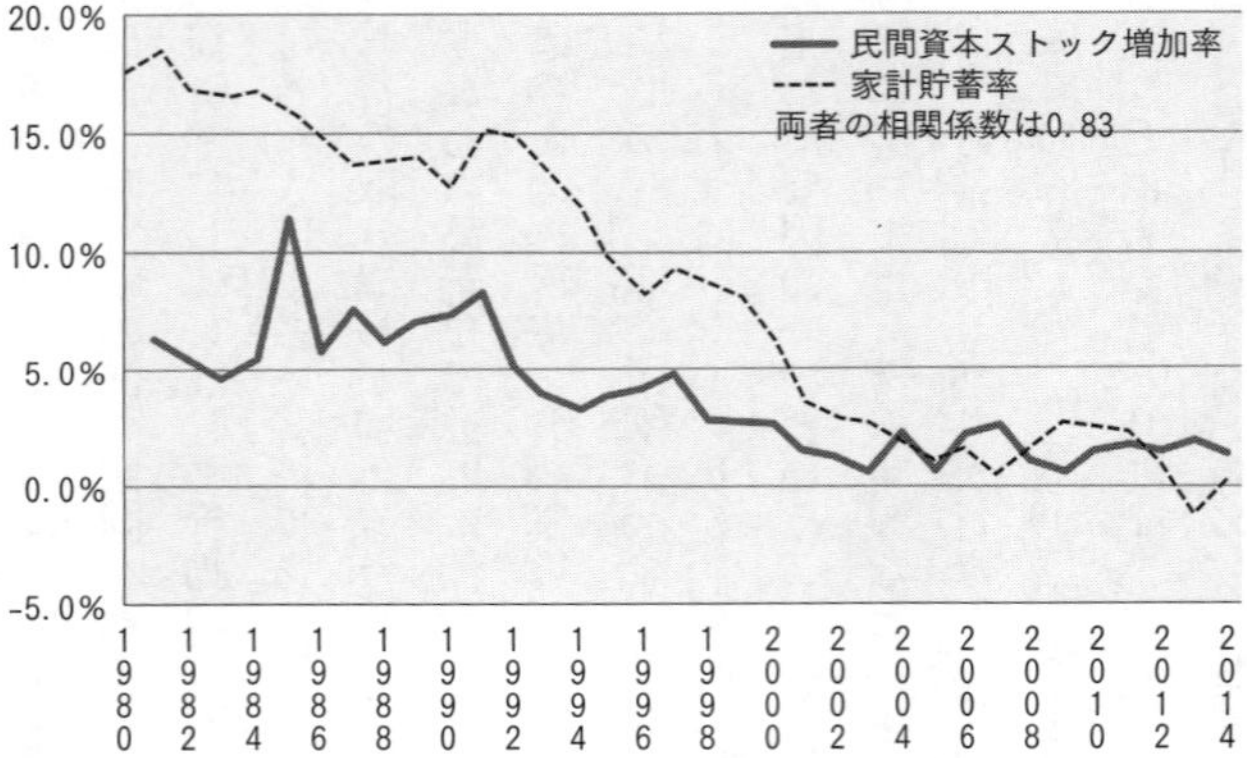

資料：内閣府「国民経済計算」、「民間企業資本ストック」
注：1993年度以前は2000年基準のデータである。

所得＝消費＋投資＋（輸出－輸入）

これは国内で得られた所得は消費、投資、純輸出（輸出－輸入）と等しいというマクロ経済の恒等式である。所得と消費の差額が貯蓄であるので、右の式は、

貯蓄－投資＝輸出－輸入

と書き直せる。輸出－輸入は経常収支であるが、これは国内貯蓄と投資の差額と等しいということになる（「国際収支統計」上では正確には貿易収支であり、これに第一次、第二次所得収支を加えたものが経常収支である）。

近年、月次ベースで経常収支の赤字を記録したり、あるいは経常収支の黒字幅が小さくなったりした背景には、国内の貯蓄額が減少し、それにより右の式の左辺が小さくなったことが対応していると考えられる。高齢化が貯蓄を減少させることになれば、将来的には経常収支の赤字が定着するということにもなる。

生産性は上昇するか

経済の潜在的な生産能力を維持するため、最も重要な要因は生産性の上昇であろう。〈図表2-8〉でも示したように、日本経済の成長にとって生産性の上昇が、常に大きな役割を果たしてきた。では、人口減少や高齢化は、こうした生産性の上昇にどのように影響するのだろうか。

最初に人口の規模と生産性の関係を考えてみたい。両者の関係については、いくつかの仮説がある。一つは「天才仮説」とも呼ばれるもので、多くの人口がいるほど、その中から優れたイノベーターを輩出するチャンスが高く、こうしたイノベーターが技術の進歩を担い、生産性を高めていくという考え方である。

これは天才的なイノベーターにかぎらず、人口規模が大きいほど多様で多彩な人材が存在する、というようにも解釈できる。リーダーシップに長《た》けている人や豊富なアイデアを持つ人、あるいは起業によって成長する会社や組織を育てる人など、生産性の上昇に貢献できる多くの人が、人口が多いほどその経済に存在する確率が高いと解釈してもいいだろう。

二つ目は、多くの人口がいるほど知的な交流の機会が増え、これによって技術進歩が促される、という見方である。二人しかいない社会では交流の組み合わせは当人同士の一つしかないが、3人では三つに、4人では6つに、というように多くの人口がいるほど交流の機会は多く、多様な人との交流がアイデアなどを生み出し、技術の進歩や生産性の上昇をもたらすという仮説である。

その他に、人口減少に伴い若年の労働力が減少することで若年層が持つ創造性や積極性が全体として乏しくなるため、生産性の上昇が鈍るという効果（創造性喪失効果）や、その反対に、労働力人口の減少によって労働力以外の生産要素を相対的に多く用いざるをえなくなり、その結果として技術進歩が促進されるという効果（労働力節約促進効果）も考えられる。

人口規模が生産性に実際にどう影響しているか、という点に関して、筆者自身で実証研究を行なったこともあり〈Ｋａｔｏ〈２０１６〉〉、過去の先進国を対象にした実証研究では、人口規模が大きいほど生産性上昇率が高いという結果を得ている。

高齢化と生産性の関係を考えると、上記の創造性喪失効果が強く働くのではないかと推測される。〈図表２‐11〉は、ＯＥＣＤ諸国における生産性〈多要素生産性〉上昇率と高齢化の関係を示したものである。分析には、１９８５～２０１２年までのＯＥＣＤ20カ国のデータを用いている。データのない期間もあるため、サンプル数は５３４である。図表からわかるように高齢化比率が高くなるほど、生産性の上昇率は低くなっている。この負の関係が今後も持続するのであれば、日本は高齢化がさらに進行することもあり、生産性上昇に対して悲観的にならざるをえないことになる。

持続的な成長のために

労働力人口、資本ストックの蓄積、生産性上昇といった潜在的な生産能力を規定する三つの要因のどれをとっても、高齢化を伴う人口減少が進む日本にとって楽観できるものはない。成長が鈍化し、高齢者を扶養する負担がさらに増える将来、もはや打つ手はないのだろうか。

〈図表2-11〉高齢化と生産性上昇率の関係

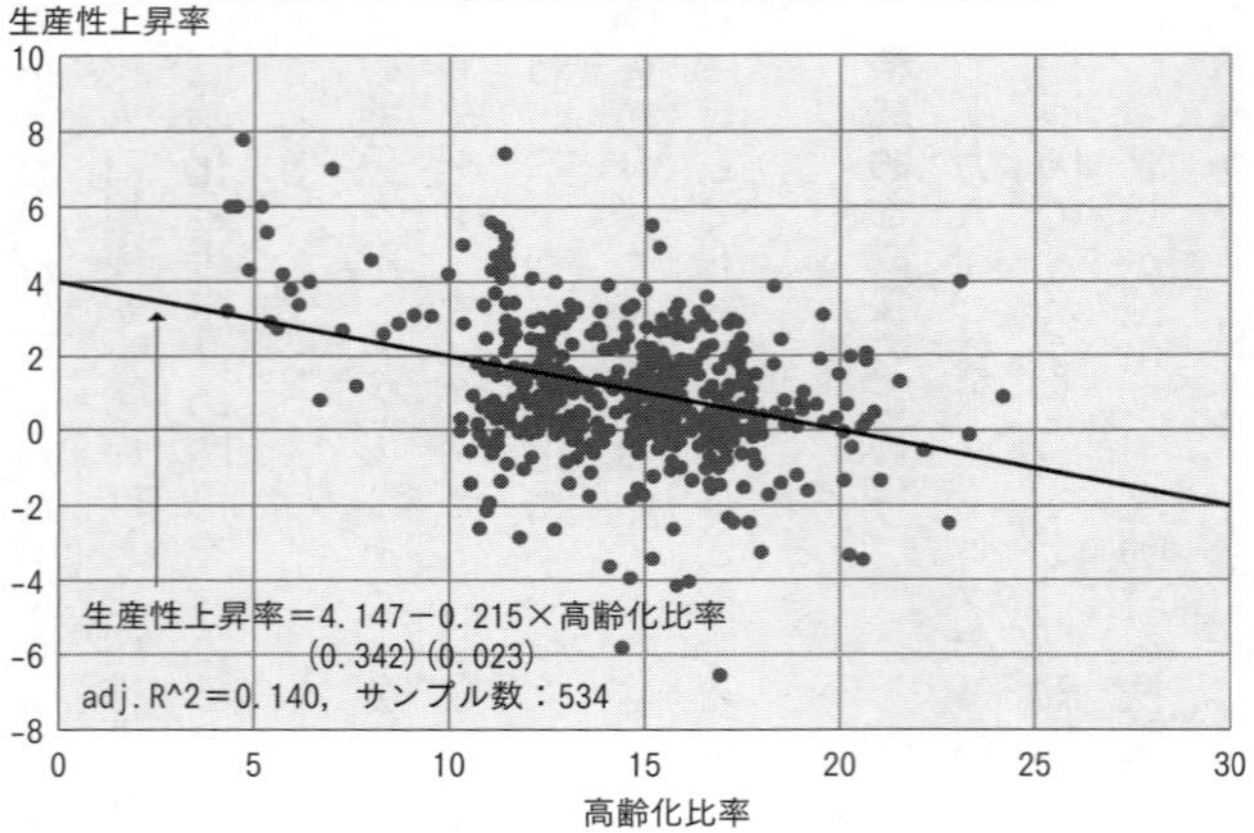

注：ＯＥＣＤデータベースから筆者試算。

ここまでいくつかの統計的な指標をもとに議論を進めてきたが、もしこれからの日本経済がいままでと同じ構造で進むとするならば、過去のデータが示すように、悲観的なシナリオしか描けないであろう。高度経済成長の時代の後に訪れた経済の全盛期からデフレに悩む「失われた20年」までを振り返れば、ここまできた道をそのまま辿《たど》れば行き着く先は、自信を喪失した中進国への転落でしかない。私たちの子孫にそうした経済を残したくはない。では、どうすればいいのか。新たな一歩を進むためには何が必要なのか。

その答えを見つけることはとても難しいが、まず始めなければならないのは過去の遺物の清算であろう。高度経済成長時代の仕組みや人口増加時代の制度を、全面的に見直すことが必要である。持続的な経済成長を維持するには、労働市場の慣行の見直し、積極的な対内直接投資の呼び込み、一層のグローバル化による生産性の上昇などが必要である。これらについて触れてみたい。

労働市場では質量ともに人材の活用が欠かせないが、その障壁になっているのが、いわゆる日本型雇用慣行に由来するさまざまな制度である。高齢者活用の障壁となっている定年制、能力開発が難しい非正規就業者の拡大、女性活躍の壁となっている就業と育児の両立支援策の遅れや同一価値労働同一賃金の不徹底、さらには流動性の乏しい終身雇用制度や若者の選択肢を狭める新卒一括採用など、多くの見直すべき仕組みがある。ここではこれらを一つ一つ取り上げることはできないが、第5章で再び言及したい。

高齢化に伴う貯蓄率の低下に対応するには、諸外国からの対内直接投資を増やす必要がある。日本銀行の統計によれば2012年度の対内直接投資残高は17・8兆円にとどまっており、これは2008年時点の18・5兆円から減少している。また、UNCTAD世界投資報告書（World Investment Report 2013）によれば、2012年末のGDPに対する対内直接投資額の割合は3・5％にすぎず、アメリカの26・2％、ドイツの21・1％どころか、韓国の13・0％や中国の10・3％と比べても遥かに少ない。

これだけ対内直接投資が少ない理由は、海外の企業にとって日本は魅力的な投資環境を有していないということであろう。その背景はいろいろ議論されているが、TPPを契機とする関税障壁の撤廃のみならず非関税障壁の縮減や法人税率のさらなる引き下げなど、政府ができることはまだまだあるはずだ。また、英語でのコミュニケーションの難しさが対日進出の足かせになっているという指摘もある。真のグローバル化が必要とされる所以《ゆえん》でもある。

最後に、最も重要な生産性の上昇に触れたい。生産性の上昇とは、言いかえれば一人一人の人材の能力を引き上げていくことである。そのためには教育が重要な鍵となる。現在の教育システム、とりわけ高等教育のあり方を（たとえば大学など入りやすく出にくい仕組みなど）抜本的に考え直さなければならない。

また、グローバルな人材をいかに生み出すか、も重要である。海外で多くの多様な人材と交流し、切磋琢磨《せっさたくま》して自らを高められる若者を増やすことが欠かせない。また、科学技術など日本が持つ技術資産を活用した生産性の上昇も、継続して進める必要がある。

高齢化に伴い今後、医療や介護に対する需要はますます増加し、それに供給が追いつかないことが懸念されている。一方、介護分野における生産性の上昇がこうした人材の不足を補《おぎな》うという試算もある〈経済産業省〈2016〉〉。人口や労働力の不足に対して生産性上昇で対応するというのは正道であり、この方向性を常に重視していかなければならない。

目の前には難題ばかりが立ちはだかっているが、8000万人社会を少しでも豊かな社会とし、次世代にも豊かさを残せる経済を構築することは現世代の義務でもある。ただし、残された時間は少ない。

第3章　東京一極集中と地方創生

8000万人社会は、全国で画一的に人口が減少した社会ではない。まずは地方で人口減少が進み、次いで東京圏などの都市部での人口減少へとシフトする。現在のところ東京圏など依然として人口が増加している都県もある一方、秋田県など人口減少が著《いちじる》しい県もある。

しかし、人口が増加している地域でも人口の自然増によって人口が増加しているのではなく、他地域から人口が流入しているからに過ぎない。東京圏への人口集中は、全国規模での人口減少にかかわらず、人口移動によって一部地域だけが人口増になるという、不均一な人口分布を助長している。

さらに、問題を複雑にしているのは、東京圏における低出生率である。2014年5月に日本創成会議・人口減少問題検討分科会は「ストップ少子化・地方元気戦略」というレポートを公表した。それは、東京一極集中がもたらすリスクを示すとともに、このままでは東京圏への人口集中が「地方消滅」につながるという危機意識を世に問うたものである。レポートの公表後、安倍内閣は内閣府に「まち・ひと・しごと創生本部」を置くなど地方創生策に踏み出すとともに、アベノミクスの第二弾として希望出生率1・8という政策を提示した。

この章では東京圏への一極集中の現状とその課題をまとめるとともに、「地方消滅」のメカニズムとその評価、さらには人口減少時代の国土構造のあり方などについて議論を行なう。

1　東京圏一極集中と、地方の人口減少

東京圏への人口集中の度合い

2015年の国勢調査（速報）によれば5年前の人口総数と比較して、47都道府県中、人口増加を記録したのは8都県のみであった。2010年の国勢調査（速報）では2005年と比較して人口が増加した都府県は9都府県あったが、そのうち大阪府が今回は人口減となった。

2010年から2015年までの5年間で人口が最も増加したのは東京都であり（35・4万人）、次いで神奈川県（7・9万人）、愛知県（7・3万人）と続くが、埼玉県、千葉県を含めた東京圏（1都3県）の合計では50・8万人の人口増を記録した。その結果、東京圏の人口総数は3612・6万人となり、全国の28・4％の人口が東京圏に集まっている

ことになる。

その一方、すでに述べたように大阪府は人口減少に転じており、また愛知県の人口は増えているものの岐阜県や三重県では人口減少が続いており、関西圏や中京圏の人口規模のウエイトは低下している。すなわち、近年の人口集中は三大都市圏というより東京圏に限ってのこととなる。

東京圏への人口集中の度合いはどのように変わってきているのだろうか。第1章でも簡単に触れたが、改めて過去の国勢調査から東京圏の全国に占める人口シェアを整理すると、1970年では23・0%であったが、1980年には24・5%、またバブル経済真っ盛りの1990年では25・7%に達した。その後、2000年に26・3%、2010年では27・8%へと次第に集中の度合いを強めているのである。

この比率は2015年では28・4%であると述べたが、今後はどうなるか。国立社会保障・人口問題研究所「日本の地域別将来推計人口（平成25年3月推計）」（以下、社人研の「地域別将来推計人口」という）による将来推計値から計算をすると、2020年の東京圏の人口シェアは28・8%、また2040年では30・1%にまで高まるとされる。一方、2015年の関西圏と中京圏を合計した人口総数のシェアは25・2%であるが、2040年

〈図表3-1〉首都圏への人口集中の国際比較

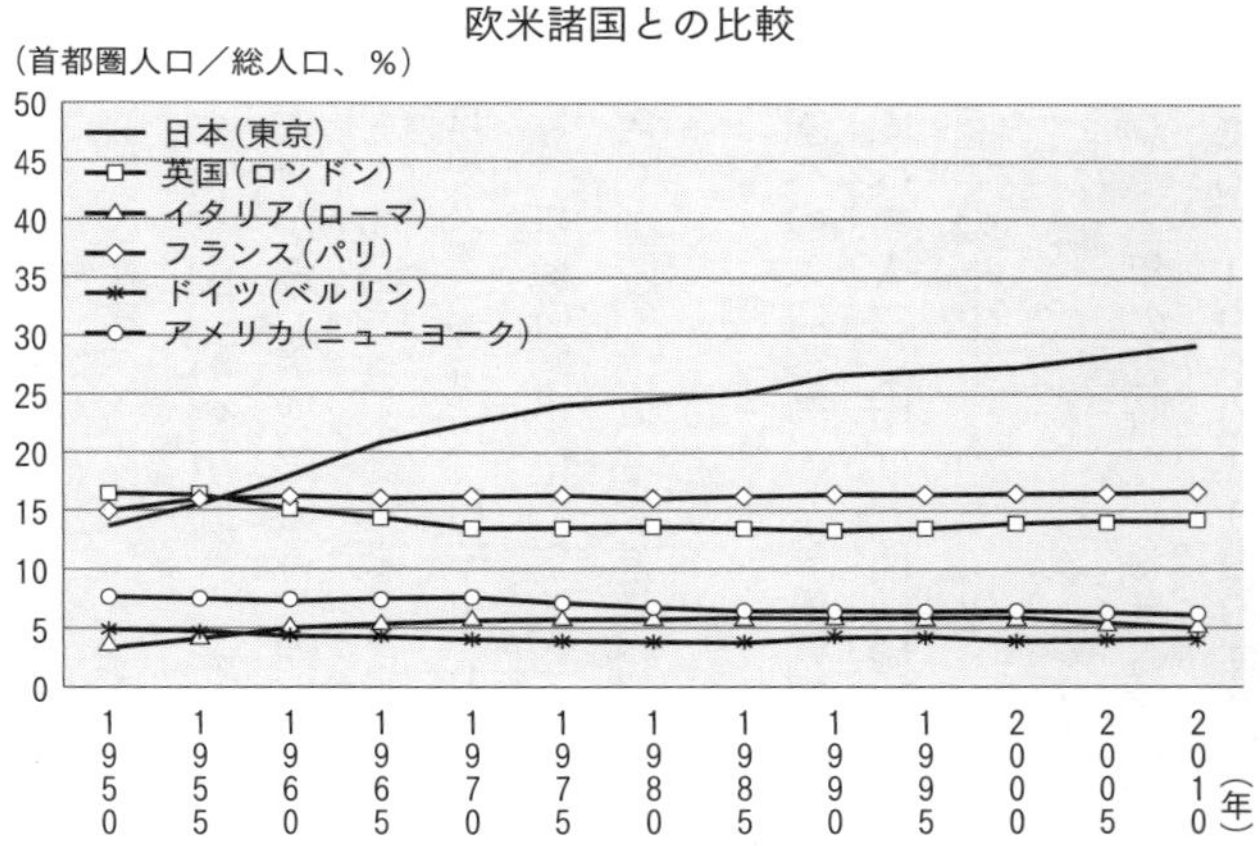

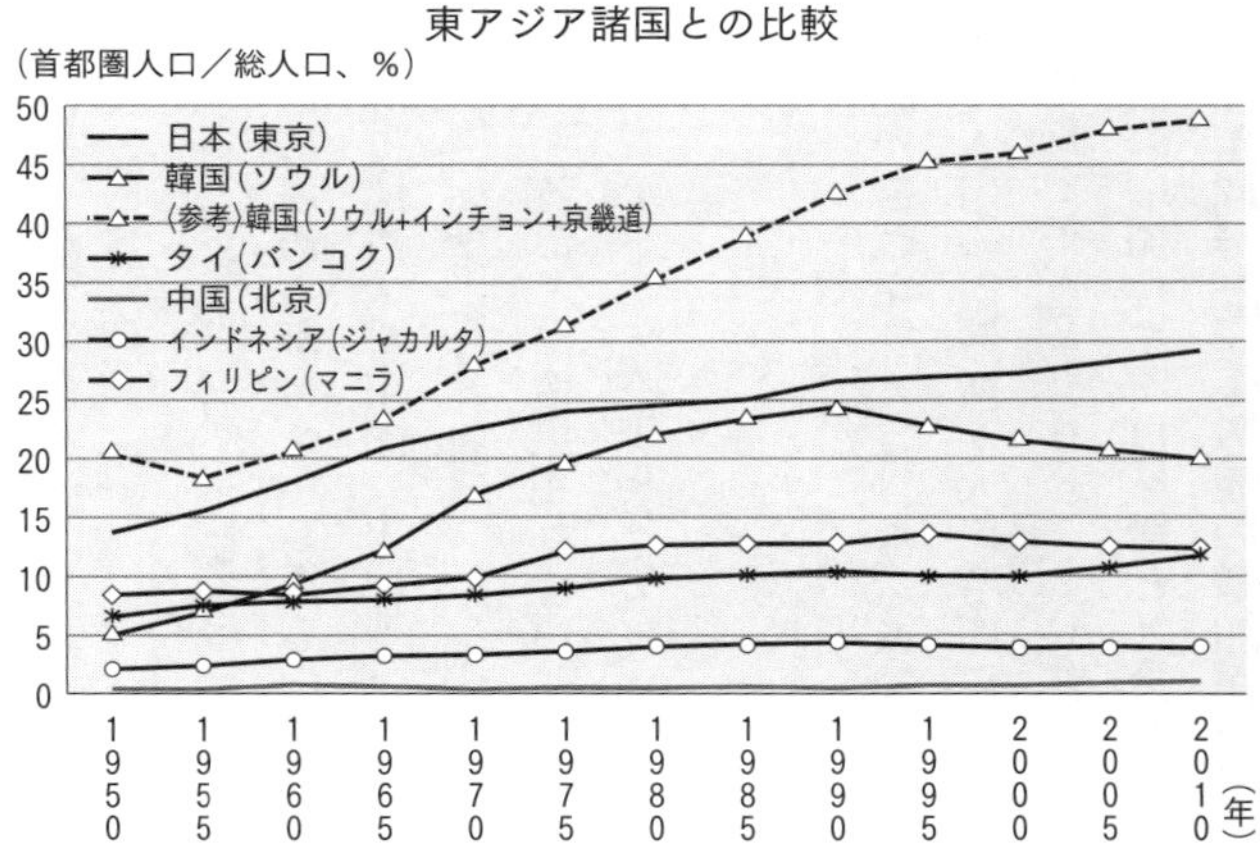

出所：国土交通省「国土のグランドデザイン2050 参考資料」p. 18
注：日本の首都圏は中心地(さいたま市、千葉市、特別区部、横浜市、川崎市)とそれに隣接する周辺都市である。

でも25・6％とほぼ変わらず、その意味では東京圏への人口集中は今後も突出したものとなると予想される。

さらに東京圏への集中度合いを国際比較から評価しておこう。〈図表3‐1〉は国土交通省の資料から、主要国の首都圏の人口が総人口に占める割合を示したものである。

なお、この図で日本（東京）となっている圏域は関東大都市圏（中心地〈さいたま市、千葉市、特別区部、横浜市、川崎《かわさき》市〉とそれに隣接する周辺都市を含む圏域）として定義される地域であり、都道府県単位で定義した東京圏とは異なることに留意されたい。図から明らかなように、国際的にみても首都圏への集中は日本（東京）が突出したものとなっている。

東京圏への人口移動①――全体の傾向

東京圏への人口集中は、他地域からの人口移動がこれを支えてきた。後で紹介するように東京圏での出生率は地方に比べ相対的に低く、人口の自然増が人口増加に及ぼす影響は限られている。〈図表3‐2〉は1990～1991年、2000～2001年、2010～2011年の3時点における東京圏の総人口の増加数を、自然増と社会増に分解したものである。1990～1991年にかけては1年間で25・1万人の増加があったが、そ

〈図表3-2〉東京圏の人口増加の分解

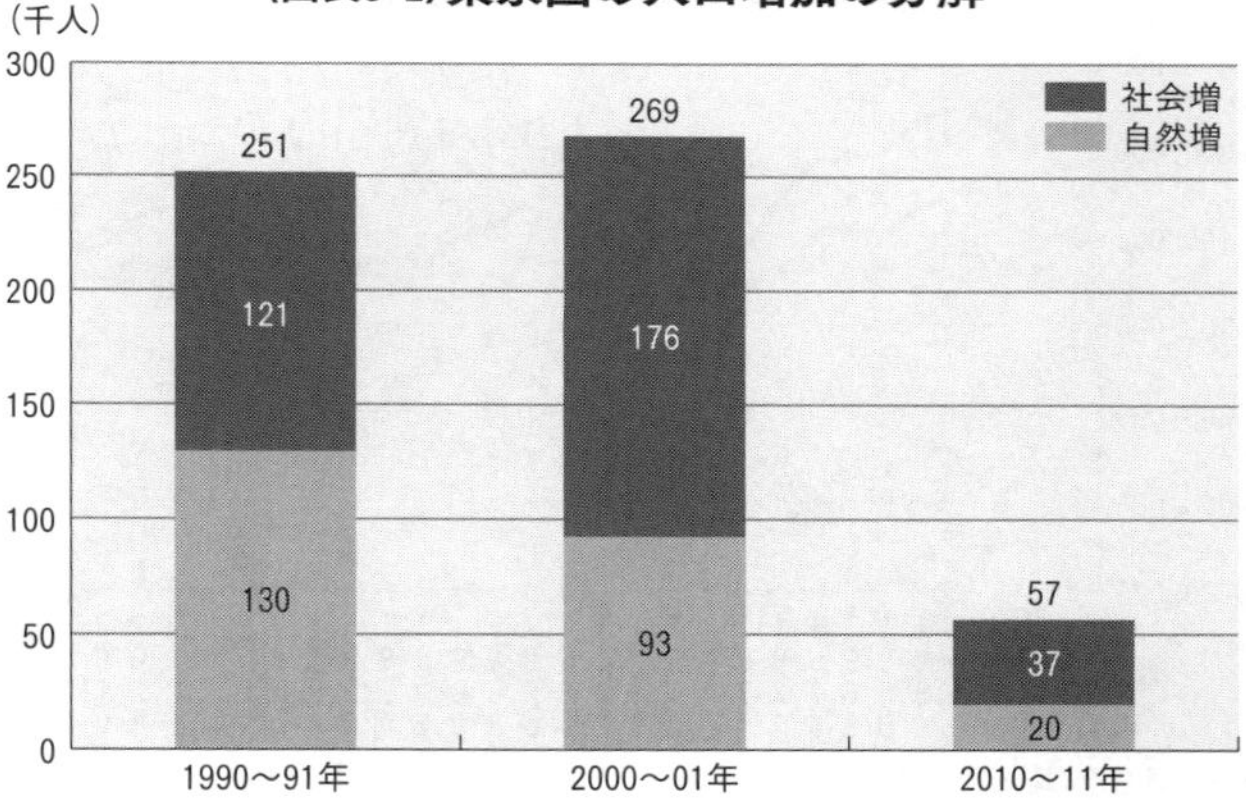

資料：総務省統計局「国勢調査」、「人口推計」、厚生労働省「人口動態調査」
注：筆者による試算である。

のうちの社会増は12・１万人と推計される。

しかし、２０００〜２００１年では26・９万人の増加のうち社会増が17・６万人を占め、自然増よりも社会増が多くなり、２０１０〜２０１１年では人口増加は５・７万人に留まったが、うち３・７万人が社会増であった。このように、近年になるほど人口増加に対する社会増の寄与が大きくなっていることがわかる。

それでは改めて東京圏への人口流入の動向を整理してみよう。〈図表３‐３〉は総務省「住民基本台帳移動報告」から、全国を東京圏、関西圏、中京圏およびその他の地域（まとめて地方圏とする）に分けて、それぞれの圏域における転入超過数（転入数－転出数）

〈図表3-3〉長期的な人口移動

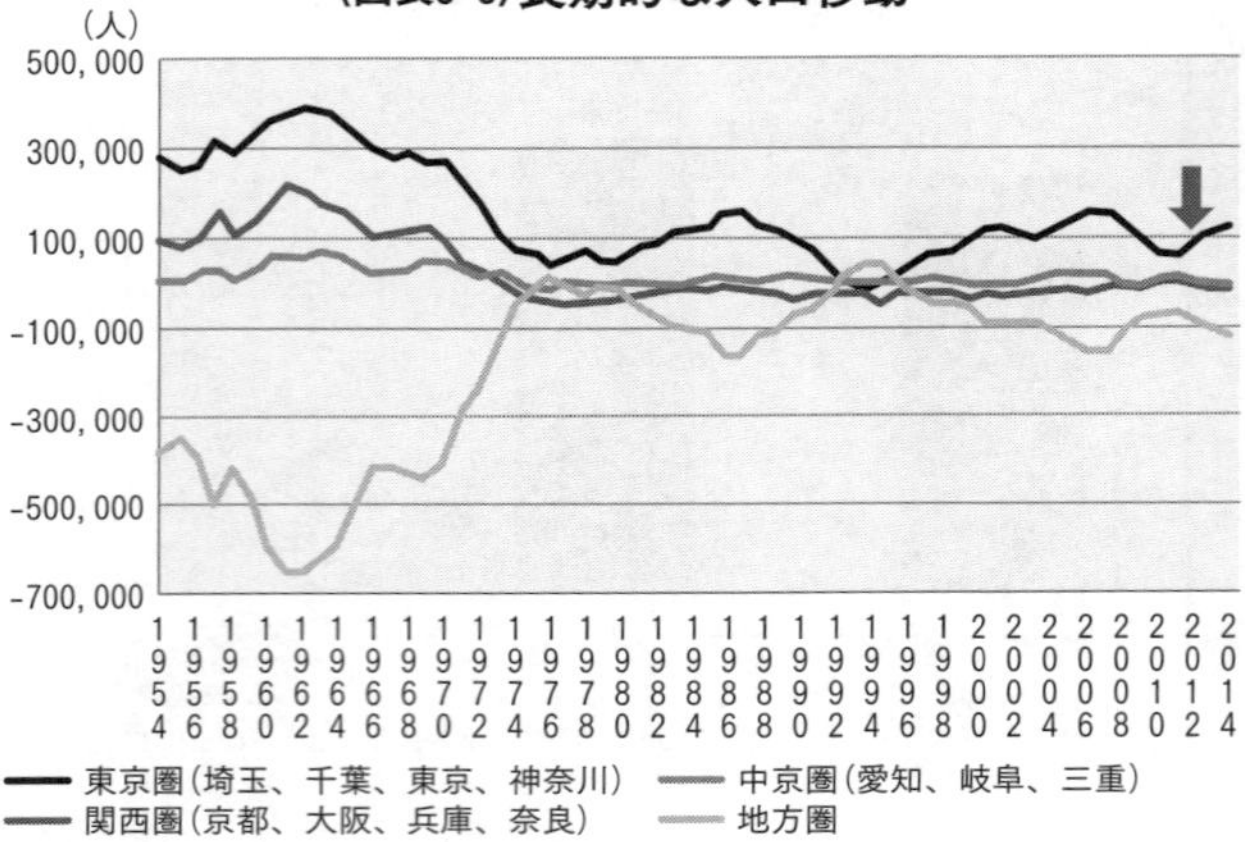

資料：総務省統計局「住民基本台帳人口移動報告」

の推移をまとめたものである。

高度経済成長の時代にあっては地方圏から東京圏だけでなく関西圏、中京圏にも多くの人口が流入していた。とりわけ１９６０年代初頭では地方圏からの転出超過が目立ち、１９６１年の地方圏からの転出超過数は65・1万人に達しており、このうち37・1万人が東京圏、21・1万人が関西圏の転入超過としてカウントされる。

ちなみに、１９６１年の地方圏からの転出数は１３３・８万人、また東京圏への転入数は１０８・９万人であった。この高度経済成長期は東京圏への集中の第１期とも言える時期であった。１９６０年代初頭に10歳台後半で東京圏に転入してきた若者は現在では70歳台となり、今後医療・介護需要の中心となるコーホートでもある。

高度経済成長の終焉とともに人口移動は落ち着きをみせるが、１９８０年代中盤になると再び東京圏への移動が活発化する。この東京圏集中の第2期とも言える時期が第1期と異なるのは、関西圏や中京圏への転入超過がほとんど見られなかったということである。１９８７年には東京圏への転入超過数が16・4万人とピークを迎えるが、地方圏からの転出超過数も15・8万人とほぼ拮抗《きっこう》しており、まさに東京圏「一極」集中であった。

転入超過数のみをみると、１９８７年の東京圏への転入超過数は１９６１年の半数以下であるが、転入数は１２４・３万人と１９６１年の１０８・９万人よりも多くなっている。つまり、第2期の東京圏集中は転入数も転出数もともに増えた中で生じたと言える。転出数が多い背景には、この第2期にあたる東京圏への集中の時期にはバブル経済に伴う地価の高騰《こうとう》などもあり、東京圏への定住化が難しくなったことなどが考えられる。

バブル経済が崩壊し、「失われた10年」の時代に入ると東京圏からの転出超過が一時的に生じる。１９９４年には１・７万人、翌95年も０・５万人の転出超過が生じて、人口移動のトレンドが変わり、東京圏離れが生じるかに見えた。しかし、１９９６年からは再び東京圏への転入超過が見られるようになり、２００７年には転入超過数が15・５万人のピークに達した。1996年以降の東京圏集中の時期を第3期とすると、第3期の転入超過数は第2期の集中期とほぼ同じ規模であるとみることができる。だが、2007年の転入数は102・2万人と第2期に比べると人口の移動数の総数の規模は小さくなっている。

この東京圏集中の第3期が過去と異なるのは人口移動の規模ではなく、その収束が見えてこないことにある。先にも述べたように2007年に転入超過数がピークを迎え、徐々にその数は減少に向かうと見られ、実際に2011年には6・3万人にまで減少した。

しかし、2012年以降は再び増加傾向を見せており、2015年では転入超過数が12・8万人にまで増え、東京圏集中の勢いは衰えるどころか再び勢いを増す傾向にある。同時に、これまでと変わらず関西圏や中京圏への転入超過は見られず、とりわけこれまでプラスであった中京圏への転入超過数は2013年以降、わずかではあるがマイナスに転じている。

すなわち、転入超過は東京圏のみであり、まさに人口移動に関しては一人勝ちの様相を帯びている。

東京圏への人口移動②──若年層の動向

東京圏へ転入している主な年齢層は、10歳台後半から30歳台前半までに集中している。東京圏集中の第3期、しかも最近の動向をみてもこの年齢層の流入が多い。〈図表3－4a〉と〈図表3－4b〉は、総務省統計局の「住民基本台帳移動報告」から2010年および2015年の東京圏および東京都への転入超過数を示したものである（同報告では2010年から年齢別の移動結果の公表を開始している）。

2010年における東京圏への転入超過数は9・3万人であったが、年齢別にみると最も転入超過数が多かったのは20～24歳の5・2万人、次いで15～19歳の3・0万人であり、25～29歳層は1・0万人であった。2015年も同様な傾向となっていて、東京圏への転入超過数12・8万人のうち20～24歳層が6・8万人で最も多く、次が15～19歳層の2・7万人などとなっている。20歳台後半以降の転入超過数は大きく低下し、10歳台後半から20歳台前半の年齢層で転入超過数全体の88・5％（2010年）、74・6％（2015年）と大部分を占めている。

一方、東京都のみの転入超過数をみると、2010年では転入超過総数4・8万人のうち、20～24歳層が最多で3・6万人、次いで15～19歳が1・8万人であった。2015年

〈図表3-4a〉東京圏への転入超過数

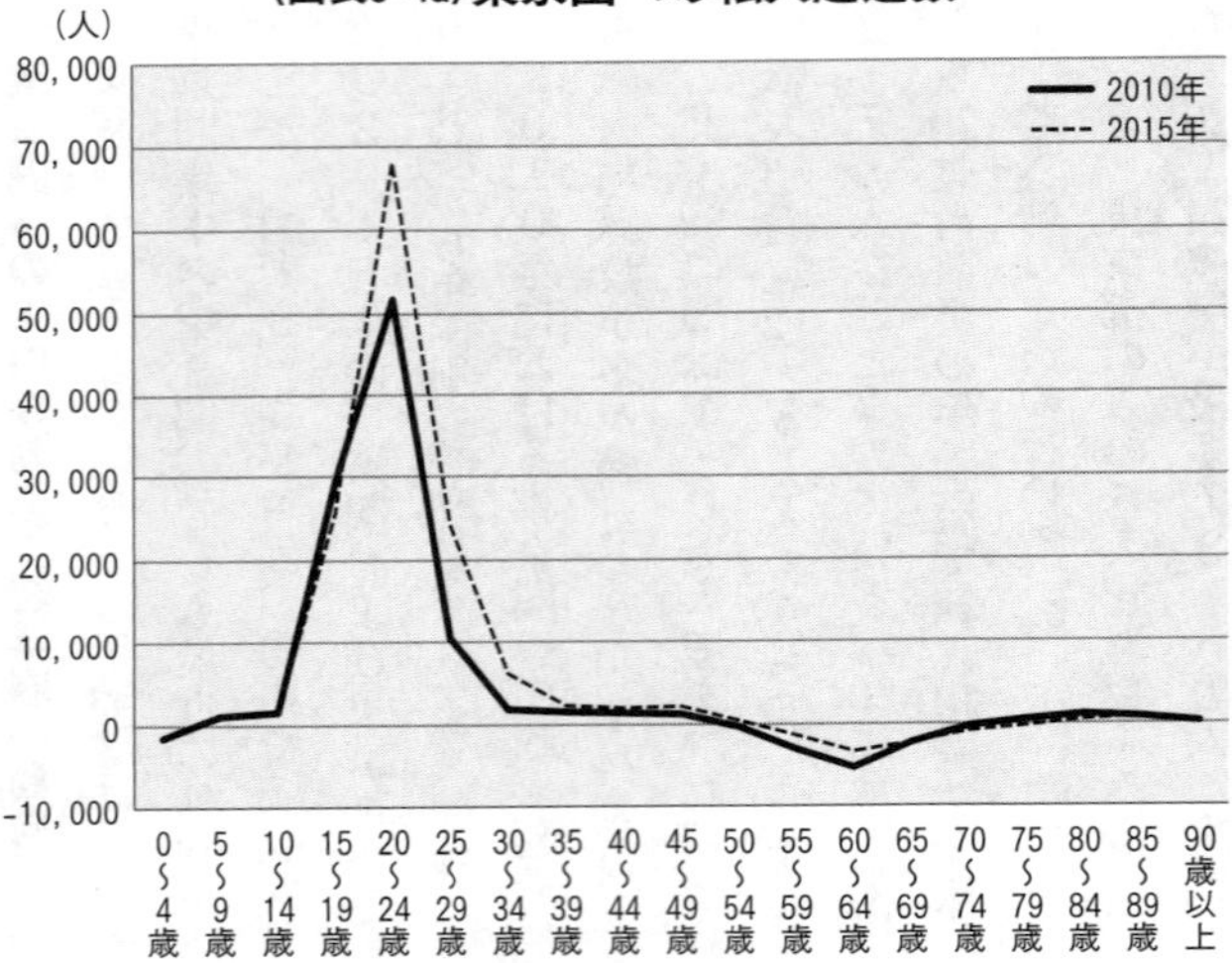

〈図表3-4b〉東京都への転入超過数

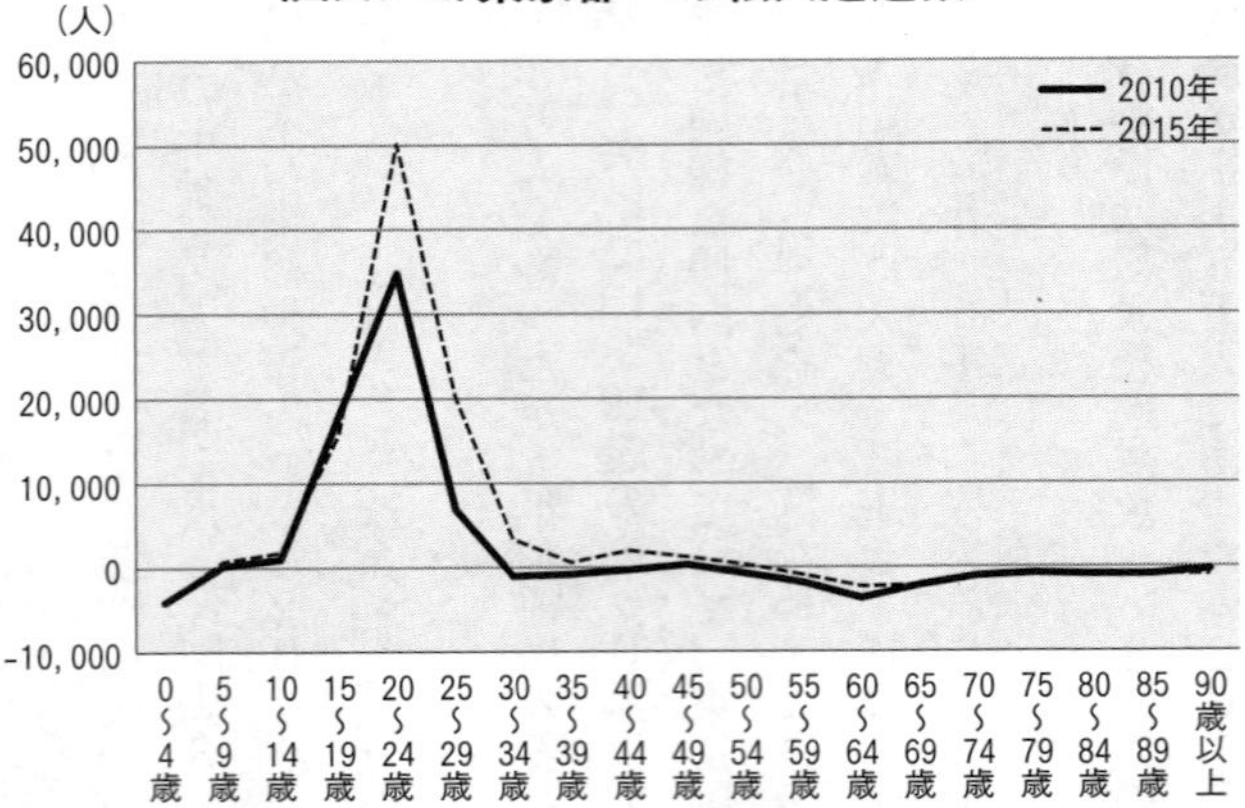

資料：総務省統計局「住民基本台帳人口移動報告」

では転入超過数8・4万人の中で同様に20〜24歳層が5・0万人で最も多かったが、その次は25〜29歳層の2・1万人で15〜19歳層は1・6万人であった。10歳台後半から20歳台前半の転入超過数の寄与率は110・6％（2010年）、79・0％（2015年）となる。東京都のみをみると2010、2015年の両年とも55歳以上の高齢層は転出超過となっている。

地方における人口減少

東京圏への集中の反面、地方部では人口減少が顕著《けんちょ》である。冒頭でも述べたように、人口減少は全国で一様に生じるのではなく、まずは地方の周辺市町村の人口が減少し、時間とともに地方の中心都市でも人口が減り、最後は大都市圏での人口減少につながることになる。ここでは地方の人口減少の動向を整理しておく。

地方と一言で括ってもなかなかこれを定義することは難しい。ここでは地方を二つの指標から簡便《かんべん》に定めておきたい。一つは三大都市圏以外に属する道県を地方圏とすることである。これは〈図表3-3〉で示してきた地方圏に相当する定義である。

もう一つは、国勢調査による人口集中地区以外の地域を地方と定義することである。国勢調査（総務省統計局）では人口集中地区という概念を採用している。国勢調査は市区町村を細分した地域を基本単位区として設定しており、人口集中地区とは人口密度の高い（1平方キロメートル当たり4000人以上）基本単位区の集まりと定めている。地方をこの人口集中地区以外の地域と定義する。

最初に三大都市圏以外の道県の人口推移を見ておこう。1990年では三大都市圏以外の道県の人口総数は5897万人であり、2000年には6164万人にまで増加する。しかし、国勢調査の調査年でこれらの道県の人口が増加したのは2000年までであり、2005年は6117万人、2010年では6019万人、そして2015年（速報）では5892万人と推移している。

この間、2000年から2005年にかけての人口減少率はマイナス0・77%、2005年から2010年ではマイナス1・60%、そして2010年から2015年ではマイナス2・10%であって、次第に減少の速度が加速している。同時に全国に占めるこれらの道県の人口のシェアも1990年の49・2%から2015年では46・4%にまで低下した。

ちなみに、社人研の「地域別将来推計人口」によれば、2040年ではこれらの道県の人口は4746万人にまで減少すると見込まれている。したがって、2010年から20

40年までに全国で減少すると予測されている人口総数2078万人のうち、その61・2%にあたる1273万人が地方での人口減によるものとなる。

もう一つの指標の人口集中地区以外の地域の人口は、すでに1985年に4771万人のピークを迎え、その後減少に転じている。1990年4546万人、2000年4412万人、2010年では4194万人まで低下している。全国に占めるシェアを計算すると1985年の39・4%から2000年34・8%、2010年では32・7%となっている。

このように近年の人口減少は主として地方で生じているのであり、東京圏一極集中と合わせて考えると、8000万人社会を迎える日本の危機はまずは地方から生じつつあると言っても過言ではない。ただし、地方と言ってもこれを一括《くく》りにすることは難しい。三大都市圏以外の道県においても、いまだ県庁所在地などの中心部での人口はそれほど大きく減少していないものの、その周辺地域での人口は大きく減少している。

2015年の国勢調査（速報）の結果を見ると、全国1719市町村のうち過去5年間で人口が増加したのは、特別区部や政令指定都市などの都市中心部を中心に303市町村のみで、市町村全体の17・6%にすぎない。一方、人口が減少したのは1416市町村

（全体の82・4％）にのぼり、さらに5％以上人口が減少した市町村も828と、市町村全体の48・2％とほぼ半分に達するが、その多くは中心部から離れた人口規模も小さな市町村であった。

三つの市にみる人口減少・高齢化の違い

ここでは人口増加が続いている東京圏の自治体、地方に位置するものの中心部にある拠点市、地方の周辺部にあり人口減少が激しい自治体の三つを取り上げ、その人口推移や高齢化の動向を見てみよう。具体的には、川崎市、横手《よこて》市、夕張《ゆうばり》市を取り上げる。

川崎市はこの5年間で最も人口増加数が多かった東京圏の市（特別区を除く）、横手市は47都道府県の中でこの5年間で最も人口減少が大きかった秋田県の第二の規模の市である。また、北海道の夕張市は、東日本大震災の影響を受けた東北地方を除き、人口規模が比較的大きな市（5000人以上）の中で2010〜15年の間に最も人口減少率が大きかった市である。

川崎市は2015年の総人口は147・5万人（人口増加率は5年間で3・5％）、また2015年までの5年間で5・0万人増加した。社人研の「地域別将来推計人口」によれば2030年に150・3万人にまで人口は増加を続け、2040年でも147・6万人とほぼ現状の総人口を維持すると予測されている。

また、高齢化比率（65歳以上人口比率）は2010年の16・9%から2040年でも30・8%と全国平均（36・1%）よりも若い年齢構造となっている。注目すべきは65歳以上人口の数であり、2010年では24・0万人であったが、2025年では33・3万人、2040年では45・4万人と高齢者人口も増加するとされている。

横手市の2015年の総人口は9・2万人、2010年時点の9・8万人と比べると5年間で0・6万人、割合にすると6・3%の人口減少を記録した、典型的な地方都市である。社人研の「地域別将来推計人口」では2025年の総人口は8・0万人、また2040年では6・3万人にまで大きく減少すると試算され、高齢化比率も2010年の31・4%から2040年では42・9%へと一貫して高まる。

注目すべきは高齢者人口であって、65歳以上人口は2010年の3・1万人から2020年に3・3万人に増加するものの、その後減少して2040年には2・7万人となる。すなわち、高齢化比率は高まるものの、高齢者人口は2020年代半ばにピークを迎えることになる。

最後に夕張市は2010年の1・1万人から2015年では0・9万人と人口減少の割合は5年間で19・0％にも達する。社人研の予測では2040年には0・4万人にまで人口はさらに落ち込む。高齢化比率も2010年の43・8％から2040年で56・1％と超高齢地域となる。注目すべきは高齢者の人口であって2010年の0・5万人から一貫して減少が続き、2040年では0・2万人になると試算されている。

以上の三つの市をみると、①当面、総人口が増加し、高齢者人口も増加を続ける都市（川崎市）、②今後一貫して人口減少と高齢化が進行するが、高齢者人口はしばらくの間増加して、その後減少に転じる地方の周辺都市（横手市）、③人口減少が激しく、また高齢者人口もすでに減少局面にある地方都市（夕張市）、のようにそれぞれの人口推移は大きく異なる。

地方では人口が減少する点は共通であるが、高齢化の局面は大きく異なることに留意しなければならない。東京圏は①に相当する自治体が多い反面、地方の周辺都市は②のような推移を辿るであろう。また、さらに周辺部にある自治体では③のような状況が容易に想像できる。東京圏への一極集中だけではなく、人口に関しては地方の二分化も懸念される。

2 東京圏一極集中の弊害と便益

人口移動はなぜ生じるのか

人口移動が生じる要因についてはさまざまなものが考えられるが、これらは一般的に経済的要因、社会的要因、その他（随伴移動等）などに分けることができる。経済的要因とは雇用機会や雇用条件の違い、所得格差などが人口移動を誘発するというものである。一般に人口移動にはプル要因（移動先の居住地域の条件が人口移動をもたらすもの）とプッシュ要因（移動前の居住地域の条件が移動をもたらすもの）に分けられる。

雇用機会や雇用条件の場合には、移動前の居住地域において仕事が見つからない、あるいは賃金が低い、などの状況があるということであり、また移動先の地域の方が豊富な雇用機会が存在し、かつ賃金等の雇用条件も恵まれているということになる。

東京圏と地方を比較した場合、東京圏の方により豊かな雇用機会があるほど、東京圏への転入が生じることになる。雇用機会だけではなく、所得が高い地域への移動は豊かな生活環境などが期待され、これによる移動も多い。東京へのあこがれ、といった曖昧《あいまい》な動機も、より豊かな生活環境を求めての移動と解釈できる。

社会的要因には多様なものが考えられるが、若年層においては教育機会を求めての移動や仕事における転勤等による移動が多いと考えられる。教育機会を求めての移動は、移動前の居住地域よりも移動先の地域の方に魅力的な進学先があるなど、高等教育機関への進学が主たる理由になる。転勤等による移動は、前述の雇用機会を求めての自発的な移動とは異なり、非自発的な移動とみることができる。

家族事情による移動もまた社会的要因に分類される。具体的には、結婚・離婚に伴う移動や親などとの同居・近居などによる移動がこれに当たる（高齢の親を呼び寄せて介護等の世話を行なう、などである）。近年、高齢者の移動が増えているが、その中には子との同居・近居のための移動も含まれると考えられる。

この他、住宅の取得や医療・療養のための施設への入居などによる移動も社会的要因として分類される。その他の人口移動としては随伴移動がある。これは親の経済的・社会的要因による移動に伴い、子どもが移動するような状況をいう。その際には転校や転勤などが伴うことになる。

これまで見たように、就職や進学などの要因が人口移動を促すことになるが、この要因に相当する事情が多い若年層の移動は、その他の年齢層と比較して多いことが予想できる。

総務省「住民基本台帳人口移動報告」から移動者の年齢別割合（2010～2015年の平均値）を計算すると、15～19歳が全体の5・7％、20～24歳が18・5％、25～29歳が18・4％であった。10代後半から20代の世代だけで人口移動者数の42・7％に達する。さらに雇用機会を求めての移動や転勤等が多いと考えられる30代前半を加えると、移動者全体の56・2％に達する。一方、65歳以上の高齢者の移動者の割合は全体の4・4％にすぎない。

なぜ東京圏に人が集まるのか

東京圏や東京都への転入超過数が、10歳台後半から20歳台にかけて多いという点はすでに〈図表3-4〉（130ページ）で示した。ここでは、若年層の人口移動の要因となる雇用機会や進学に関して、東京圏が地方から人口を呼び込んでいる状況を検証してみたい。

最初に、雇用機会と東京圏への超過転入の関係を探る。東京圏に雇用機会が多いほど若年層を中心とした転入が多くなると考えられるが、この雇用機会の多さを有効求人倍率の東京圏とその他の地域との格差で示してみよう。

有効求人倍率とは、その月以前から充足されていない求人数とその月の新規求人数の合計（月間有効求人数）を、その月以前から繰り越された求職者数とその月の新規求職者数の合計（月間有効求職者数）で割った値である。有効求人倍率が1を超えていれば求職よりも求人のほうが多く、人手不足になっているなどがわかる。

この有効求人倍率の年平均の値を用い、東京圏における有効求人倍率を、地方における有効求人倍率で割った値を東京圏における雇用機会の相対的な多さ（以下、これを雇用機会格差という）と考える。この値が1を超えて大きい場合、地方よりも東京圏により多くの雇用機会があることとなる。

〈図表3－5〉は、東京圏への転入超過数と雇用機会格差の推移を示したものであるが、1985年以降はほぼ同じような変化の動きを示している。雇用機会格差は1992年から2000年にかけて1を下回っており、東京圏に比べて地方に雇用機会が豊富にあったということになるが、その期間は東京圏への転入超過数は比較的少なく、1994、95年ではマイナス（転出超過）になっている。

しかし、2001年以降は、2010、11年を除き雇用機会格差は1を上回り、それに

〈図表3-5〉東京圏への転入超過数と雇用機会格差

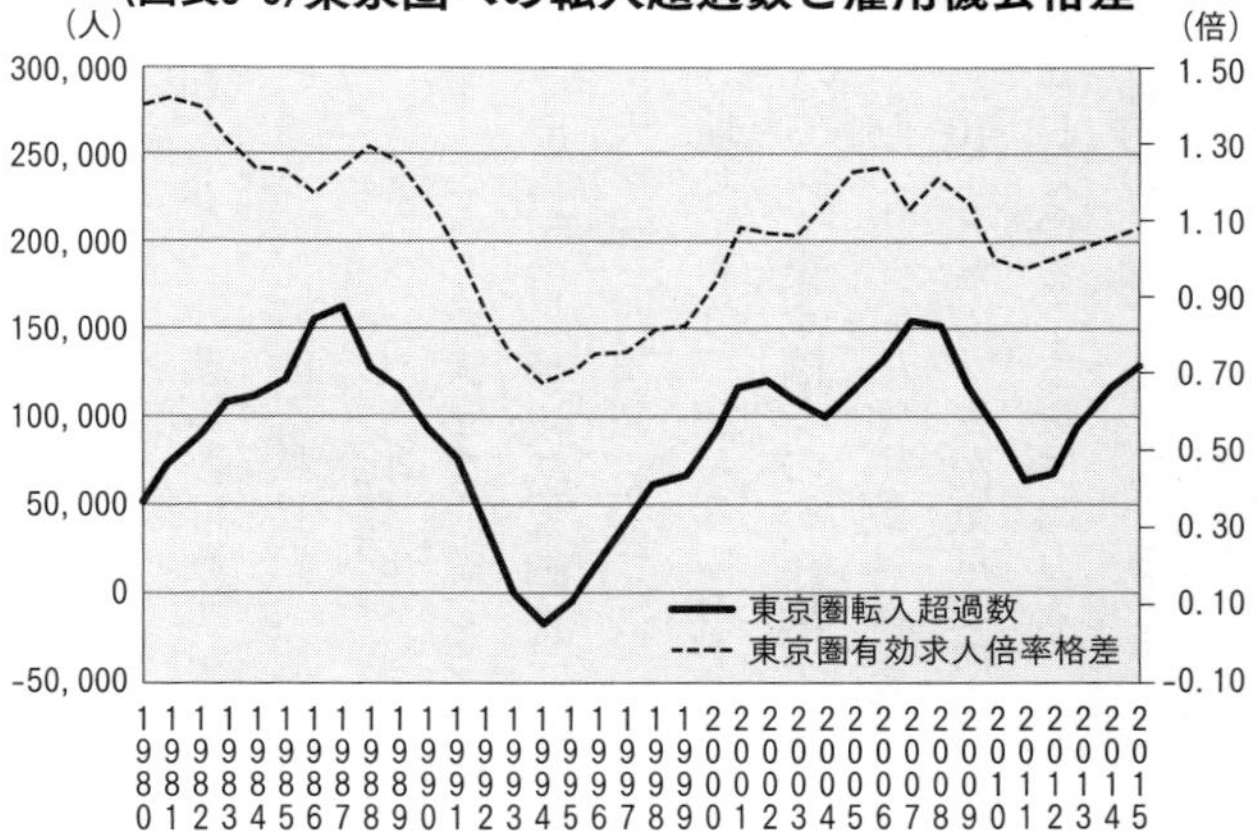

資料：総務省統計局「住民基本台帳人口移動報告」、厚生労働省「職業安定業務統計」

伴って東京圏への超過転入数も高まっている。ちなみに、両者の間の関係を統計学的に推計しても有意な関係が示される。

また、人口移動には所得格差も影響を与えると考えられる。たとえば東京都と東京圏以外の道府県の一人当たりの所得の格差と、東京圏への転入超過数との二者の関係を時系列で追ってみる。

すると、東京都の所得が相対的に高い時点ほど東京圏への転入超過数が多くなるということが確認できる。ちなみに、１９８０年から２０１２年までの平均でみると、概《おおむ》ね東京都の一人当たりの所得は東京圏以外の一人当たりの所得よりも67%高い。

若年層の人口移動では教育機会も重要な要

因となる。とりわけ、東京圏に転入する10歳台後半の移動の多くが進学等によるものと考えられる。現在では以前と比べ、東京圏以外の都市（政令指定都市等）や県庁所在地などにも大学などの高等教育機関が増え、大学進学のために東京圏に移動する若者の数は減りつつある。伝統的な私立の大規模大学でさえも、近年では東京圏からの入学者の比率が増えている。しかし、比較的有名な国公私立の大学が東京都を中心に立地していることなどから、こうした大学を志望する地方からの若者の転入は続いている。

文部科学省「学校基本調査」によれば、２０１５年度では全国に７７９の国公私立大学・大学院（四年制）があるが、そのうち東京都に１３７、また東京圏には２２４の大学が立地しており、28・8％の大学が東京圏にあることとなる。

さらに、東京圏への一極集中が際立っているのは学生数の分布であろう。２０１５年度の大学・大学院の学生数はおよそ２８６万人であるが、そのうちの１１７万人、割合にすると40・8％の学生が東京圏の大学に在籍している。ちなみに、東京都だけを取り出すと在籍している学生数は74万人、割合にして25・9％となり、ほぼ４人に一人の大学生が東京都内の大学に通っていることとなる。

都市への集中と、集積の経済

東京圏への一極集中は、何をもたらすのか。この問題に関しては長い間議論がなされ、とりわけバブル経済の時代に生じたヒト・モノ・カネの集中はさまざまな論争をもたらした（たとえば八田達夫《はったたつお》『東京一極集中の経済分析』〈日本経済新聞社〉などを参照）。経済学の視点からすると、東京圏への集中はすべてが悪いわけではない。特に集積や範囲の経済に関する利点を強調する必要があろう。

集積の経済とは、経済学でいう正の経済外部性が人や企業が稠密《ちゅうみつ》に集まるほど高まることと定義される。経済外部性は市場での直接的な取引を経《へ》ずに、便益が他の経済主体に広まることをいう。都市での人や企業の集積は、多くの異なる人や企業の稠密につながりをもたらし、これが情報や知識の交換を通じて新たなアイデアや技術開発などを生みだし、都市部での生産性向上や経済成長につながるという考え方である。

これは都市化の経済とも呼ばれる。東京圏はまさにこの集積の経済もしくは都市化の経済を体現したものであり、集中するからこそ経済が活発化し、これによって東京圏が日本経済全体を牽引《けんいん》できると考える。

なお、集積の経済には地域特化の経済という考え方もある。これは同一地域に同一業種

〈図表3-6〉人口密度と小売業の労働生産性の関係（2007年）

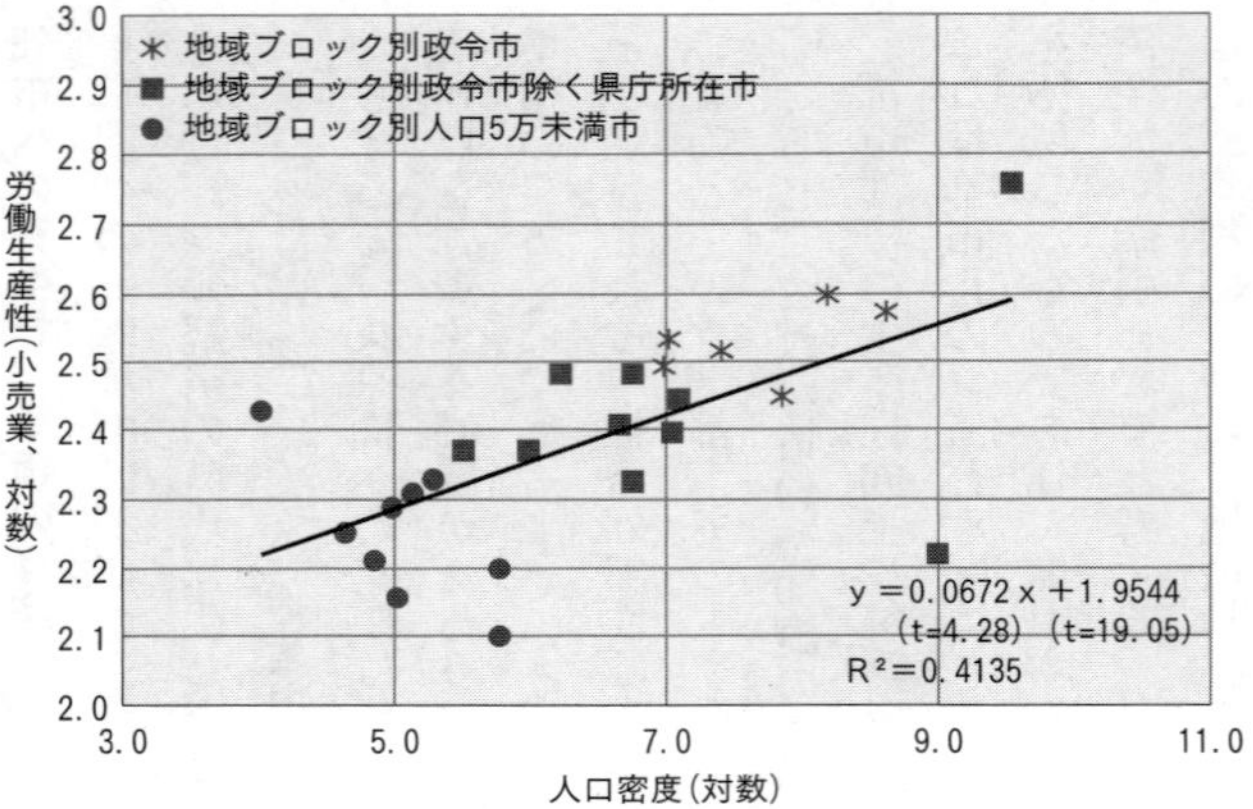

出所：内閣府（2012）『地域の経済2012』第3-2-4図

の企業が集まることで効率性が高まるなどの便益が生じることを指すが、都市化の経済は多様な人や企業の集積が重要な要素であって、その意味では範囲の経済ともいえる。範囲の経済とは、多様な企業等が多様な商品を供給することで、多様な嗜好《しこう》を持つ消費者を満足させることによって生産性が向上し、経済活動の水準が高まるというものである。

都市化の経済について具体的に見てみよう。〈図表3-6〉は内閣府（2012）『地域の経済2012』において、小売業に関する労働生産性（労働者1時間一人当たりの販売額）と人口密度（対数値）の関係を示したものである。

この図表から人口密度が高まる（都市部へ

の集積が高まる）ほど、小売業の労働生産性が上昇することが見て取れる。同書では「人口が高密度な地域では、小売業について効率的な営業ができることを意味する」としている。

集積の経済と、混雑による非効率のトレードオフ

東京圏への一極集中は集積の経済のように正の側面を持つが、その一方で混雑現象、言いかえると集中によるコストをもたらすことも事実である。具体的には交通混雑や居住地の遠隔化と通勤の長時間化、ゴミなどの処分先や電力等インフラの逼迫などである。

経済の側面だけをみれば、こうした混雑現象のデメリットを上回る集積の経済のメリットがあるからこそ東京圏への一極集中が進むということになるが、人口問題ではこの混雑現象こそが大きな課題をもたらしている。それは東京圏における超少子化現象である。

〈図表3‐7〉は2015年における都道府県別の合計特殊出生率を、その値が高い順に並べたものである。合計特殊出生率は全国では1・46であったが、最もその値が高い沖縄県は1・94であるのに対し、最も低い東京都は1・17に留まっている。

また、東京圏を構成する千葉県は1・35、埼玉県、神奈川県はともに1・34と全国平均

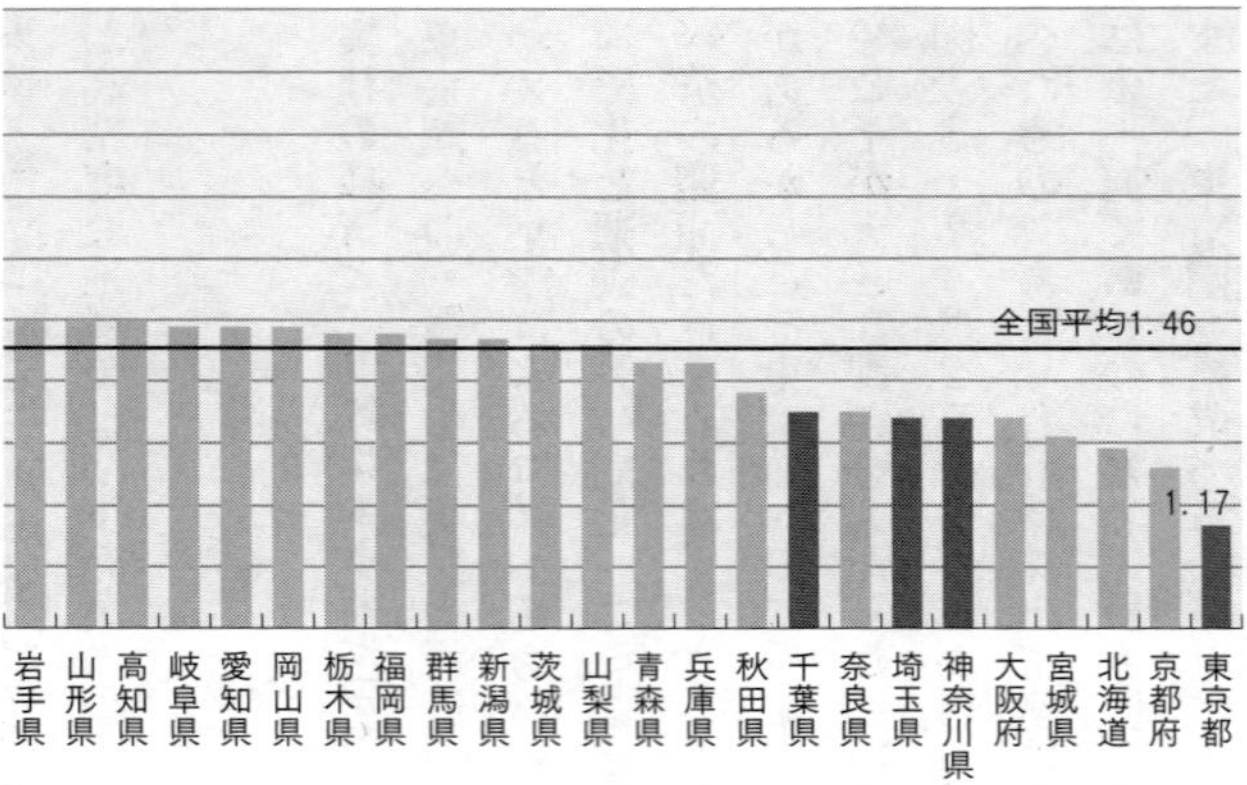

資料：厚生労働省「人口動態統計」

を大きく下回っている。ちなみに、東京圏では婚姻率も低い。若年層を中心に東京圏への転入が多く、また若年層自体の人口も多いにもかかわらず、2010年の東京都における25～29歳の女性の未婚率は69・5%であり、全国平均の60・3%と比較するときわめて高くなっている。

東京圏で出生率が低いということは、それだけ子どもを産み育てる環境が整っていないということを意味する。前述したように、東京圏への集中による混雑現象は、高い地価とこれに伴う住宅価格の高騰や居住スペースの制約（子ども部屋の制約）、居住地の郊外化と長時間通勤、保育施設の不足と待機児童の増加、あるいは子どもの遊び場の制約など、ま

〈図表3-7〉都道府県別合計特殊出生率（2015年）

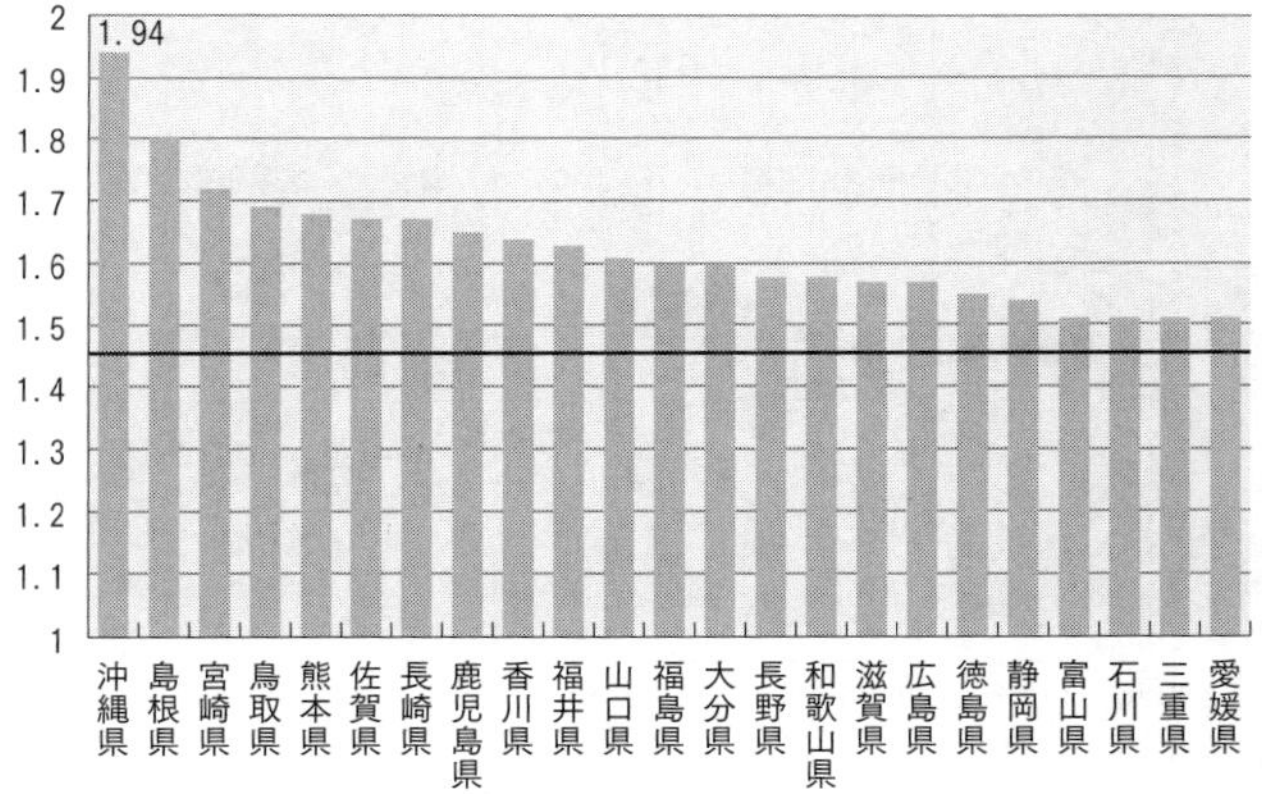

さに子どもを持つための環境を悪化させている。

いくつかの数値からこれを確認しておこう。通勤時間（中位数）をみると全国では27・6分であるのに対し、関東大都市圏（さいたま市、千葉市、東京都特別区部、横浜市、川崎市、相模原市）では44・9分である。また、1時間以上の通勤をしている世帯主の割合は全国で14・7％であるのに対し、関東大都市圏では29・0％にのぼる（総務省統計局「平成25年住宅・土地統計調査」による）。

加えて、平成27年4月1日現在の待機児童数は全国で1万7594人であったが、このうち東京圏の1都3県の合計人数は1万187人と全体の57・9％を占めている。とりわ

〈図表3-8〉都道府県別出生率と人口密度の関係（2010年）

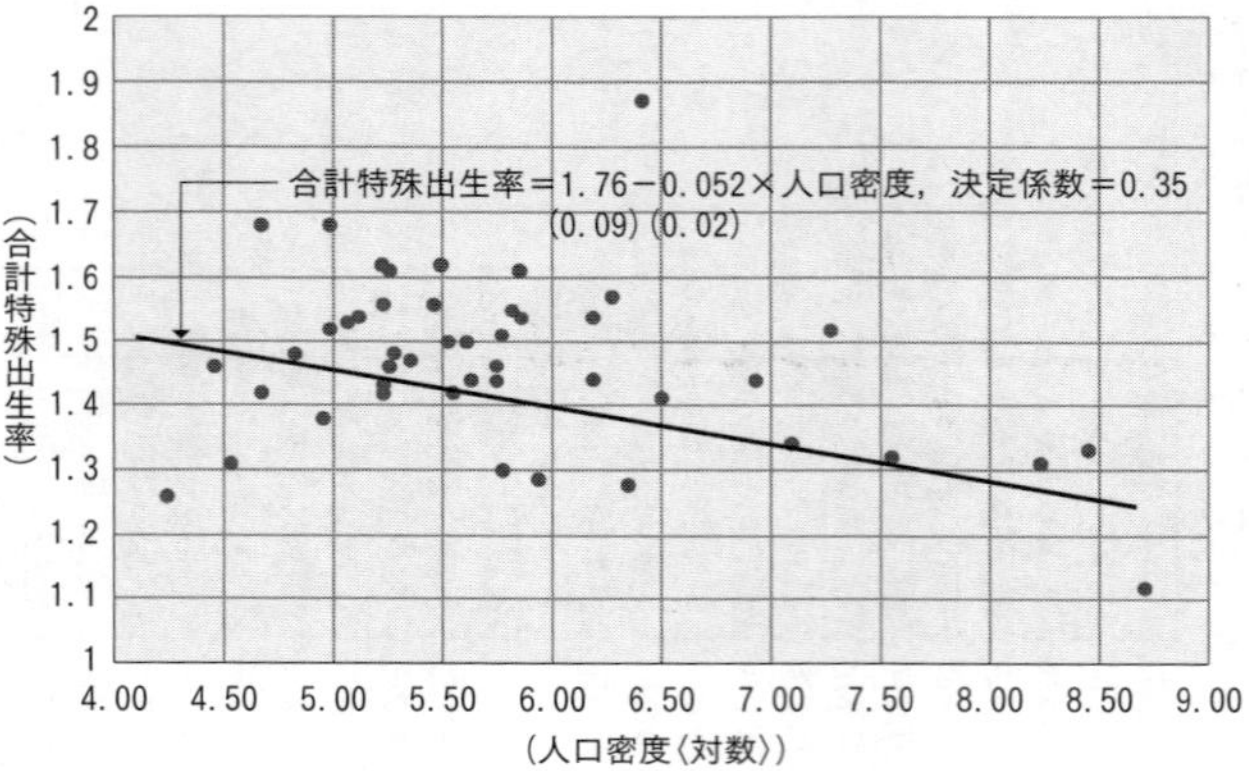

資料：厚生労働省「人口動態統計」、総務省統計局「国勢調査」
注：括弧内の値は標準偏差である。

け東京都だけでも待機児童は７６７０人に達し、全国の43・6％を占めている。

こうした混雑現象と低出生率には関係があるのだろうか。混雑現象を示す指標として人口密度を取り上げ、２０１０年における都道府県別の合計特殊出生率と人口密度の関係を示したものが〈図表３-８〉である。ここから、人口密度が高い都道府県ほど出生率が傾向的に低いという負の関係が見てとれる。したがって、先に述べた都市への集中による混雑現象と低出生率には関係があることが間接的にも示されたと言えよう。

なお、〈図表３-８〉は都道府県間の関係であるが、筆者は先進国（ＯＥＣＤ諸国）、アメリカの50州、東京都内の市町村、さらには国内の1893の市町村についても同様な計測を行なって、いずれも統計的に有意な負の関係を確認している。

ここまでの議論を整理すれば、東京圏では経済にとっては集積の経済がメリットをもたらしているが、一方で出生率に関して混雑現象が高まり、東京圏での低出生率をもたらしているということである。このような東京圏に若年層が集まることは、日本全体にどのような影響をもたらすだろうか。これが、本章の後半の主題であり、8000万人社会での困難を緩和させるために、必要な政策的対応を迫るものでもある。

3　地方消滅から日本消滅へ

日本創成会議のレポートと極点社会

2014年5月、日本創成会議・人口減少問題検討分科会（座長・増田寛也《ひろや》元総務大臣）が公表した「ストップ少子化・地方元気戦略」というレポート（以下、「増田レポート」という）は全国に衝撃を与えた。筆者も参加したこのレポートの問題意識をまとめると、次のようになる。

・地方の多くは高齢化が進行し、人口減少に直面しており、今後さらに人口減少の速度は速まる。
・地方の人口減少と対照的に都市部、特に東京圏への人口集中が進行している。近年、人口移動は高まっている。
・全国的に見ると若年女性の人口が急速に減少し、出生率が改善したとしても（あるいは合計特殊出生率が人口の置換え水準2・07に回復したとしても）、出生数は減少し、数十年間は総人口も減少する。
・地方での人口減少とともに東京圏など都市部に流入する若年人口も減少し、さらに都市部での低出生率から東京圏の人口も将来的に減少する。

このレポートの新しい視点は、東京圏と地方との人口移動を人口減少のメカニズムに組み込んだ点にある。加えて、人口減少のみならず地方の活性化（地方創生）に関する問題提起を行なったことも注目を集めた。

まとめると、現在巨大化した都市部（東京圏）もその規模は縮小を始め、最終的には極

〈図表3-9〉極点社会の論理

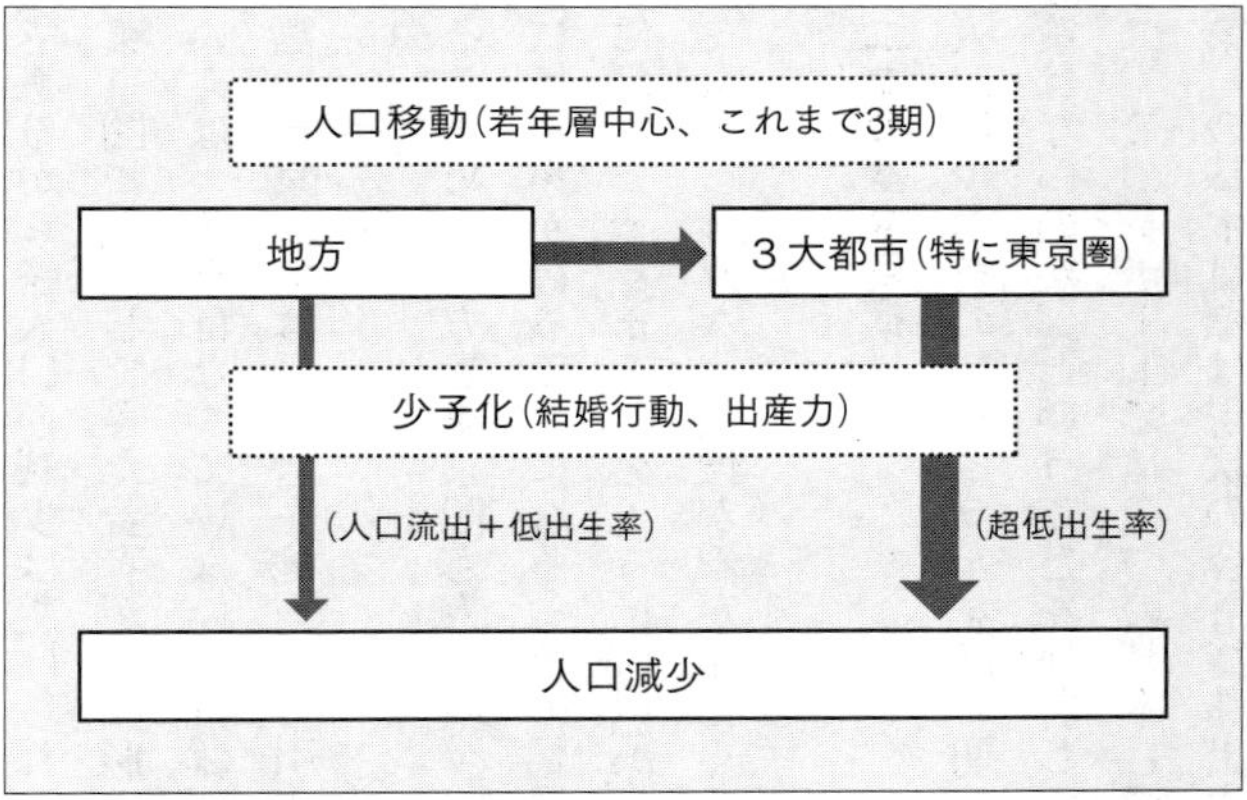

出所：日本創成会議・人口減少問題検討分科会「ストップ少子化・地方元気戦略」

点的な小さな集合体になってしまうという「極点社会の論理」が導《みちび》かれる。〈図表3－9〉はこれを図式化して示したものである。

ここまで見てきたように、地方から東京圏には過去から継続して若年層を中心とした人口流入があった。地方では若者が残らず、次世代を再生産する中心的な年齢層である20～39歳の女性の人口も減少傾向にある。出生数は若年の女性の人口に出生率を乗じて計算できることからわかるように、たとえ出生率が高まったとしても、もともとの女性人口が減ってしまえば出生数は減少する。

地方の合計特殊出生率が高いと言っても、それは東京圏との相対的な比較であり、実際には人口の置換え水準を大幅に下回っているのであるから総人口の減少は避けられない。

東京圏に転入してきた若者が家族形成を行ない、子どもを持てる環境が東京圏にあるかといえば、そうはなっていない。混雑現象によって育児環境等が整わず、また未婚者比率も高い東京圏では、若者を地方から引き寄せても超低出生率で次世代の再生産ができていないのである。

そのため、地方も東京圏も人口減少の負のスパイラルから抜け出せず、全国的な人口減少に拍車をかけることになる。その結果、東京圏は極点社会のように小さく縮小し、最終的にはブラックホールのように自己の（人口）密度の大きさに押しつぶされてしまう、ペシミスティックな未来像が浮かんでくるのである。

二つの基本目標

人口減少の負のスパイラルを断ち切るにはどうすればいいのか、またそのためにできる政策はないのか、ということを検討したものが日本創成会議の増田レポートであった。さらに、このレポートでは二つの基本目標を掲げた。

第一の基本目標は現状の合計特殊出生率を、２０２５年を目途に「希望出生率」１・８

に引き上げ、最終的には2・1程度にするというものである。第二の基本目標は「地方から大都市へ若者が流出する『人の流れ』を変える。『東京一極集中』に歯止めをかける」(同レポートから) ということである。

希望出生率1・8は次のように計算される。

希望出生率＝
{既婚者割合×夫婦の予定子ども数＋未婚者割合×未婚者結婚希望割合×理想子ども数}
×離別等効果

これらの具体的なパラメータの値を、国立社会保障・人口問題研究所が2010年に行なった「第14回出生動向基本調査」から引用すると、

1.8≒{(34%×2.07人)＋(66%×89%×2.12人)}×0.937

となる。これから希望出生率1・8という値が導出されたのである。なお、離別等効果

は結婚しても離婚や死別によって希望の子ども数を残せない夫婦の割合を示したものである。

この希望出生率1・8の達成は、第1章で見たように後に安倍首相が掲げた「新三本の矢」として政府の政策となる。なお、1・8という水準は、2015年の九州各県の出生率（沖縄県1・94、宮崎県1・72、長崎県1・69など）からみても実現可能性は高く、またOECD諸国にあってもほぼ半数の国々が1・8程度の出生率を維持している（2010年のOECD諸国30ヵ国のうち合計特殊出生率が1・8を超えている国は14ヵ国）ということからも現実的な目安であることを付しておきたい。

地方消滅の衝撃

増田レポートの衝撃は、極点社会の論理とともに、このまま若者の人口移動が収束しない場合には多くの地方が消滅するというものであった。この点を少し説明しておきたい。

都道府県や市町村の将来人口推計に関しては国立社会保障・人口問題研究所が2013年に「日本の地域別将来推計人口（平成25年3月推計）」として公表している。この推計においては将来の人口移動の仮定は、2000年代後半の人口移動が収束し、将来的には都道府県間の人口移動は一定程度に落ち着くというものであった。

この点を前述の報告書から引用すると、「本推計では、原則として、純移動率が平成17（2005）→平成22（2010）年以降、平成27（2015）→平成32（2020）年にかけて0・5倍まで定率に縮小すると仮定する（平成22〈2010〉→平成27〈2015〉年は約0・707倍）。平成32（2020）年以降の期間については0・5倍まで縮小させた値を一定とする」（「日本の地域別将来推計人口　平成25年3月推計」報告書）となっている。

しかし、ここまで何度も見てきたように東京圏への人口流入は落ち着くどころか、さらに増加している。2020年には東京オリンピック・パラリンピックも控えており、雇用機会の所在が人口移動を促す要因であるなら、さらに東京圏への転入超過は進むのではないかと考えるほうが適切であろう。

そこで増田レポートでは、地域間の人口移動が将来も収束しないと仮定して、市町村ベースでの将来人口推計を行なったのである。その結果、〝消滅する〟自治体が896に上る（これは福島県を除く全市町村の49・8％になる）という結果になったのである〈図表3‐10〉参照）。

ここで〝消滅〟という言葉について定義を与えておきたい。増田レポートでは、20～39

0.5以下となる自治体比率

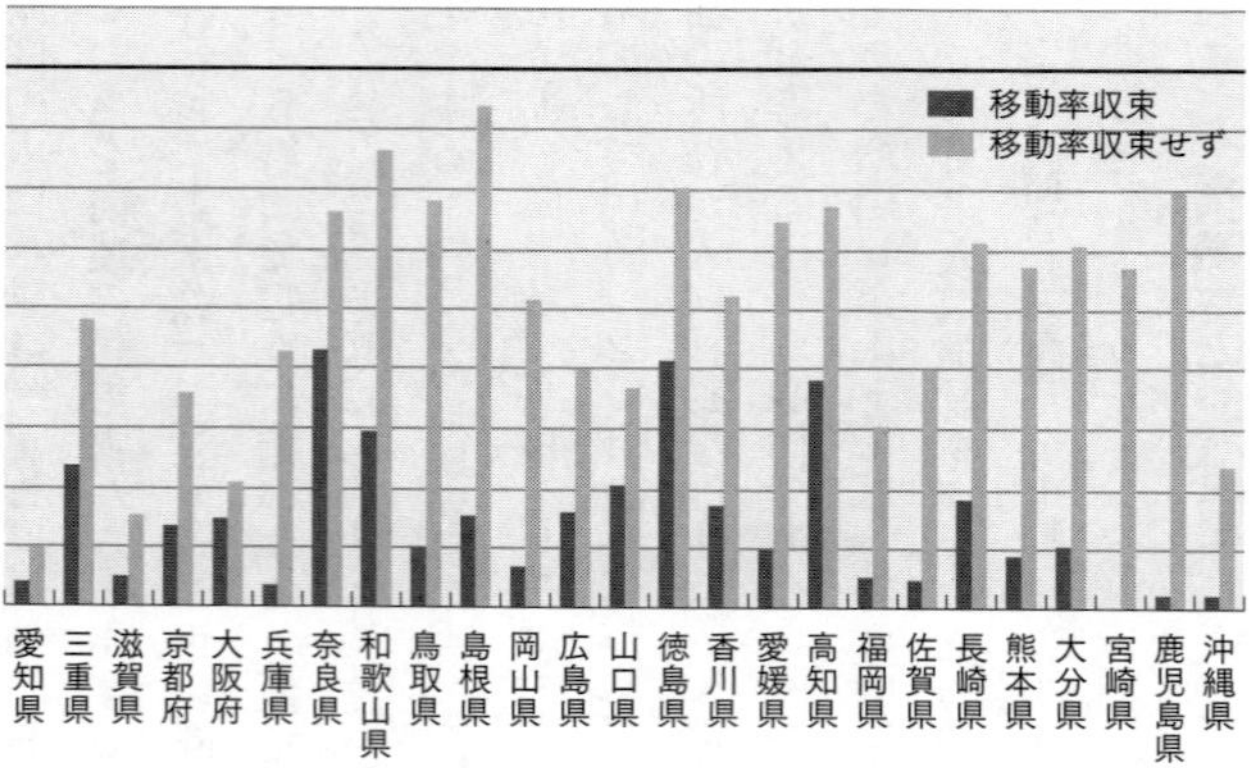

出所：日本創成会議・人口減少問題検討分科会「ストップ少子化・地方元気戦略」

歳の若年女性の人口が２０４０年までにその市町村で半減することを以て消滅と定義した。なぜなら、若年女性が大幅に減少すればたとえ出生率が上昇したとしても、将来的にその市町村の人口を維持することはできないと考えたからである。もちろん地方の市町村が物理的に〝消滅〟するわけではないが、高齢化の程度を併せて考えれば自治体としての機能を大きく失っていると考えることができよう。

ちなみに、人口移動が一定程度に収束すると仮定した「日本の地域別将来推計人口（平成25年3月推計）」の結果では全体の20・7%にあたる３７３の市町村が消滅することになる。

〈図表3-10〉消滅する自治体の割合

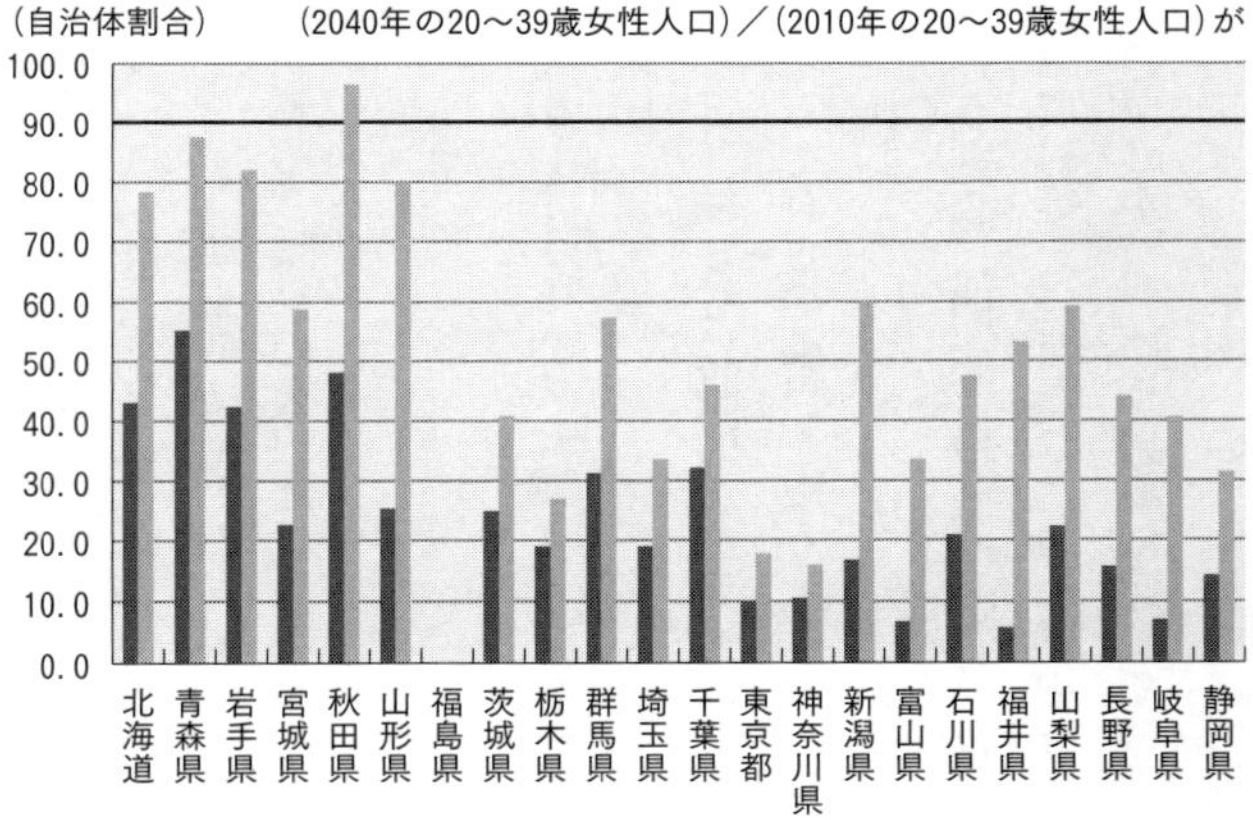

増田レポートが社会に衝撃を与えたのは、この８９６の市町村が消滅するという内容であった。地方消滅という言葉が社会に流布《るふ》するとともに、その対応策を早急に打ち出さなければならないということなった。

こうした流れを受け、安倍政権は２０１４年秋に石破《いしば》地方創生担当大臣を任命し、また「まち・ひと・しごと創生本部」を立ち上げて、２０１５～19年度までの5年間の政策目標・施策を策定する「総合戦略」と、出生率を引き上げるなど２０６０年に1億人程度の人口を確保する中長期展望を示した「長期ビジョン」を公表した。さらに、各自治体においても地方版の総合戦略や長期ビジョンを策定することとしたのである。

当然のことであるが、1億2千万人を大きく超える人口を有している現在の日本の状況から2040年にかけておよそ2千万人が減少し、2060年までにはさらに2千万人が減るといった状況が続けば、市町村の維持や国土の構造そのものの大規模な変動が余儀なくされる。将来の人口ビジョンを想定して、長期的な展望を描くことは不可欠なことである。

増田レポートへの反論と、それに対する考え方

増田レポートに対して、多くの識者からさまざまな反論も提出された。それらの主張をみると、総じて建設的な意見もあるように思える。論点も多岐《たき》にわたるが、筆者自身の視点からそれらの論点を取り上げて、検討してみたい。

これまでの反論を大きく分けると次の四つに大別できると思われる。第一は、地方消滅という内容に関する反論であり、地方切り捨て論ではないかというものである。これらは、農村等を「たたむ」のか、地方が有する環境保全や農業などの役割そのものをなくしていいのか、という議論に通じていく。

第二は、東京圏への一極集中には経済効率性などがあり、一概に東京圏への集積を非難

するべきではないという反論である。

第三は、人口移動が少子化の要因になるとは限らない、という議論である。なぜ東京圏へ移動することが少子化に結びつくのか、これまでの研究で人口移動が直接的に出生行動に影響したという事実はない、などといった指摘である。

第四は、東京都では地方から転入してきた若者に出会いの場を提供しており、結婚動向に好影響を与えている、という見方である。以上の反論について、あくまでも個人的な見地から考え方を示しておきたいと思う。

第一の指摘であるが、地方消滅という議論は農村などからの人口の即時撤退を促しているものではない。今後およそ50年間で総人口の3分の1が減少するという長期的なトレンドの中で、国土構造そのものの再検討が迫られることはやむをえないと考える。ただし、そのための国土構造の再検討は20~30年以上にわたる長期的な視点のもとで行なわれるべきであり、決して近い将来に農村等から撤退すべきだ、ということを言っているわけではない。

また、現在、地方が主として担っている環境保全への寄与や農業等の維持についても、それ自体を否定しているわけではない。ただし、人口が減少し、地方での定住者の居住密度がさらに低くなる（まばらになる）将来において、環境保全等の機能を維持するためのコストをどのように分担するかについてはさらなる検討が必要であり、そこには一部地域からの撤退など痛みを伴う選択が必要になる可能性もないとは言い切れない。

産業としての農業などは、「日本再興戦略」など成長戦略の一環としても重視されており、経済社会において今後も重要な役割を担っていくことは間違いない。もちろん、TPPの批准などによる環境変化は農業などの改革を余儀なくするものであるが、これは地方消滅とは異なる次元の課題である。

第二は、東京圏への一極集中を悪者扱いするな、という指摘であるが、これについては集積の経済のメリットと混雑現象によるデメリットに関して示してきた。繰り返しになるが、経済的な意味合いでの集中は確かに、集積や規模の経済の利益をもたらすものであり、市場規模を広げるものでもある。

しかし、その反面生じている混雑現象を無視するわけにはいかないのである。今後、東京圏がさらに発展するには国内からヒト・モノ・カネを集めるのではなく、国際的な都市として国外からの集積を進めなければ、いずれ限界が訪れるのではないだろうか。

第三は、人口移動が少子化の要因になるとは限らない、という批判である。増田レポートのロジックは、人口移動が若者を東京に集中させると述べているに過ぎず、人口移動そのものが少子化を招いているとは述べていない。問題にしているのは東京圏など都市部における育児環境の整備等が十分でないことである。少子化対策が未整備な地域に若者が暮らせば少子化に拍車がかかるのは当然であり、議論すべきは東京圏においてどのように少子化対策を進めるべきか、ということである。

第四は、東京都では地方から転入してきた若者に出会いの場を提供しており、結婚動向に好影響を与えている、という指摘である。この点に関しても異論を唱《とな》えるものではない。しかしながら、地方から都心部に移住してきた若者が世帯を形成しても、そこには家族向け住宅などの価格・家賃は若者世帯の所得では到底賄いきれないことや多数の待機児童がいるなど、育児環境はほぼ期待できない。

そのため、千葉・埼玉・神奈川県も含む近隣市などへ転出することも多い。しかし、移住した先の東京圏に含まれる市町においても、決して出生率が高く、育児環境等が優れているというわけではない。東京圏全体で少子化対策に乗り出すことが、何より重要なことではないだろうか。

この他にも、そもそも小規模な地域の将来推計の精度は低い、過去の人口推移をそのまま反映しても将来の姿は描けないといった方法論に関する批判や、すでに地方への移住（U・Jターンなど）や田園回帰も進んでいるといった指摘もある。前者についてはどのように予測精度を高めるかという方法論の課題である。後者は、もちろん東京圏からの転出者も増えているが、超過転入数を見れば依然として東京圏への集中が続いている、というように述べておきたい。

4　8000万人社会における国土づくり

これまでの国土づくり

これまでの国土づくりの経緯を、簡単に振り返っておきたい。その目的は、過去の国土政策は基本的には人口増加を背景とした地方分散の議論が中心であった、ということを示すためである。

1962年に「全国総合開発計画（一全総）」が策定され、都市の過大化の防止と地域間の均衡ある発展が謳《うた》われ、「地方の時代」が幕を開ける。その当時はまさに高度経済成長の時代に相当し、本章の冒頭でも示したように地方から若者を中心に多くの人口が三大都市圏に流入していた頃でもある。同年に企業の地方分散を狙った「新産業都市建設促進法」が成立し、１９６９年には「新全国総合開発計画」が策定されるなど地方回帰の政策が続くが、実際は地方における人口増加を受けて、都市部への人口流入が止まることはなかった。

こうした中、１９７２年に時の総理大臣であった田中角栄《かくえい》は「日本列島改造論」を掲げ、都市から地方へとヒト・カネ・モノの流れを反転させることを目指した。しかし、地方での土地の買い占めなどによる地価高騰と第一次石油危機による急激なインフレで、日本列島改造論の構想は後退することになる。この時代の国土づくりの発想は地方を中心とした全国的な人口増を背景に、雇用等を求めて都市部へ流入する人口を再び地方へ還流させるための施策と考えることができる。

１９７７年には「第三次全国総合開発計画（三全総）」が策定され、１９８０年代に入ると都市部と地方との格差の解消を目的とした新たな「地方の時代」が始まる。特徴的なことは、１９７０年代までの国土構想が中央からの視点のものであったのに対し、１９８０年代は地方の県知事などが地域づくりの構想を押し出したことであろう。有名なところでは当時の大分県知事であった平松守彦《ひらまつもりひこ》による一村一品運動（大分県内の市町村がそれぞれ一つの特産品を持つことで地域活性化を図る）の提唱がある。

一方、中央政府からも１９８３年には「テクノポリス法」が成立して、先端産業の地方立地の促進を試みるなどの動きもあった。１９８７年には「第四次全国総合開発計画（四全総）」が成立したが、これは再び東京圏への地方からの人口流入が増えてきたことを踏まえ、多極分散型国土の形成をテーマとしたものである。バブル経済の幕開けとともに、当時は東京圏での地価高騰など一極集中の弊害が進み、地方活性化が喫緊の課題であった。

いまではあり得ない政策であるが、１９８８年から89年にかけて各市町村に一律1億円を配るという「ふるさと創生事業」が話題になった。まさに典型的なバラマキ政策で地方活性化を図ろうとしたのである。

バブル経済崩壊後、地方活性化に注力するよりも、まずは日本全体の経済の低迷を脱することが至上課題となり、国土構造の議論は１９８０年代以前に比べるとやや停滞した。一方で、バブル経済崩壊後の経済刺激のための財政出動策として、地方において大量の公共事業が行なわれるなど、どちらかと言えば質より量の側面で地方支援が行なわれたと言えよう。その結果として多額の政府負債を抱えることとなったが、地方振興に十分な効果があったかは疑問である。

２０００年代に入ると、これまでの人口増の時代から高齢化の進展とともに、地方では人口減に直面する自治体も増えてきた。そのため、これまでの市町村の枠組みでは広範な行政需要に応えることができなくなり、大量の市町村合併が始まる。

この「平成の大合併」は、合併特例債（合併後の市町村において必要な事業に充当し、償還《しょうかん》金の70％は後年度に普通交付税で負担〈すなわち中央政府が負担〉するとした地方債）の発行と小泉純一郎《じゅんいちろう》政権による三位一体《さんみいったい》改革（国庫補助金改革・税財源の移譲・地方交付税の見直し）に伴う地方交付税削減がきっかけとなったとはいえ、これまでの自治体の枠組みを大幅に変更するものであった。これにより１９９９年４月に３２２９あった市町村は、２０１４年４月には１７１８にまで減少している。

市町村合併の動きとは別に、２００２年には「都市再生特別措置法」が制定された。これは地方重視の国土構想から一転、都市機能の高度化や居住環境整備を目指したものであり、容積率などの規制緩和とともに都心部での大規模な再開発を促すものである。また、２０００年代では道州制を模索する動きもあったが、顕著な進展は見ないままであった。

これまでの国土構造等を巡る動きを俯瞰すれば、１９７０年代以前の人口増による都市集中を抑えるための地方分散策、80年代からバブル崩壊までの都市部と地方との格差解消を図るべく行なわれた地方活性化策を経て、90年代以降は高齢化と人口減少の課題が見え始め、地方の疲弊とともに再び東京圏への一極集中が生じたということである。

加えて、平成の大合併に見られるように、人口増加時代の行政単位のあり方も再検討をせざるをえない時代になったと解釈できる。こうした動きは、人口減少が本格化する今後においてどのように変貌していくのか、あるいは変えていかなければならないのか、この点について議論を進めてみたい。

人口減少時代の地域づくり

地方を中心に人口が減少する時代を迎えることは確実であるが、その動向は一様ではない。地方の拠点都市など人口減少を迎えつつあるものの、まだ人口減が初期の段階である自治体もあれば、いわば限界集落（人口の半分以上が65歳以上の高齢者である町村）と称されるほど危機的な自治体もある。

人口減少の動きも、地方の周辺市町村から減少が始まり、それが中心市に及ぶという動きになろう。そのような時代にあって地方へのさらなる分散や分権化が可能であるとは考

〈図表3-11〉人口規模別に見た市町村の人口減少率

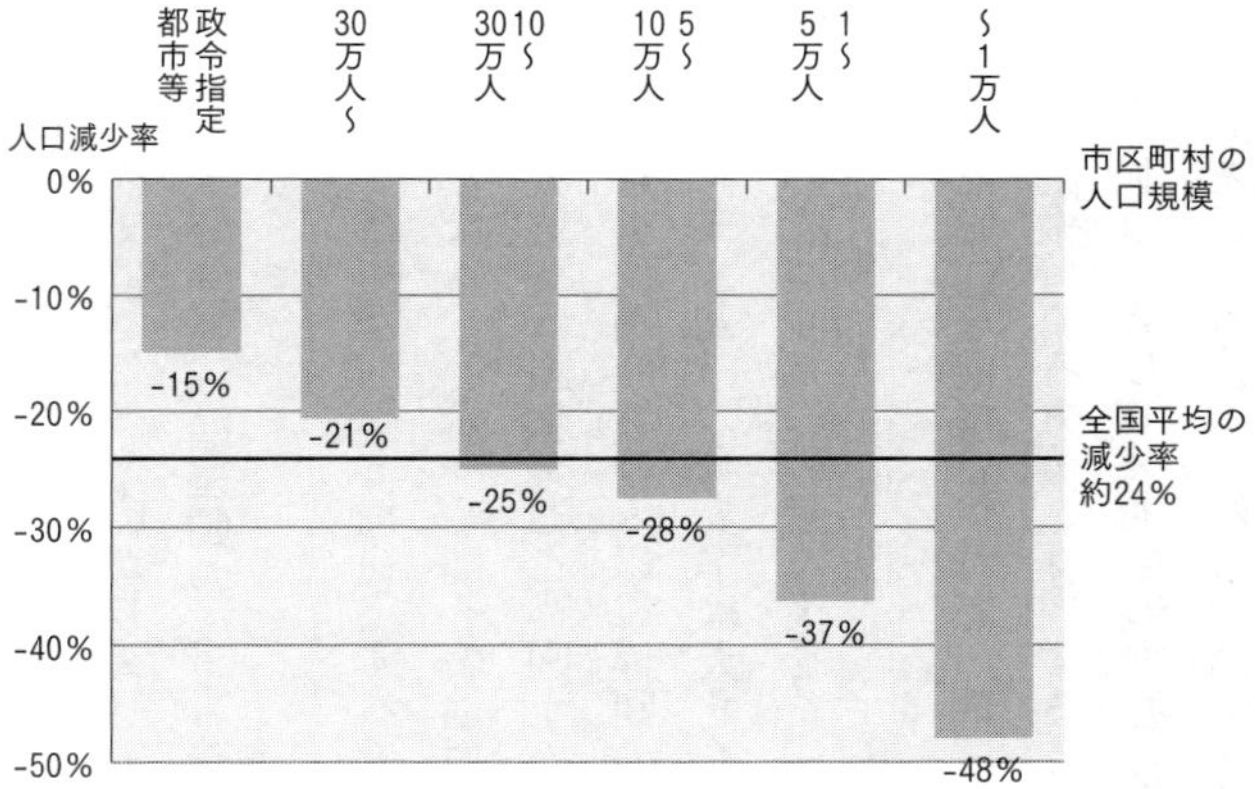

出所：国土交通省「国土のグランドデザイン2050 参考資料」p. 3

えにくい。むしろ人口を集積する拠点化を目指す必要がある。

人口減少時代にあっては、まずはこれまでの市町村という行政の枠組みを維持していくことも困難になる。周辺部の市町村では高齢化に関する費用も増え、財政的な自立性がさらに失われることは目に見えている。従来の市町村の枠組みから生活圏を単位とした行政区域への再編成を進めていくことが求められる。

平成の大合併が市町村の機能までの合併に至らず、面積だけが増えたという意味での「面的な合併」であったのに対し、これは生活圏単位という実質的な「機能的な合併」を目指すものとなる。

生活圏単位への動きは自然と地域のコンパクト化をもたらすこととなる。人口が増加していた時代では、外へと広がり続ける人口をいかに支えるかが課題であって、そのためには、たとえば一村一品運動のような活性化策が、周辺町村では有効な生き残り策であった。

しかし、今後は内へと集約化する大きな流れの中で、その地域を支える地域づくりの方策が必要となり、その中心はその地域の拠点都市とならざるをえない。

〈図表3‐11〉は国土交通省「国土のグランドデザイン2050」で推計された2010～2050年にかけての人口規模別の市町村人口減少率である。明らかに、人口規模の小さい市町村ほど人口の減少率は大きくなっている。言いかえれば、より周辺部に位置する市町村ほど人口減少の程度は大きく、したがってより自立が困難になっていくことが予想される。

こうした傾向を前提とすれば、地域の中心となる市町村にできるだけ人口を集め、地域の自立度を維持する方策を採用することが好ましい。すなわちコンパクト化を進めるということである。そして、地域の中心となる市町村に、優先的に資源を配分するという政策を志向することも検討されるべきであろう。この流れはまさに、人口増加時代の国土づくりと正反対のものであって、「選択と集中」による国土づくりを進めることが、人口減少時代には要請されるのである。

コンパクト化と居住選択の自由

地域のコンパクト化について、もう少し議論を重ねておきたい。すでに触れてきたように、周辺部に位置する市町村では高齢化（65歳以上人口）の比率も高まっている。2010年の国勢調査の結果をみると、群馬県南牧《なんもく》村では57・2％、福島県金山《かねやま》町では55・1％など極端に高い町村もある。今後、こうした市町村は増えると見込まれるが、その場合、行政的な支援がさらに必要となる。

また、「買い物難民」と言われるように市町村内に小売店がなくなる、あるいは医療・介護施設等がない、といった日常生活にも困るような状況も予想される。これまでは行政等が支援を行なってきたが、高齢化がさらに進み、人口密度も希薄《きはく》になると支援自体が難しくなったり、費用が高まったりするようになる。当該市町村の財政が豊かであれば問題はないが、高齢化とともに働き手も減少して独自財源に限界がある市町村ではそのための支援を継続することは難しくなる。

人口が分散していればゴミの収集や上下水道などインフラ設備の維持管理、道路など交通手段の整備なども次第に困難になる。その場合、分散して居住するよりも集約して住むほうが居住者にとっても行政にとってもメリットがあることは間違いない。地域の中心部にコンパクトに住むまちづくりを進めることは、どうしても避けられない動きであろう。

こうした議論をする場合、しばしば指摘されるのが「居住地の選択の自由」である。代々受け継がれてきた土地に住み続けたいという住民を強制的に市の中心部に移住させることはできない。だからといって、手を拱いていていいことにはならない。分散して住み続けることを改善しなければ、適切な行政サービスなどを提供できなくなるだけでなく、高齢者が多いことを考えれば生命にかかわる問題も発生しかねない。そのことを考慮したうえで人口減少時代のまちづくりを進めていかなければならないのである。

なお、ここで言うコンパクトな居住の推進は長期を見据えての話である。今日にも限界集落に住む人を移住させる、ということではなく、今後30～40年先のそれぞれの地域を展望したまちづくりであることを強調しておきたい。

コンパクトなまちづくりをどう進めるかについては、さまざまな議論がある。中心部に集住する場合には固定資産税を軽減（周辺部にいれば強化）する、公共住宅を安価に提供する、など人々のインセンティブと行政コストを反映させるやり方が欠かせない。同時に、すでにコンパクトなまちづくりを進めている実例（青森市、富山市、高松市など）などを参考にしていく必要があろう。政府も「都市再生特別措置法」に基づく立地適正化計画の承認・財政支援等も行なっている。

東京圏一極集中への対応

地方での急速な人口減少と高齢化に対して、東京は何をすればいいのだろうか。東京の強みは、集積の経済などによる効率性や多様性であった。東京都においてさえ人口は2020年代前半には減少に転じる（社人研による推計）ことが見込まれており、東京オリンピック・パラリンピック後の経済状況も不確実なものがある。日本経済に占める東京圏の経済力を考えた場合には簡単に一極集中を排除せよ、とは言い切れない。あえて東京の強みを削《そ》ぐ必要はないだろう。

しかし、何もしないのであれば、東京圏における少子化の傾向は改善されない。大事なことは、東京あるいは東京圏の力を削がずに、混雑現象をいかに解消するかを問うことである。それは東京圏に位置する都県および市町村に課せられた重大な課題である。この混雑現象を解消するための政策をまずは実行する必要がある。

最近では、地方移住等を推進する動きが活発である。地方自治体がさまざまな支援策を用意して都市からの移住を促すだけでなく、総務省では「地域おこし協力隊」として自治体・移住者双方に財政支援を行なう他、まち・ひと・しごと創生本部による「生涯活躍のまち構想」（元気なうちに地方へ移住し老後を過ごすことを目指す）なども動き出している。

これに伴い地方への移住者も増えているとの調査もある。こうした地方への移住の動きは今後も続くとしても、それが東京圏一極集中是正の決め手になるとは考えにくい。人口移動の要因を考えれば、東京圏が持つ雇用や所得などの地方に対する魅力が変わらない限り、地方の若者を惹きつけ続ける傾向は変わらないであろう。

ではどうすればいいのか。東京圏が経済的にも卓越した存在であり続けると同時に、地方から若者を流入させることなく発展する方策はあるのだろうか。その答えを見つけることは簡単ではないが、二つの方向性があると考える。

一つは東京もしくは東京圏が国際都市・都市圏として発展することである。海外からヒト・モノ・カネを誘致し、グローバル化の中で傑出した都市へと発展することが欠かせない。もちろんこうした国際化にあこがれて地方から若者が流入することは続くであろう。

それに対して、もう一つの方策は、地方の拠点都市への国内のヒト・モノ・カネの集積を進め、より魅力的な都市を地方に作り上げていくことである。現在、政令指定都市として地方の拠点を担う都市があるが、そうした都市に資源を集約化することも考えていく必要がある。地方の拠点都市としては、総務省が掲げる地方中枢拠点都市や、国土交通省による高次地方都市連合などの構想もある。今後、拠点都市をどう定めていくのかという議論が起これば、それは現存の都道府県の枠組みの再検討や、あるいは道州制に関する新しい議論に発展する可能性もあるだろう。

高学歴女性が満足できる拠点都市づくり

では、どのような拠点都市を構想していけばいいのか。それは簡単な問題ではないし、その地方独自の文化などもあろう。一つ一つの候補となる都市を取り上げて議論するほどには筆者に詳細な知識や経験はない。あえて私見を述べれば、若者とりわけ高学歴の若い女性が満足できる経済・社会・文化を擁《よう》した都市を築くことが鍵ではないかと考える。

大学などへの進学率が高まり、いまでは6割近い若者が大学などに進学する。東京で学ぶ学生も地方の大学で学ぶ学生も、地方に帰る、あるいは留まるには雇用がなければならない。ただし、その雇用も高学歴の若者にとって魅力ある仕事でなければならない。

新しいサービス関連産業やIT産業、グローバル化関連の雇用、もちろん伝統的なインフラ関連産業も重要であるが、高学歴の若者にとって就きたいと思える雇用機会を提供することができる都市であれば、あえて東京圏に行くという若者の何割かを留めることができるし、また進学で東京圏の大学に行った若者を取り戻すチャンスも増えるであろう。

女性の存在が重要だと考えるのには、二つの理由がある。一つは若い女性がその地域にいるからこそ、人口の再生産を通じて地域を維持可能にすることができるからである。地方消滅の論理を思い起こしてほしい。もう一つは、男性に比べ「家」の継承などの制約が少ないと考えられる女子は、より自由な居住地選択ができると考えられる。つまり、そうした高学歴の若い女性に選択されるような都市であれば、同時に若い男性もその都市に留まることが期待できるということである。

第4章　危機にある財政と社会保障

人口減少や高齢化の進行は財政・社会保障に深刻な影響をもたらす。８０００万人社会では、これまでと同様な年金や医療などの社会保障給付を望むことが難しいだけでなく、財政を維持するためにはいままで以上の税社会・保険料負担が必要になる。ただし、先進国ではすでに日本よりも重い税・社会保障負担となっている国も多い。人口減少・高齢化に伴う財政や社会保障制度改革は避けられないものであるが、このことをしっかりと理解する必要がある。

本章では財政の現状や社会保障制度の課題、とりわけ年金や医療・介護制度が直面する問題について論じる。この章を最も読んでもらいたいのは現在の高齢者ではなく、８００0万人社会が訪れる頃の高齢者となる、いまの大学生を含む若年層である。彼らが75歳、80歳を迎える頃に財政や社会保障制度が破綻《はたん》しないためにはどうすべきか、が問われているのである。

1　未曾有の財政赤字と、財政の持続可能性

ギリシャよりもひどい借金

国の借金から話を始めると、どうしても将来に対して悲観的な物言いしかできなくなる。

日本政府（国と地方の合計）の長期の債務残高（借金）は２０１５年度末で１０４１兆円に達する。内閣府による予測（「中長期の経済財政に関する試算〈平成28年1月21日〉」）によれば２０１５年度の日本のＧＤＰは５０３・１兆円であるので、２倍超の借金を抱えていることになる。この借金はいつの日か返済しなければならないものであり、それは現在から将来にかけての世代が、負担をしなければならない。

これだけ多額の借金は、もちろん一夜にしてできたわけではない。これまでの年々の財政赤字が累積《るいせき》した結果である。毎年の財政赤字は公債発行（中央政府なら国債、地方政府なら地方債）によって賄われるが、そもそも中央政府が国債を発行して借金をすることは禁止されていた。財政法第４条第１項には、「国の歳出は原則として国債又は借入金以外の

歳入をもって賄うこと」と規定されている。なお、同条の但し書きでは公共事業などの財源については国債（建設国債）の発行を認めている。公共事業などの便益は後世代に及ぶのであるから、負担も後世代を含めて行なうという考え方がそこにある。

こうした財政法の縛《しば》りがあり、戦後は財政収支の赤字を補うための国債（特例国債）は長い間発行されなかった。しかし、第一次石油危機後の景気後退に伴う税収不足と景気対策のための財政出動を行なうため、1975年度の補正予算で政府は初めて特例国債を発行し、同時に財政危機宣言を行なった。以降、毎年のように特例国債（赤字国債）を発行して、日本の借金は膨れ上がっていったのである。

借金が増加する中にあって、バブル経済期にあたる1990〜93年の間は、一時的に特例国債の発行はなかった。しかしバブル経済崩壊後の経済停滞を打開するため、公共事業等の財政出動が増え、また景気刺激のための所得税減税等によって1990年代後半は財政赤字が急増した。そのため新規国債発行額も増え、これによって再び借金の累増を招いた。

2000年代以降になると、今度は高齢化に伴う社会保障支出の圧力が増したこともあり、再び国債発行額が増え、2015年度末では国債残高は812兆円に達し、これ以外の長期債務（長期借入金や地方債など）を含めると冒頭で述べたように1000兆円を超える規模となったのである。

財務省「日本財政関係資料（平成28年2月）」によれば、1990年度末から2016年度末にかけて（普通）国債残高は約684兆円も増加したが、その内訳をみると歳出増加による要因によって378兆円、税収減少による要因によって138兆円、その他の要因によって168兆円となる。

歳出増加要因では公共事業費の増加によって59兆円、地方交付税交付金の増加によって82兆円、社会保障関係費の増加によって251兆円、国債残高を増やしている。社会保障を賄うための国債発行は、現在の高齢者のための給付の一部を後世代の負担でやり繰りしていることを意味するが、それは現在の若年世代を含めた増税という形で最終的に清算しなければならない。

日本の借金がどのくらい危機的であるかは、国際比較からも明らかである。〈図表4-1〉は、OECDが公表している先進国の長期債務の対GDP比である（債務残高の定義はOECDによるものであり、財務省の公表値とは異なる）。これによると日本の2016年度末（見込み）の債務残高の対GDP比は232・4％と、他の国と比較しても最悪の状態

〈図表4-1〉政府の債務残高の対GDP比(%)

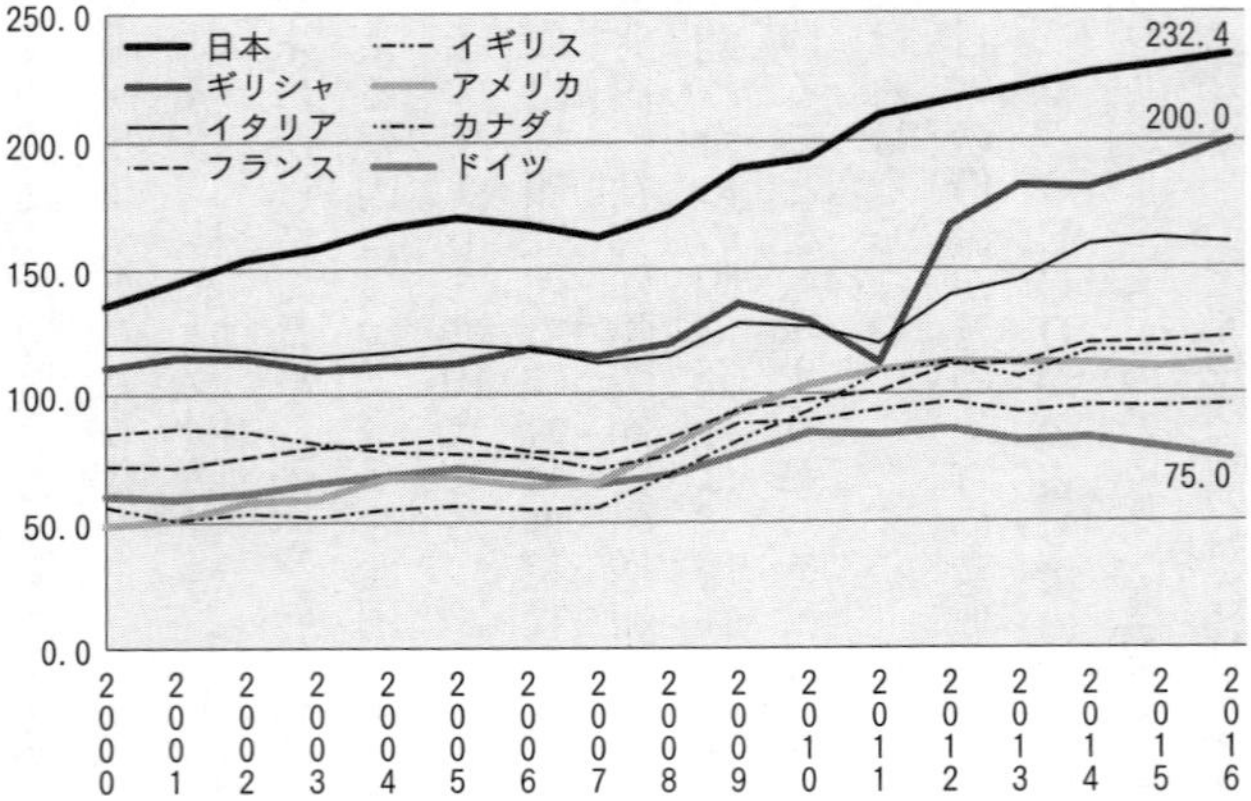

資料：OECD "Economic Outlook 98"

となっている。

ヨーロッパ債務危機の発火点になったギリシャですら２０１６年度末で２００・０％であって、日本はギリシャよりも相対的に多額の借金を抱えていることになる。他のＧ７諸国をみるとイタリア（イタリアもヨーロッパ債務危機に巻き込まれた国であるが）が１５９・９％であるが、その他の国は概ね１００％前後であり、ドイツに至っては75・０％と財政の優等生になっている。

ヨーロッパ諸国で長期債務の対ＧＤＰ比が比較的小さいのは１９９３年のマーストリヒト基準によるところが大きい。これは一般政府の財政赤字を対ＧＤＰ比で３％以内にすること、債務残高の対ＧＤＰ比を60％以内にすること、という制約を課したものである。多くの国では債務残高の対GDP比は60%を超えているが、ドイツは2016年末までに70%未満にする目標を掲げるなど多くの努力を行なっている。

これに対して日本は、債務残高対GDP比という指標を取ってみても年々悪化の傾向を示している。多額の債務の放置は、将来世代への負担のツケ回しになる。このことを考えてみよう。

多額の債務残高と将来世代の負担

すでに強調してきたように、借金の累増は後世代の負担を増やすことにつながる。公債の負担に関してはこれまでさまざまな議論がなされてきたが、公債は世代間の負担のツケ回しであることは間違いない。一方で、国が借金することは家計が借金することではないから問題はない、と主張する者もいる。

古くはアメリカのケインズ主義経済学者・ラーナーによる公債負担の議論として、公債が内国債（国内で発行される公債）であれば、政府が国民から借金をしても、公債の償還《しょうかん》時に政府が国民に返済をするわけであるから何の問題もない、という主張があった。単に政府と国民との間でのお金のやり取りにすぎず、言いかえれば国民が自分自身に対して借金しているにすぎないという考え方である。

一見、もっともらしく聞こえるこの議論も、現在では誤ったものとされている。公債の発行時点で便益を受ける世代と、償還時に負担をする世代が同一である場合であっても、この議論は成立しない。なぜなら公債を保有するものは一部の国民（もしくは金融機関等）であり、負担するものはすべての国民ということになり、そこには強制的な所得再分配が生じるからだ。

さらに問題なのは、公債発行の便益を受ける世代と償還時に負担をする世代が同一でない場合、すなわち現在世代が便益を受けて将来世代が負担を行なう場合には、多額の公債の累積は将来世代の便益（所得や消費）を低下させることになる。この状況に人口減少が加われば、将来世代の一人当たりの負担はそれだけ増加することになるから、人口が変わらない場合と比べても将来世代の一人当たりの便益の低下はより大きくなる。

８０００万人社会が到来する前に、将来世代の負担をこれ以上増加させないためにするべきことはいくつもある。第一に、政府債務をこれ以上増やさないことであり、できれば減らすことである。そのためには財政赤字を縮小させる必要がある。第二に、できる限り広い世代が負担をするような税制を構築することである。第三は、経済成長を持続可能なものとして莫大な政府債務の実質的な負担を減らすことである。財政赤字の縮小に関しては次に紹介するので、第二と第三の論点を説明しておこう。

一般に新規で発行された国債は、最長で60年で償還する場合が多い。もちろん新規発行債自体の償還期限は定められているものの、いわゆる借換債《かりかえさい》によって少しずつ償還をして60年で全額を返済すればいいということになっている。借金の返済を借金で賄っているというものである。つまり長期にわたって償還が行なわれるということは、新規国債の発行によって便益を受けた世代は償還時点ではすでに死亡しているか、高齢世代に移行している。

もし国債の償還をその時点の現役人口（将来世代）が担うのであれば、高齢者人口（現在世代）はすでに引退をしているので、負担を行なうことなしに便益だけを受けることになる。そうならないようにするには、現役人口が主として負担する所得税中心の仕組みから、高齢者人口を含む幅広い世代が負担をする消費税中心の税制にしなければならない。

経済成長に関しては、次のような議論になる。国と地方の長期債務は1000兆円を超えたが、GDPが1000兆円あれば債務残高の対GDP比は100%にまで低下し、借金の実質的な負担は低下する。したがって経済成長を続けることは、将来世代の負担を減らすためにも重要である。ただし、ＥＵのマーストリヒト基準に従えば60％の長期債務残高にまで指標を改善するには、ＧＤＰを少なくとも１７００兆円にしなければならないので、現実面からしても経済成長だけに頼ることはできない。

財政赤字の削減目標

将来世代への負担を考えれば、長期債務残高をこれ以上増やさないことが必要であり、そのためには財政赤字を縮小させなければならない。〈図表４‐２〉は財政収支と基礎的財政収支の推移を示したものである。ここで財政収支とは歳出総額と税収等の差額（すなわち借金によって賄う部分）を意味するものであり、図表にあるように財政収支の赤字が継続している。

一方、基礎的財政収支（プライマリー・バランスともいう）は、歳出総額から借金の利払い費を除いた支出額と税収等の差額を指す。その意味では基礎的財政収支は財政収支よりも利払い費の分だけ、赤字を少なく見積もる指標になる。

日本では、基礎的財政収支の均衡を財政健全化の目標としている（ＥＵ諸国は財政収支自

〈図表4-2〉国と地方の財政収支および基礎的財政収支（対GDP比、％）

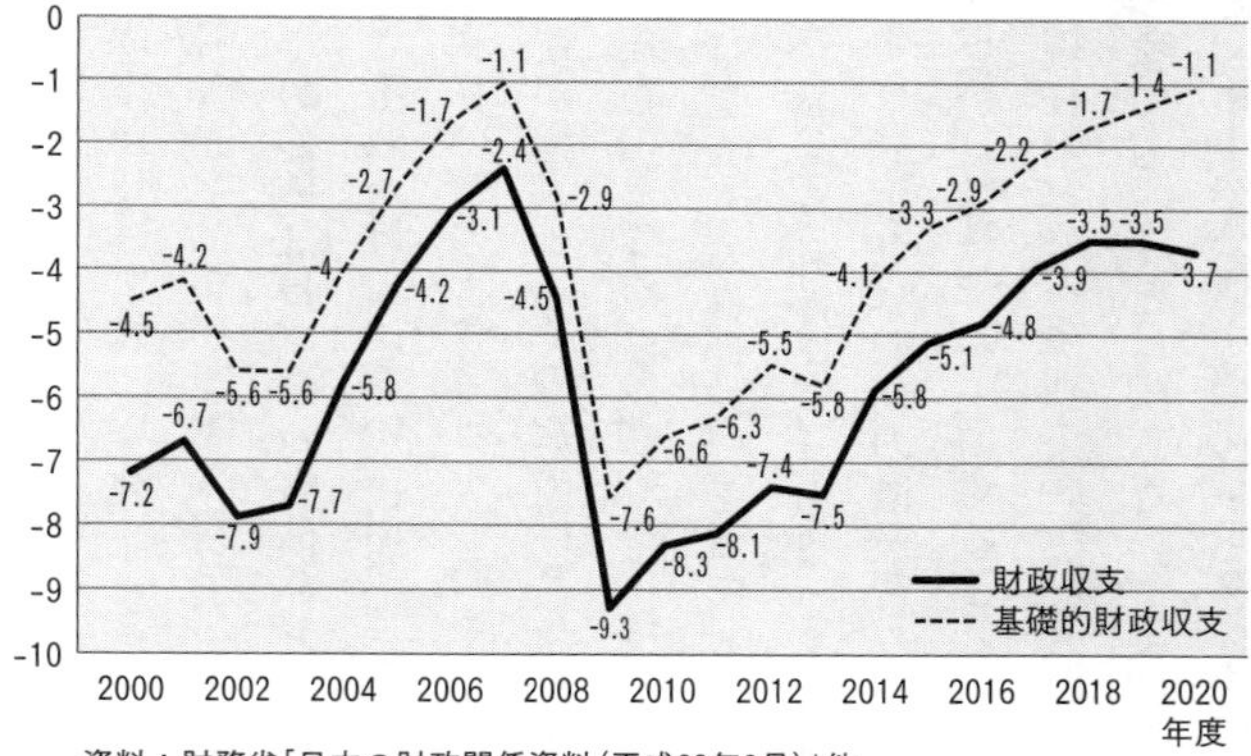

資料：財務省「日本の財政関係資料（平成28年2月）」他
注：2016年度以降は内閣府「中長期の経済財政に関する試算（平成28年1月21日）」経済再生ケースによる。

体の均衡を目標としており日本より厳しい）。政府は国と地方の基礎的財政収支について、①２０１５年度に２０１０年度と比べ半減させる、②２０１８年度に対ＧＤＰ比でマイナス１％とする、③２０２０年度には黒字化する、という財政健全化目標を定めた。さらに２０２０年度以降、債務残高の対ＧＤＰ比の安定的な引き下げを目指す、としている。

この財政健全化目標に関して、①は２０１５年度の基礎的財政収支がマイナス３・３％と２０１０年度のマイナス６・６％からの半減が達成できたものの、２０１８年度以降の目標達成は微妙になっている。内閣府「中長期の経済財政に関する試算（平成28年1月21日）」における経済再生ケースにおいても、

2020年度の基礎的財政収支は対GDP比でマイナス1・1%、金額にして6・5兆円の赤字が見込まれている。

財政赤字はなぜ問題なのか、この点に関して整理しておきたい。繰り返すようだが財政赤字の蓄積は長期の政府債務となり、これによって世代間の公平性が失われることになる。それだけではない。借金であるから、そのための利子も支払わなければならない。この利払い費の大きさはその時々の金利の水準にもよるが、金利が上昇すればそれだけ利払い費が増大し、そのためにさらに赤字が増えるであろう。

現在のところ、金利の水準は総じて低く、そのため歳出に占める利払い費の割合は、それほど大きくないが（それでも平成28年度予算では一般会計歳出総額の10・2%を占めている）、将来金利が上昇すればさらに利払い費が膨らみ、返済が不能になる（つまり政府が破産する）。また、債務の償還費や利払い費の増加はその他の必要な政府支出（社会保障、公共事業、教育等）を圧迫することになる。

現在のところ金利水準が低く、それで利払い費が抑えられていると述べたが、これはいつまでも続くとは限らない。長期債務自体が増え続ければ、それだけ国債の信認が低下し、市中で公債を消化しようとするとより高い金利を付さなければならなくなる。

また、こうした公債の信認の低下は国債を売却する動きにつながり、これが金利を引き上げることになる。ギリシャなどでのヨーロッパ債務危機はまさにこうした背景から生じたものであり、日本でも発生しないとは限らない。そうなれば、世代間の公平どころか、後世代に引き継ぐべき資源を政府の破産によって失ってしまうことになる。

８０００万人社会は高齢化を伴うものであり、現役で働く相対的に少ない人口に多くの負担がかかるようなことがあれば、働く意欲や将来に対する投資のインセンティブも低下し、さらに経済は縮減してしまう。そうならないように、長期債務を減らすこと、そしてまずは２０２０年度の基礎的財政収支黒字化を確実に達成することが必要である。

2　２０２５年と２０３５年の壁——社会保障の課題

団塊世代が85歳を迎えるとき

第１章でも述べたように、団塊世代が75歳を超える２０２５年には、75歳以上の後期高齢者の人口も急速に増加する。この「２０２５年問題」が、社会保障制度にとって大きな壁であり課題になると述べた。再度整理すると、２０２５年の75歳以上人口は２１７９万

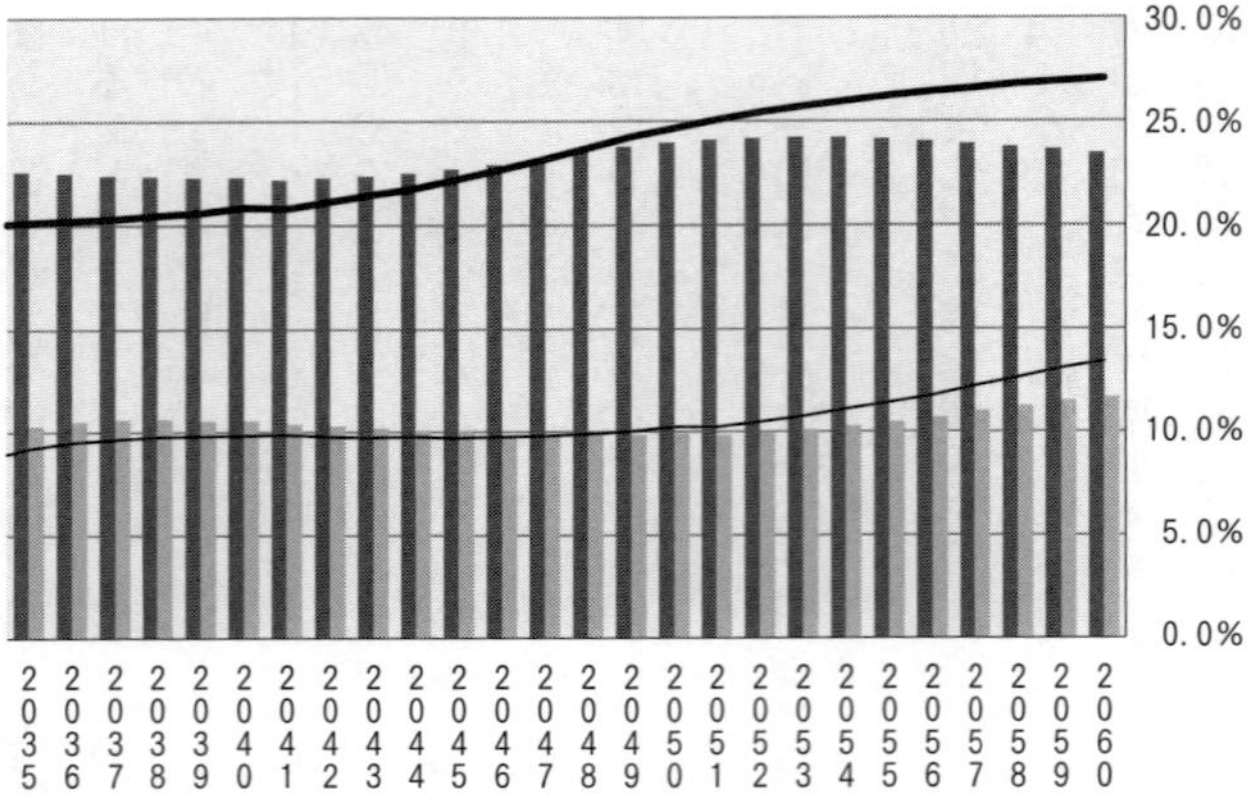

資料：国立社会保障・人口問題研究所（2012）「日本の将来推計人口（平成24年1月推計）」

人になり、2030年に2278万人と最初のピークを迎える（社人研〈2012〉による。以下、同様）。その時点の75歳以上人口の総人口に占める比率は19・5％である。

その後、75歳以上人口はいったん減少に転じるが、2042年を過ぎると再び増加しはじめ、2053年に二度目のピークを迎え2408万人に達する。これは第二次ベビーブーム世代が75歳以上を超える頃である。その後、75歳以上人口は徐々に減少するものの、総人口に占める比率は2053年の25・6％から上昇を続ける（〈図表4-3〉参照）。

75歳以上人口の増加は、後期高齢者医療制度など社会保障の財政をさらに逼迫《ひっぱく》させることは間違いない。後に述べるように、年齢別

〈図表4-3〉75歳・85歳以上人口とその比率

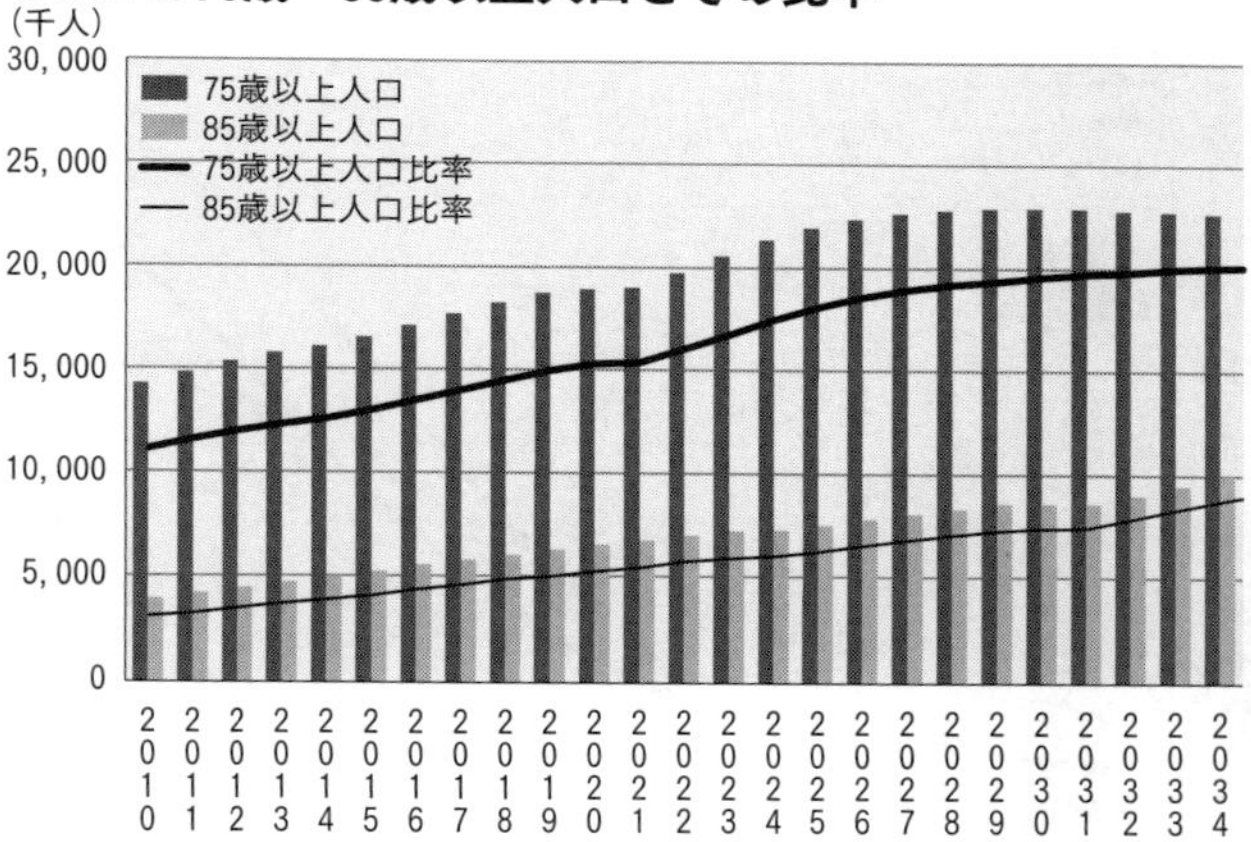

で生涯医療費をみると75～79歳の年齢層が最も高く、次いで80～84歳の層となっている。

もう一つ見逃せないのは85歳以上人口である。〈図表4-4〉は、経済産業省「将来の介護需要に即した介護サービス提供に関する研究会」報告書から、2014年の時点の人口に占める性・年齢階級別介護（予防）サービス受給者の割合を示したものである。

男女とも85歳を超えると、介護が必要になる可能性が一気に高まる。男女とも75～79歳の年齢層で介護サービス受給者となる割合は10％程度であるのに対し、85歳を超えると男性は30％以上、女性も50％近くが介護を必要とする。このように介護では85歳が一つのメルクマールになっている。

〈図表4-4〉人口に占める性・年齢階級別介護サービス受給者の割合(2014年)

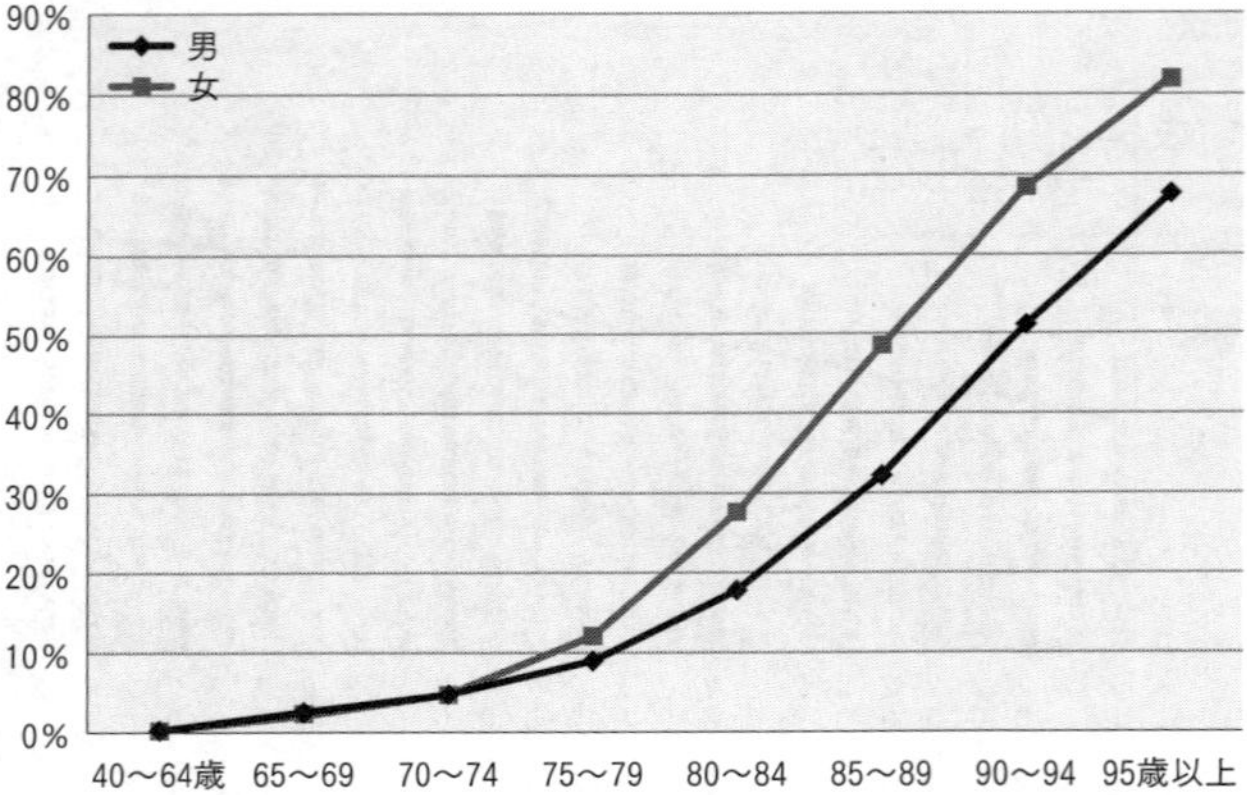

資料：経済産業省「将来の介護需要に即した介護サービス提供に関する研究会」報告書

再び〈図表4−3〉から85歳以上人口の推移をみると、最初のピークは2038年の1047万人（総人口に占める比率は9・6%）であり、この年は団塊世代がすべて85歳を超える2035年から3年後である。団塊世代だけが高齢者人口のピークを決定するわけではないが、2035〜40年は85歳以上人口が急増する時代であることは間違いない。

したがって、介護や医療に関する二度目の乗り越えなければならない壁は、この頃にやってくる。これを「2035年問題」と名づけておこう。団塊世代の高齢化とともに、まずは2025年と2035年に訪れる二度の壁を乗り越えなければならない。なお、85歳以上人口はその後いったん減少するが、再び

2050年を超えたことから増加に転じ、2060年では1149万人（総人口に占める比率は13・2％）に達する。

社会保障制度とその統計

社会保障として日本で採用されている制度は多様であり、その範囲も広い。一般に社会保険制度と呼ばれる公的年金保険、医療保険（後期高齢者医療制度を含む）、介護保険、労働保険（雇用保険と労働災害保険）と、公的扶助制度に分類される生活保護、児童手当・児童扶養手当などが社会保障制度の中核となる。

この他にも公衆保健サービス（公衆衛生）や高齢者・障害者・母子家庭などへの支援（社会福祉）や雇用対策、戦争犠牲者援護なども、広義の社会保障制度として含まれる。

社会保障に係る給付額を示す指標としては長年、国立社会保障・人口問題研究所が作成・公表してきた「社会保障給付費」がある。これはＩＬＯ（国際労働機関）基準にしたがって作成されている。内訳としては上記の社会保障制度を広範に取り込むものの、年金、医療、福祉その他の三部門で集計されるとともに、9つの機能別（高齢、遺族、障害、労働災害、保健医療、家族、失業、住宅、生活保護その他）にも給付額が公表されている。

この統計は長い期間のデータの蓄積があるものの、国際比較が難しい（ILO基準で統計を作成している国が少ない）という短所がある。そのため、近年では社人研はOECDが定めた基準で作成される社会支出も併せて公表している。社会支出と社会保障給付費では、前者のほうが集計範囲は広く、施設整備費など直接個人には移転されない費用も含まれることから、社会支出の金額のほうが社会保障給付費を上回っている。

ちなみに2013年度の社会保障給付費は、110・7兆円であったが社会支出は114・1兆円となっている。以降では、状況に応じて社会保障給付費と社会支出を引用することとしたい。また、社会保障の大きさを図るもう一つの指標として国民経済計算によるデータもあるが、これについては本書では触れない。

急増する社会保障給付

まずは、社会保障給付費の推移をまとめておこう。〈図表4-5〉がこれをまとめたものである。先ほど述べたように2013年度の社会保障給付費は110・7兆円であった。社会保障給付費は1980年度では24・8兆円、1990年度では47・4兆円であったから、この33年間で4・5倍、23年間で2・3倍に増加したことになる。1990年度

〈図表4-5〉社会保障給付費の推移

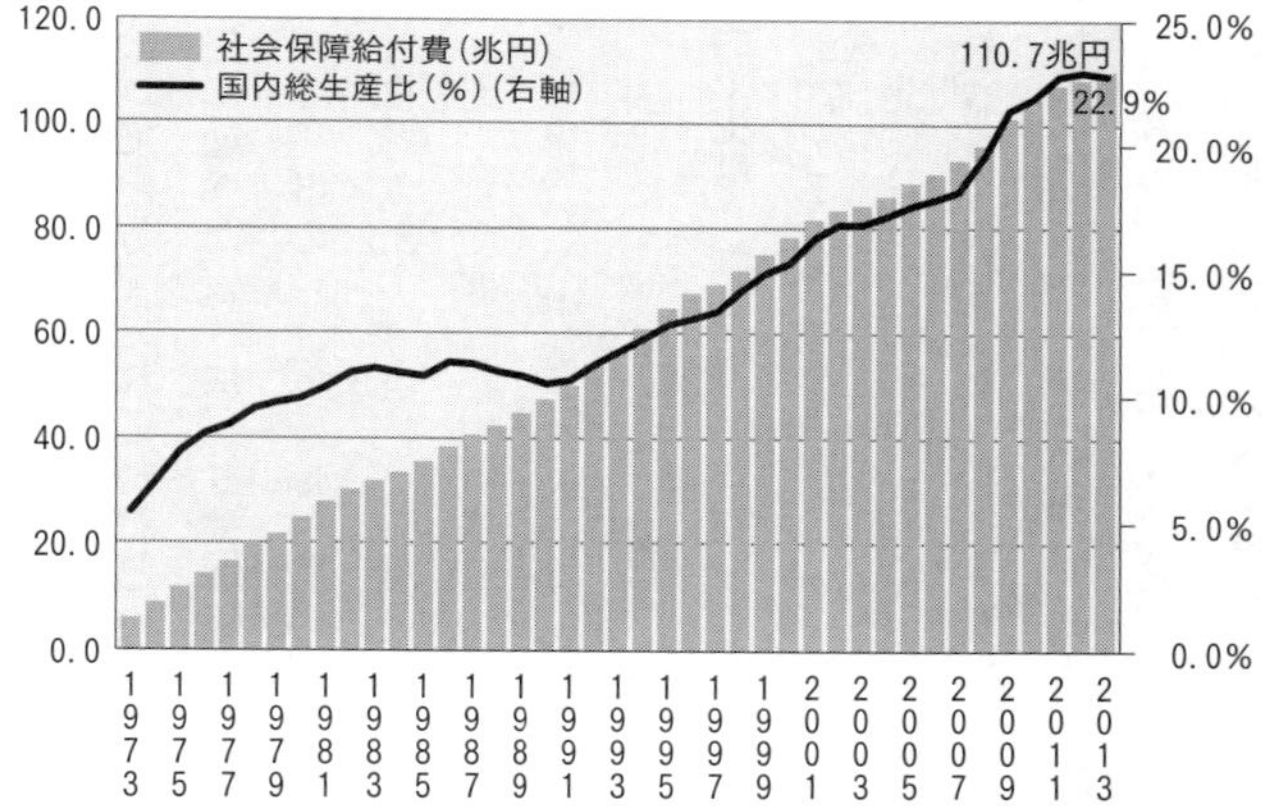

資料：国立社会保障・人口問題研究所「社会保障費用統計」

以降の年平均伸び率は3・8%、また2000年代以降の年平均伸び率は2・7%となっており、名目GDP成長率を大きく上回っている。

その結果、社会保障給付費の対GDP比をみると、1980年度の10・0%から2000年度では15・3%、2013年度では22・9%と急上昇している。とりわけ1990年代以降、対GDP比率は急速に上昇しているが、これは所得（GDP）が伸び悩んだことと、高齢化の進展により社会保障給付費自体が急増したことの二つの要因から説明できる。

なお、社会保障給付は、税や社会保険として政府が徴収した所得の再分配に相当するものであることに留意されたい。言いかえれば、２０１３年度ではＧＤＰの23％近くが政府によって再分配されているということである。

先に述べたように、社会保障給付費は年金、医療、福祉その他の三部門に分かれる。２０１３年度の社会保障給付費の総額は１１０・７兆円であったが、内訳は年金が54・６兆円、医療が35・４兆円、福祉その他が20・７兆円（介護がそのうち８・８兆円）であった。

また、社会保障給付費は９つの機能別にも分類されるが、とりわけ「高齢」（退職によって労働市場から引退した人に提供される給付）が54・３兆円と全体の給付費の49・０％を占め、次いで「保健医療」（病気、傷害、出産による保護対象者の健康状態の維持、回復、改善の目的で提供される給付）が34・０兆円と30・７％を占めている。両者を合わせると給付費全体の79・７％に達する。

なお、社会保障給付を賄う財源であるが、２０１３年度については総額で１２７・１兆円を集め、給付額よりも16・４兆円も多くなっており、一部は各制度の積立金への繰入や翌年度の繰越金などに充当される。財源の内訳をみると、社会保険料が63・０兆円（全体の49・６％）と最も多く、次いで公費負担が43・０兆円（同33・９％）、資産収入（積立金からの利子収入等）が15・８兆円（同12・４％）などとなっている。

公費負担の割合は年々上昇しており、1990年度では24・8％であったが、2000年度では28・2％、また前述のように2013年度では33・9％となっている。社会保障の財源のうち公費負担が増えていることが、財政赤字の一因ともなっているのである。

社会保障給付は、どこまで増加するのか

2025年問題、さらには2035年問題を抱える中、社会保障給付費はどこまで伸びていくのだろうか。将来推計に関する情報は限られており、やや古いが厚生労働省が2012年に公表した「社会保障に係る費用の将来推計の改定について（平成24年3月）」が公的な推計値としてしばしば利用されている。ただし、残念なことに推計は2025年度までである。

この推計によれば社会保障給付費は2020年度で134・4兆円、2025年度で148・9兆円になるとしている。2013年度の110・7兆円と比べると、今後12年程度で30％以上増加することとなる。その内訳をみると、年金が60・4兆円、医療が54・0兆円、介護が19・8兆円などである。2013年度のそれぞれの項目の給付額と比べると医療と介護の伸びが大きく、年金は比較的増加幅は小さくなっている。

一方、負担額については2025年度では146・2兆円とほぼ給付額を賄う水準となっているが、そのうち社会保険料が85・7兆円（2013年度は63・0兆円）であるのに対し、公費負担は60・5兆円（同43・0兆円）であって、公費負担の伸びが大きくなっている。これは歳出増の圧力となり、財政赤字拡大の要因になりかねない。

財政を逼迫させる社会保障給付

社会保障給付費の財源としての公費負担の割合が、年々上昇している。公費負担とは基本的に税による負担であり、税収が足りない場合には、公債等を発行して財源を確保しなければならない。ここでは中央政府（国）の予算に焦点をあてて、社会保障給付と財政の関係を振り返っておこう。

すでに述べたように、社会保障関係費の増加が国の一般会計の歳出を膨らませ、その結果として財政赤字をもたらす要因となっている。一般会計予算における社会保障関係費の推移をみると、2000年度が16・8兆円（一般会計歳出総額の19・7％）であったが、2010年度では27・3兆円（同29・5％）、さらには2016年度予算では32・0兆円（同33・1％）にまで急増している。単純に計算すると2000年度以降、ほぼ毎年1兆円ずつ拡大していることになる。

一般会計歳出の総額自体は、同じ期間で85・0兆円から96・7兆円へと推移しているが、その増加幅に比べても社会保障関係費の伸びは大きい。また、社会保障関係費の伸びを確保するためには他の歳出項目（公共事業、文教および科学振興費等）を切り詰める必要がある。国債の償還費やその利払い費、地方交付税交付金等は国が自主的に配分できる余地は少ないことから、社会保障関係費を確保することは次第に困難の度が増してきているのである。

政府は「社会保障と税の一体改革」の一環として2014年度から消費税率を5％から8％に引き上げ、また予定では2017年度から10％として、増収分を社会保障4経費（子ども・子育て、医療、介護、年金）に充当することとしていたが、10％への税率引上げは再度延期された。なお、2016年度では、3％の増収分については総額で8・2兆円が見込まれている。しかし税率を引上げても、一体改革によって社会保障4経費の増加分（社会保障の充実、基礎年金の国庫負担増など）も予定されているため、社会保障関係費に充当し借金を減らすという意味での「後世代への負担の付け回しの減少分」は3・4兆円程度にしかならない。10％まで引き上げた場合でもその金額は7・3兆円でしかない。したがって、いままでと同様に毎年1兆円ずつ社会保障関係費が増加すれば、数年間で消費税率引き上げの効果は消し飛んでしまうことになる。

国の予算の健全化を図るには、社会保障関係費の増加を抑えることが不可欠である。2016年度予算では、経済財政諮問会議は2015年度にまとめた「経済財政再生計画」にしたがって社会保障関係費の伸びを実質的に5000億円に圧縮したが、今後もこうした経費の増加抑制を行なう必要がある。

経済財政諮問会議はさらに「経済財政再生計画改革工程表」を2015年の12月にまとめた。しかし、高齢化が進行し少子化対策が必要とされる社会状況の中で、着実に改革を進め、社会保障関係費の伸びを抑えていくことは容易なことではない。

社会支出の国際比較

高齢化が進み、社会保障給付が増加しつつある日本であるが、その給付の規模は諸外国と比較してどの程度であろうか。OECD加盟国の中から2013年のデータが入手可能な33カ国について、社会支出の水準をGDP比で示した結果が〈図表4-6〉である。すでに述べたように、社会保障の規模に関しての国際比較では社会支出が使われ、これは社会保障給付額とやや概念が異なる。

〈図表4‐6〉をみると、社会支出の規模が最も大きな国はフランスで、対GDP比は32・0％、次いでベルギーが30・9％、フィンランドが30・6％などとなっている。反対に社会支出の規模が小さい国は、チリで10・0％、次いで韓国が10・2％、トルコが12・5％などであった。OECD平均では21・7％である。

これに対して日本（2011年）の社会支出の規模は23・1％であり、OECD平均よりもやや高いものの、中間的な規模となっている。

高齢化の度合いが世界で最も進み、かつ近年は社会保障関連の予算が急増しているにもかかわらず、日本の社会支出の規模はそれほど大きいものでないことは、一見すると奇異に見える。フランスや北欧諸国は30％程度であるのに対して、日本はそれを大きく下回っている。

しかし、注意しなければならないのは、フランスや北欧などの社会支出の規模の大きな国ではそれを賄う税や社会保険料などの負担も大きい。税と社会保険料の合計額に対するGDPの比率（国民負担率のGDP版）をみると、フランスは47・3％、ベルギーは47・6％、またフィンランドは43・9％などとなっているのに対し、日本は31・0％にすぎない

〈図表4-6〉社会支出の対ＧＤＰ比(2013年)

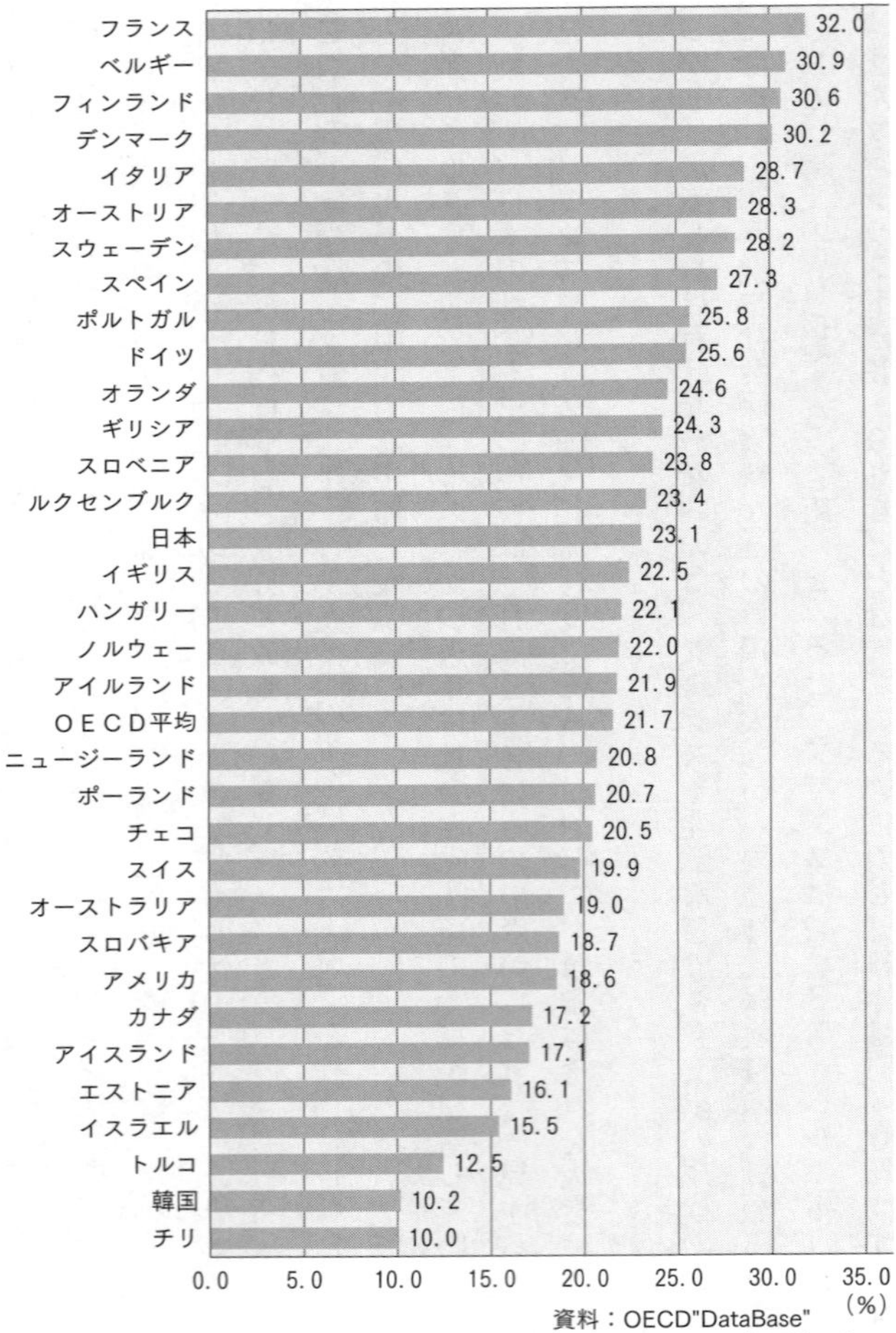

資料：OECD"DataBase"
注：日本のみ2011年の値である。

（いずれも２０１３年の値である）。日本の水準はＯＥＣＤ加盟33カ国のうち、下から７番目である。

このように、日本は社会支出の規模は中程度であるが、税や保険料の負担はきわめて小さい。もし日本がさらに社会支出（社会保障給付費）の規模を拡大しようとすれば、こうした税や保険料等の負担の拡大なしには難しい。そうでなければ、後世代への負担の付け回しをするだけになってしまう。この点を十分に考える必要がある。

3　高齢化に喘《あえ》ぐ年金制度

若者に頼る年金財政

８０００万人社会が訪れる２０６０年以降の高齢者の生活は、どうなるのだろうか。また、高齢者の生活を支える現役世代の負担は、どうなっていくのだろうか。高齢者の主たる生活の糧《かて》は公的年金であり、現在でも現役世代は年金のために多額の保険料を支払っている。この状況は、将来さらに厳しくなるのだろうか。

日本の公的年金制度は２階建て方式になっており、１階部分の国民年金と２階部分の厚生年金からなる（2015年10月に共済年金が厚生年金に統合されている）。これらの制度では基本的に現役世代が保険料を支払い、これに公費や積立金の運用益等を加えて高齢者に給付を行なっている。また、139・8兆円ある積立金（2015年末時点の運用資産額）については、年金積立金管理運用独立行政法人（GPIF）が運用している。

年金財政の基本的な仕組みに賦課《ふか》方式というものがあり、これは現役世代が保険料・税を納め、それをそのまま高齢者に年金給付として支払う方式であって、この場合には積立金は発生しない。日本ではこの賦課方式をそのまま取り入れると高齢化の進展が急速であることから現役世代の負担が急増するため、その変形として一定の積立金を利用する方式を採用している。

具体的には今後100年間の期間を想定して、保険料等と積立金の運用及びその取崩しによって年金給付を賄い、期間終了後に1年分の給付費が積立金として残るようにするという有限均衡方式が採用されている。実際には保険料と公費負担が年金制度全体の収入額の大きな割合を占めている。

2014年度の「公的年金各制度の財政収支状況」をみると、制度全体の収入総額53・4兆円のうち保険料収入が32・6兆円、公費負担が11・8兆円にのぼり、両者を合わせると収入額全体のおよそ83％に達する。したがって、有限均衡方式といっても、賦課方式に近い仕組みであることは間違いないのであり、賦課方式を基本的な視点として年金制度を考える必要がある。

現在の年金の仕組みは、２００４年度に行なわれた年金制度改正によって枠組みが決まり、前述の有限均衡方式や、現役世代が支払う保険料の上限などを定め、現役世代の負担を抑制するようにした。１００年安心という掛け声とともに、年金制度は安定したものになると思われているが、その基盤は不透明な点が多く、必ずしも安心できる仕組みになっているとは言えない。さらには制度そのものが複雑であり、公的年金の財政自体を詳述するには1冊の書籍が必要となるほどである。

しかし、年金制度の要点を理解するには、先に述べたように賦課方式の考え方が大事であるので、制度の課題に関して議論する前に、まずは賦課方式のロジックをみておこう。

賦課方式の論理

賦課方式では、現役世代から徴収した保険料等の収入を高齢世代に年金としてそのまま給付する。ゆえに現役世代と高齢世代の人口バランスが大事になる。両者の関係を示せば

現役世代の人口×一人当たり保険料＝高齢者世代の人口×一人当たり年金給付額

という関係になる。

少子高齢化の進展は、現役世代の人口を減らし、高齢者世代の人口を増加させるのであるから（ここは絶対数ではなく相対的な比率が大事である）、賦課方式の財政を毎年均衡させるには、①一人当たり保険料を引き上げる、②一人当たり年金給付額を引き下げる、③高齢者世代の人口を減少させる、という三つの手段しかない。

２００４年度の年金制度改正前までは、もっぱら①の手段、保険料の引き上げを少子高齢化の対策としてきたが、このままでは現役世代の負担が高まるばかりだとして、保険料の上限（厚生年金の保険料率の場合18・３％）を定めた。

その分、②の給付額の引き下げを行なう必要があり、そのため後述するマクロ経済スライドという仕組みを導入した。③は年金の給付開始年齢を引き上げて年金給付の対象者を減らすという意味である。

なお、実際の年金制度では①、②の手段に加えて積立金の運用を行なうことで財政の枠組みは均衡しているので③の手段は不要であるとしているが、これも後で述べるように制度そのものが不確実な要素が多いため、今後は見直しをしなければならないと考える。

このように、賦課方式にとって少子高齢化は対処の仕方が非常に難しい課題である。ただし、若い人口が多い社会ではそれほど重荷になる仕組みではない。そのことから多くの国では賦課方式が採用されてきたが、最近では個人の年金勘定を導入して、金融商品に近い形の積立方式の考え方（概念上の拠出建て方式）を導入する国なども増えており、それこそ年金制度改革のあり方をめぐる議論は尽きない（OECD〈2015〉など参照）。

もう一つ、少子高齢化に対応できる方策がある。それは経済成長である。成長によって現役世代の所得が豊かになれば、負担の重みが和《やわ》らぐことになる。ただし第2章で述べたように、人口が減少する中で経済成長を持続することは容易ではない。賦課方式の仕組みを今後も基本に据《す》えるのであれば、やはり①～③の手段を前提として制度改革を進めていくしかないのである。

危ない前提と財政検証

公的年金制度は、有限均衡方式を採用していると述べた。100年後にちょうど1年分の給付額に相当する積立金を残すという芸当は、まさに綱渡りのように心細いものでもある。

なぜなら、すでに保険料の上限等が定まったうえで、今後100年間の人口、経済（物価上昇率や賃金上昇率、運用利回り、労働市場への参加率）などを想定し、将来の高齢者への給付額を決めて、最後の年に1年分の給付額相当の積立金を残すという条件を満たさなければならないからである。

さらには、ここで求められた高齢者への給付額があまりに低くならないようにもしなければならない。現在のところ、夫婦二人のモデル世帯の年金給付額は、現役男子の手取り額の50%を下回らないようにするというのが一応の基準になっている（モデル世帯の年金給付額の現役男子の手取り額に対する比率を所得代替率という）。

5年に1回、このように複雑な年金財政の将来を検証する（財政検証という）ことになっていて、直近では2014年に財政検証が実施された。今後、100年間を通じて経済環境を想定しなければならないから、ことは簡単ではない。そのため、厚生労働省は2014年の財政検証では経済前提に8つのシナリオを置き、それぞれ異なった前提で2110年までの年金財政を試算している。

〈図表4‐7〉はそのうちの中間的な経済前提（実質賃金上昇率1・3％、物価上昇率1・2％、運用利回り4・2％等）を設定した結果であるケースEを示したものである。この試算結果によれば、将来的に所得代替率が50・6％となり、2050年度の年金額（夫婦二人で妻は専業主婦の世帯）は26・6万円になるとされている。

一見、もっともらしいが結果はすべて経済前提等の実現による。その中で留意しなければならない点として二つを取り上げたい。

第一には、100年後に1年分の給付額に相当する積立金を残すために必要な、高齢者世代への給付額を調整する仕組みであるマクロ経済スライドである。これは図表の中では基礎年金、厚生年金の調整とされているものである。第二は、経済前提の中で重要な運用利回りに関する課題である。GPIFの運用次第ではこの前提が大きく崩れてしまう可能性がある。

デフレ下のマクロ経済スライド

高齢者の給付額を調整する仕組みとして導入されたのが、マクロ経済スライドである。

毎年の年金額は、その実質価値を担保するために物価上昇率分だけ引き上げられることと

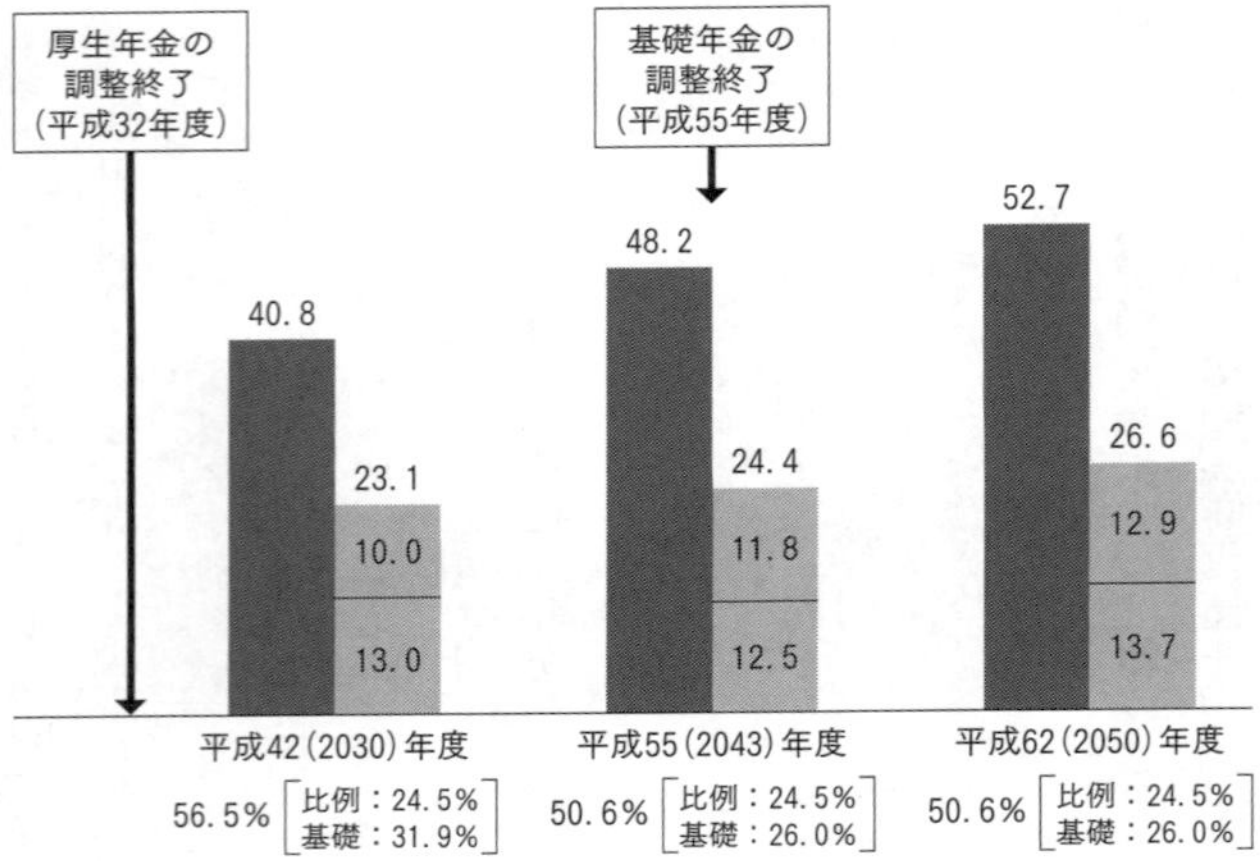

なっている。これを物価スライドというが、２００４年度の年金制度改正ではこれからスライド調整率分を引き下げて毎年の年金額の改訂を行なうこととした。

スライド調整率は公的年金の被保険者の減少率と平均余命の延びを勘案《かんあん》して決められ、現在のところ両者を併せて０・９％物価上昇率から引かれることとなっている。

つまり、物価上昇率が２％であれば年金額を２％ではなく２％－０・９％＝１・１％だけ引き上げるというものである。〈図表４－７〉にある基礎年金・厚生年金の調整とはこのマクロ経済スライドを実施する期間を指している。

給付額を調整するマクロ経済スライドであ

〈図表4-7〉将来の年金支給額（平成26年度財政検証：ケースE）

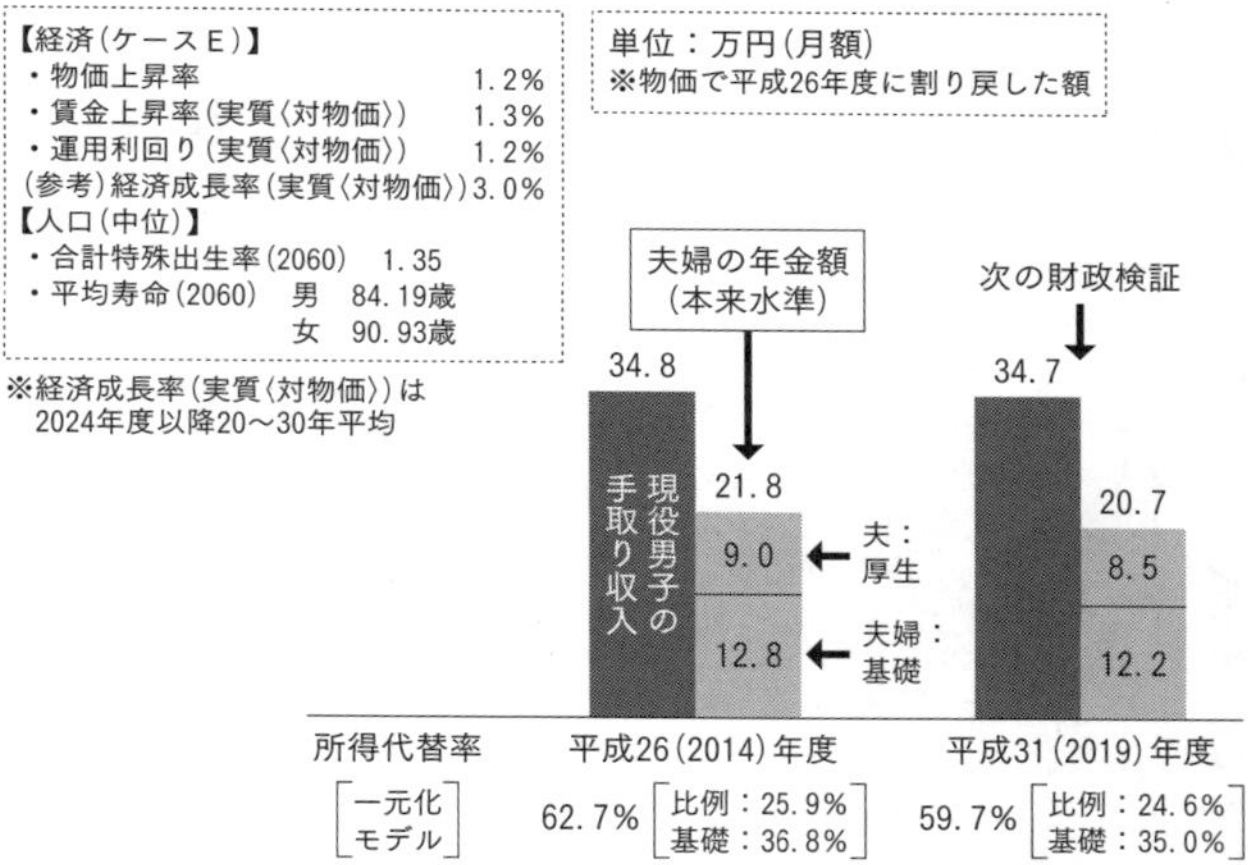

るが、必ず発動するとは限らない。たとえば物価上昇率が０・５％である場合、スライド調整率を引くとマイナス０・４％となり、名目の年金額が減ってしまうことになる。その場合は年金額を前年と同額（つまり改定率は０％）とすることとしている。さらに、物価上昇率がマイナスの場合は、その分だけ年金額を減らしてマクロ経済スライドは適用しない。このように物価上昇率が低い場合と高い場合は非対称で働くことになる。

長らくデフレで苦しんできた日本は、このマクロ経済スライドを導入したものの、物価上昇率が低かったため、２０１４年度まではこの仕組を発動することはなかった。さらに問題を複雑にしていたのは、２００９～11年度にかけて物価が下落していても特例法を制定してマイナス改定をせず年金額を維持してきたことがある。

つまり、本来の水準よりも高い年金を支給してきたのである。そのため2013年度から3年間で本来水準まで年金額を減らすこととしたのであるが、本来水準に戻るまではマクロ経済スライドを適用しないこととしていた。

このように複雑な仕組みと過程を経てきたマクロ経済スライドであるが、2015年度には前年の物価上昇率が2・3%となったことから、本来水準への引き下げ幅（0・5%）とスライド調整率（0・9%）を合計した1・4%を引いた0・9%の年金額改定を行ない、初めてマクロ経済スライドが発動された。なお、2016年度は前年の物価上昇率が低かったため年金額は据え置きとなっている。

問題は、このマクロ経済スライドは有限均衡方式を採用する年金財政において重要な役割を担っているにもかかわらず、デフレになると発動されないという点である。言いかえれば、年金保険料は計画通り引き上げているにもかかわらず、給付額の調整は行なわれないということであり、現役世代の負担をそれだけ重くしているということにつながる。

2015年度には、デフレ下でもマクロ経済スライドを適用するかどうかの議論があったが、結局は見送られている。年金財政の健全化を図り、現役世代の負担を和《やわ》らげるためにも、物価上昇率がマイナスであってもマクロ経済スライドを適用できるようにするべきであろう。

甘い見通しと積立金運用の危うさ

すでに述べたように、財政検証の見通しは不確実なものであり、たとえば積立金の運用利回りは名目で4・2%とされているが、こうした目論見《もくろみ》は実現可能なのだろうか。GPIFによる積立金の運用実績をみると、運用を開始した2001年度から2015年度の第3四半期までの収益率は2・99%(年率)となっており、一定の運用成績をおさめてきた。しかしながら、4・2%には届かず、短期的には収益率がマイナスになったこともある。

一方で懸念されるのが、積立金の運用先である。GPIFは積立金の運用にあたって基本的な資産の構成割合を決めている。これは基本ポートフォリオと呼ばれるものであるが、基本ポートフォリオを定めるほうが運用効率はいいとしているためである。

その基本ポートフォリオはこれまで国債など国内債券を中心としてその割合を60%、国内株式の割合は12%などとしていたが、現在では国内株式25%、外国株式25%、国内債券35%など、株式運用を重視するように変更された。これは安倍政権による株価引上げ策とも言われているが、長期的に4・2%等の高い利回りを得るためやむを得ない面もある。

その一方で、国民の財産でもある年金の積立金が、株式に多く投資されることでより大きなリスクにさらされるようになったということもある。問題は、有限均衡方式を維持するために必要以上に高い利回りを設定しているということであり、年金の財政方式は積立金運用の危うさを内包しているのである。

制度改正の自動化

ここまで述べてきたように、有限均衡方式はある意味では硬直的な仕組みである。経済状況が変わっても保険料の上限の調整はせず、また給付水準の調整も前述したように不明朗なマクロ経済スライドに頼ったままである。加えて、積立金運用の危うさもある。こうした点に加えて、年金制度改正は毎回、政争の種となっている。

このような硬直的で制度改正もままならぬ年金制度は、今後人口減少や経済成長の停滞など、不測の事態に対応する仕組みに欠けていると言える。時々の経済状況や人口予測の変化に対応してより柔軟な仕組みに変えていく必要があると考えられるが、その際に参考になるのはスウェーデンの制度にある「自動財政均衡メカニズム」であろう。

これは毎年のように、年金会計の資産（現在および将来の保険料収入総額）と負債（現在から将来にかけての給付総額）を計算して両者がバランスを保つようにする制度であり、もし資産が負債より少なくなった場合には、現在の高齢世代の年金給付額と、現役世代の将来の年金受給額を自動的に削減するという仕組みである。そこには政治的な介入の余地がなく、まさに自動的に制度が調整される。

年金制度は高齢者にとって最も基本的な生活の糧であり、かつ現役世代にとっても持続可能な仕組みでなければならない。そのためには、年金制度改革を政争の対象として安易な妥協の産物にすることなく、ルールに沿った改正を可能にすることが欠かせない。8000万人社会へ向かう中、周囲の環境が変化すればそれに柔軟に対処できるような仕組みを持たない限り、年金制度にある危うさや不確実さは消えないであろう。

4 改革が急がれる医療制度

膨張する医療費

近年、医療費の増加が止まらない。〈図表4‐8〉は、国民医療費の近年の推移を示したものである。国民医療費とは「医療機関等における保険診療の対象となり得る傷病の治療に要した費用を推計したもの」（厚生労働省「国民医療費の範囲と推計方法の概要」による）であり、医科や歯科での診療費や薬局での薬剤費、入院時の食事医療費などが含まれている。

その一方、美容整形や歯科の金属材料、あるいは不妊治療における生殖補助医療など、また正常な分娩や健康診断等の費用は含まれていない。日本ではこの国民医療費が医療費用の代表的な指標である。

２０１３年度の国民医療費は40・１兆円であり、初めて40兆円を突破した。この国民医療費を人口一人当たりにすると31万４７００円となる。また、国民医療費の国内総生産（ＧＤＰ）に対する比率は８・29％であった。過去の推移をみると、およそ30年前の１９

〈図表4-8〉国民医療費の推移（十億円）

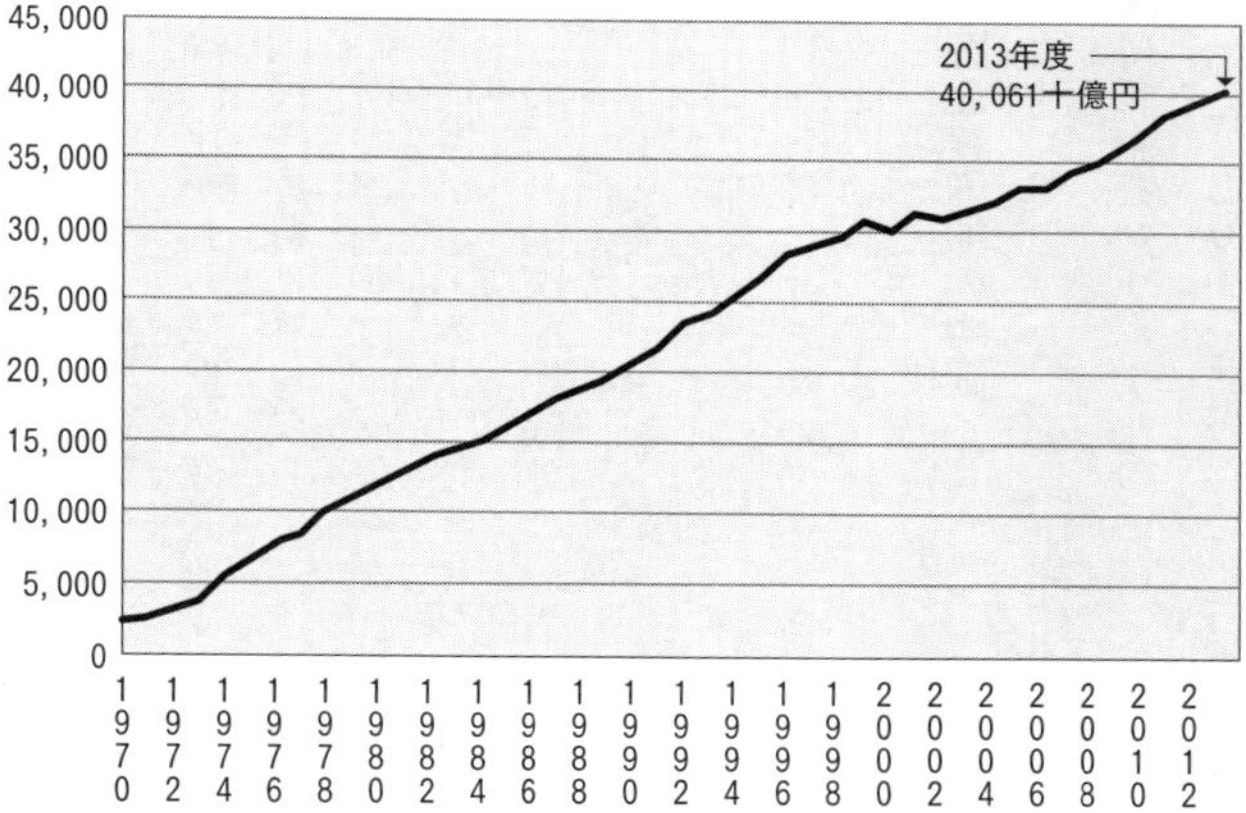

資料：厚生労働省「国民医療費」

85年度では16・0兆円、1995年度では27・0兆円、そして2005年度では33・1兆円であった。

2005年度以降、国民医療費は急速に増加をしており、2009年度から13年度までの直近の5年間では毎年ほぼ1兆円の増加を記録している（年平均伸び率は2・7%）。

日本の医療費は諸外国と比べて多いのだろうか。OECDが公表している医療支出（これは国民医療費の構成内容よりも広いものとなっている）の対GDP比をみると、先進国の中でこの比率が最も高いのはアメリカで16・4%、またドイツとスウェーデンが11・0%、フランスが10・9%であり、日本はカナダと並んで10・2%となっている（いずれも20

13年、OECD〈2015〉,“Health at a Glance 2015”による)。
日本の医療支出は近年、急速に増加しているものの、際立って高いわけではない。しかし高齢化がさらに進めば医療支出はさらに増加することも考えられ、楽観視はできない。

国民医療費に話を戻して、その財源を整理しておこう。2013年度で要した40・1兆円の財源の内訳は、保険料が19・5兆円、租税などによる公費負担が15・5兆円、その他患者負担が4・7兆円などとなっている。

一般に公的医療保険での患者の窓口負担は3割であるが、義務教育就学前の子どもは2割、後期高齢者医療制度における75歳以上の高齢者は1割(現役並所得の者は3割)であり、また高額療養費制度などもあって、実質的な患者負担は4・7兆円で国民医療費全体の11・8%にすぎないのである。

医療費増加の内訳

国民医療費の内訳を診療種類別にみると、医科診療費が28・7兆円で全体の71・8%、歯科診療費が2・7兆円で6・8%、また薬局調剤医療費が7・1兆円で17・8%などであった(2013年度)。このうち、薬局調剤医療費の伸びが大きく、2009年度以降の

5年間の伸び率をみると、国民医療費全体が11・3%、医科診療費では9・7%の伸びであるのに対し、薬局調剤医療費は22・1%の伸びを示している。薬剤等の支出をどのように制御していくかが近年、大きな課題となっている。

国民医療費を次に年齢別に分類してみよう。2013年度の国民医療費40・1兆円のうち、65歳以上の患者の医療費が23・1兆円、65歳未満が16・9兆円であり、65歳以上の医療費が全体の57・7%を占めている。ちなみに、75歳以上の医療費は14・1兆円で全体の35・2%を占めている。

一人当たりの医療費を見ると、65歳未満が17・8万円であるのに対し、65歳以上は72・5万円、また75歳以上は90・3万円であった。このように、高齢者が多くの医療費を使用しており、今後、割合でも人口数でも高齢者が増えていくことで国民医療費はさらに増加すると考えられる。

〈図表4-9〉は厚生労働省が推計した生涯医療費である。生涯医療費は2013年度で一人当たり2600万円かかるとされるが、その大部分は人生の後半期に集中している。75~79歳の時期が最も多く297万円、80~84歳で293万円などとなっており、これをみても高齢化の進展が医療費を増やすことは明らかであろう。

〈図表4-9〉生涯医療費（男女計）（平成25年度推計）

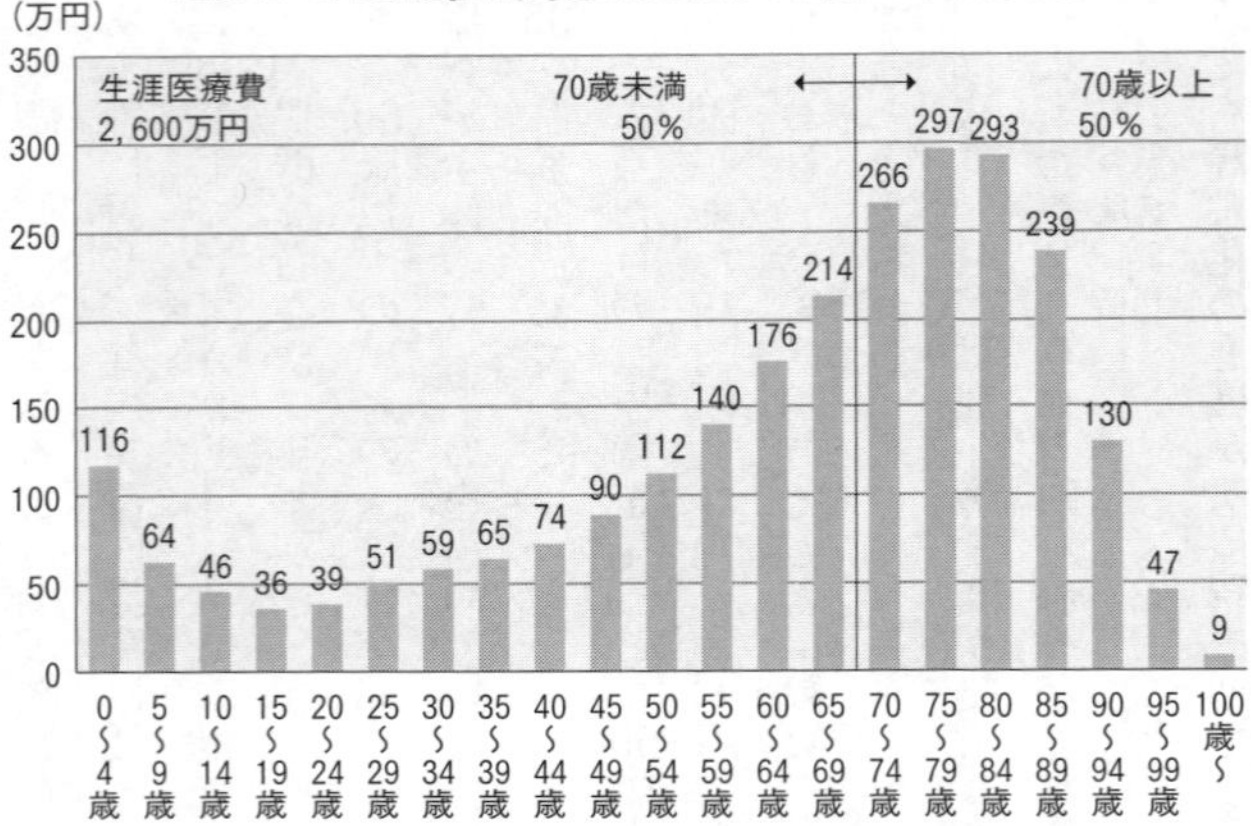

出所：厚生労働省「医療保険に関する基礎資料」（平成25年度）

医療費は、診療報酬制度によってすべての保健医療サービスに対する費用が定まっている。この診療報酬は2年に1回改定されることになっている。そのため、医療費の伸び率は、①診療報酬改定による影響、②高齢化等の影響、③技術進歩などその他の影響に分解することができる。近年、2〜3%の高い伸びを示している国民医療費であるが、診療報酬の改定の影響を除くと概ね、高齢化で1%、技術進歩で1〜2%となっており、医療費の増加は高齢化だけによるものではない。

この技術進歩の影響を考慮すると難しい問題もある。国民医療費の増加はそれを負担する面から見れば抑制すべきものとなる。一方、医療における技術進歩によって多くの命が助かるなど、国民生活にとっては大きな便益があることも事実である。

医療費の伸びに技術進歩が大きく影響していることは、コストを優先するのか、それとも医療からの果実を優先するのか、という難しい選択の問題をもたらす。とりわけ高齢化が進む社会で、多くの人が新しい医療方法や薬剤によって便益を受けられる可能性がある場合には、どのような選択をすればいいのであろうか。これに関して、最近あるバイオ医薬品の問題がクローズアップされた。

肺がんの特効薬として最近注目を集めているのが「オプジーボ」という医薬品である。多くの患者が期待する薬ではあるが、しかし非常に高価であり（体重に依存するが）月およそ300万円（年間3600万円）もかかる高価なものである。実際に使用する場合には高額療養費制度があるので患者の負担は抑えられるが、その分公費等の負担が必要になる。多数の肺がん患者がこの薬を使用することで便益を受けられる一方、その費用をどのように賄っていくのかが問われているのである。

この答えを見出すことは簡単ではないだろう。このように医療費の増加はすべて良くないものということではないが、そのためには効率化したり抑制したりする部分を見定めていかなければならない。

国際比較から見た、医療行動の特徴

今後さらに増加すると見込まれる医療費であるが、そこには日本特有の事情もある。医療機関へのアクセスが多いことや、高価な機器を多く使用することなどである。

ＯＥＣＤ（２０１５）で公表されている医療関係分野のデータ（以下、２０１３年現在）によれば、人口千人当たりの臨床医師数をみると日本は２・３人であり、ＯＥＣＤ諸国の中では下位に位置している。

ちなみにドイツは４・１人、スウェーデンは４・０人、フランスは３・３人、アメリカは２・６人などであり、ＯＥＣＤ平均は３・３人であった。また、人口千人当たりの臨床看護師数を見ても、日本は10・５人であるが、ドイツは13・０人、スウェーデンは11・２人、アメリカは11・１人、フランスは９・４人とフランスを除きいずれも日本より多い。このように医療従事者数を見ると日本は相対的に少ないのである。

その一方、医療機器の装備状況をみると日本はＯＥＣＤ諸国の中で突出している。人口千人あたりのＭＲＩ（磁気共鳴画像診断装置）は46・９台であり、２位のアメリカの35・５台を大きく引き離している。ＯＥＣＤの平均は14・１台であった。また、ＣＴスキャナー（コンピュータ断層撮影装置）は日本が人口千人当たり１０１・３台であるのに対し、２位のオーストラリアが53・7台、3位のアメリカが43・5台とこれも他国を大きく引き離している。

このように日本は人的な資源が制約される中、それを機器等で補う傾向が強く、その結果医療施設におけるコストが高まり、これを償却《しょうきゃく》するために高価な検査が行なわれるということが考えられる。医療費の節約を行なう場合には、こうした点の効率化を図ることも必要であろう。

医療におけるもう一つの日本の特徴は、外来受診回数が多く、かつ入院期間（在院日数）が長いことである。上記と同様にOECDのデータからこの点を眺めてみよう。年間一人当たりの外来受診回数はOECD諸国の中では韓国が14・6回と最も多く、次いで日本の12・9回であり、ドイツ9・9回、フランス6・4回、アメリカ4・0回、スウェーデン2・9回などと比べるとはるかに多い。

また、入院1回当たりの在院日数をみると日本は17・2日とOECDの中で最長であり、フランス10・1日、ドイツ9・1日、アメリカ6・1日などと比べても長い。そのため、自然と病床数も多くなり、人口千人当たりの病床数は13・3床とこれもOECD諸国の中で最多となっている（OECD諸国の平均は4・8床である）。

このように医療機関等へのアクセスが容易であることの背景には、日本は医療機関に対してフリーアクセスを認めていることがその背景にある。ヨーロッパ諸国ではかかりつけ医に受診した後、二次医療機関（大病院等）に行くのが一般的であるが、日本ではいまだそうした仕組みはできていない。

最近ではかかりつけ医の必要性も強調されるようになってきたが、まだまだ一般的ではない。ただし、風邪などの軽微な症状で大病院に行くことを抑止するため、初診料等に加えて5000円以上（ベッド数が500床以上病院）の選定療養費を支払うなどの仕組みが導入されている。

地域医療構想と医療供給体制の変革

2014年に「医療介護総合確保推進法」が成立した。やや地味なニュースであったが、この法律によって今後の医療供給体制が大きく変わろうとしている。すでに見てきたように、日本では入院が多く、ベッド数も多いという特徴があり、これが医療の効率化を妨げている側面があった。そこで病院から地域での医療供給へと視点をシフトさせ、過度な入院に頼らない「効率的かつ質の高い医療提供体制の構築」へと舵《かじ》を切った。そのため、都道府県は２０１６年度半ばまでに「地域医療構想」を策定することとなった。

この地域医療構想は、これまでそれぞれの機能が見えにくかった病床を、高度急性期機能、急性期機能、回復期機能、慢性期機能の四機能に分け、医療機能ごとに２０２５年の医療需要と病床の必要量を推計して定めることとなったのである。これにより、機能を分化しないままだと現在（２０１３年）の１３４・７万床が２０２５年には１５２万床にまで病床数が増加すると見込まれるが、機能分化により効率化を図ることで１１５～１１９万床に抑えられるとしている。

病床数を効率化するということは、いままで以上に在宅での医療を重視していくということであり、同時に「『病院完結型』の医療から、地域全体で治し、支える『地域完結型』の医療への転換」（厚生労働省ＨＰ「医療・介護総合確保の推進について」より）を図ることでもある。今後は「地域包括ケア」とも連携した体制づくりが急がれることとなる。

5　人材不足が懸念される介護保険制度

新しい社会保険としての介護保険制度

介護保険は、2000年4月から開始された最も新しい社会保険制度である。その目的は、家庭内で行なわれていた介護を社会化することであった。「老老介護」や同居する家族の介護負担を軽減するだけでなく、新たに介護を産業化したという点も強調していいだろう。

介護保険制度では介護サービスを受けるためには、市町村での認定調査等を経て要支援・要介護の認定が必要となる。要支援の認定者は1、2の二段階に分かれ、介護が必要にならないよう、予防を目的としたサービスを受けることになり、また要介護の認定者は1から5までの五段階に分類され、施設サービス、居宅サービス、それに地域密着サービスを受けることになる。

介護保険制度ではこれらのサービスを受けた場合、自己負担は1割（一定以上の所得者は2割）であり、残りは保険者である市町村が負担することになる。その財源は50％を保険料で、残りの50％を公費で賄うことになっている。

介護保険の被保険者は65歳以上の第1号被保険者と40～64歳の医療保険加入者からなる第2号被保険者に分かれる。第1号被保険者の保険料は市町村によって異なるが、全国平均では現在5514円である。この保険料は3年に1回改定され、現在は第6期（2015～17年度）で定まったものであるが、第5期（2012～14年度）の4972円と比べて引き上げられている。

膨張する介護需要

開始されてまだ15年余りの介護保険制度であるが、年々要支援・要介護認定者（以下、要介護等認定者という）は増加している。2000年度当初では要介護等認定者は218万人であったが、2015年度当初では608万人とほぼ2・8倍に増加している。これには二つの要素があり、〈図表4－4〉（190ページ）で説明したように、高齢化とともに介護を必要とする人口が増加したことと、介護保険制度が普及したことで潜在的な介護需要が掘り起こされたことによると考えられる。

なお、要介護度別に増加数をみると、要支援・要介護1の比較的介護のレベルが低い層

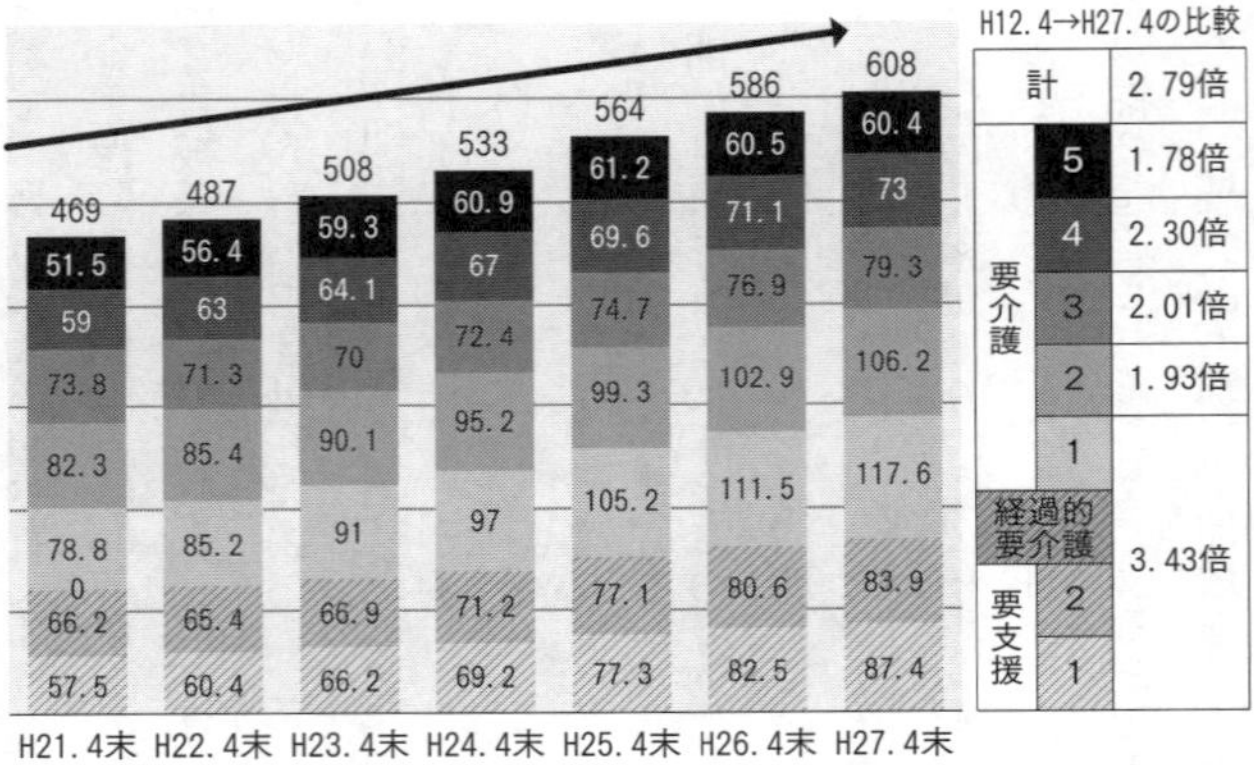

（出典：介護保険事業状況報告）

出所：厚生労働省「公的介護保険制度の現状と今後の役割」（平成27年度）

で３・４倍の増加を記録しており、この層が要介護等認定者増加の要因となっていることがわかる（〈図表４‐10〉参照）。

要介護等認定者の増加とともに介護保険の総費用も急増している。制度開始時の２０００年度では総費用は３・６兆円に過ぎなかったが、２０１６年度では10・４兆円にまで膨らむ見込みである。

前述したように、総費用が膨らめばそれに応じて公費負担や保険料も増加する。そのため、第一号被保険者の保険料が上昇しているのである。自己負担１割を除いた部分のうち公費負担は50％であるが、このうち国が半分を負担することになっており、これが直接、社会保障関係費を増加させることになる。

〈図表4-10〉要介護度別認定者数の推移

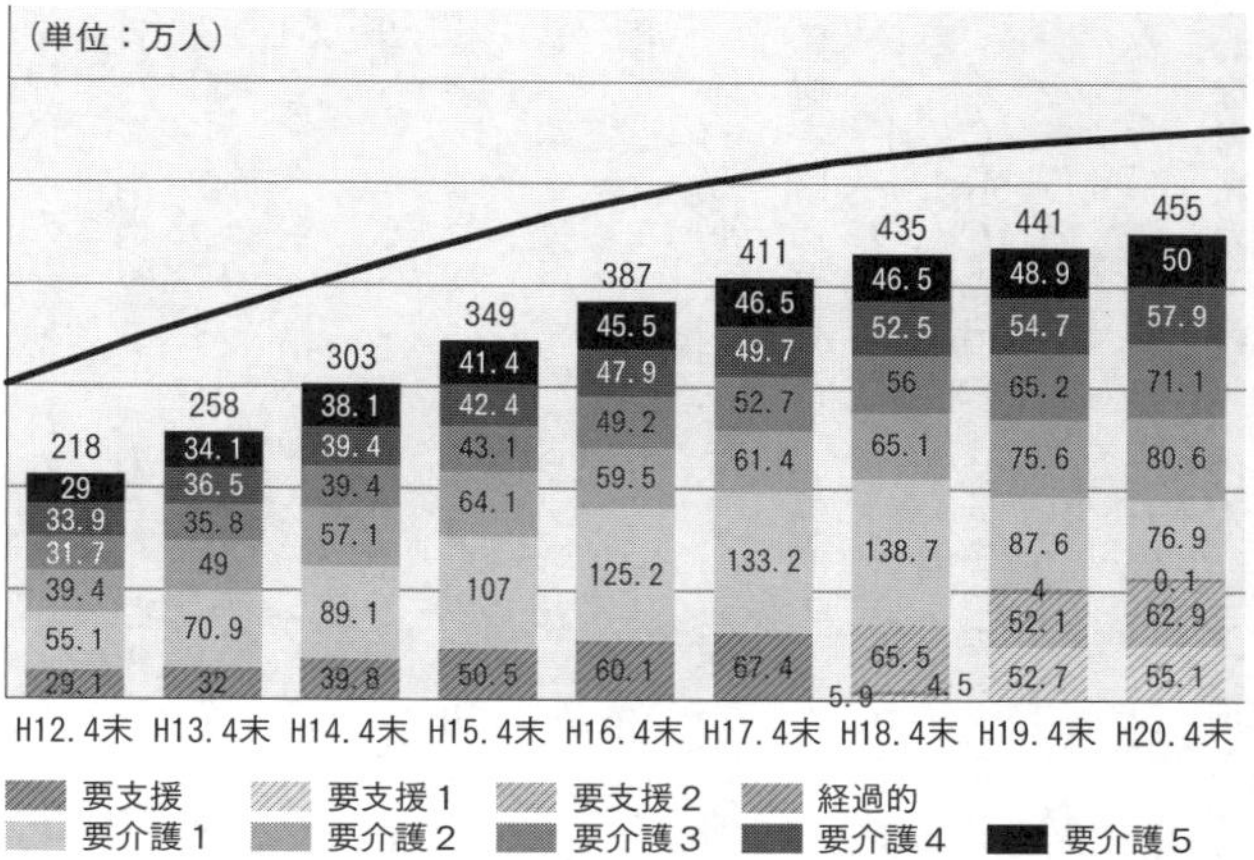

なお、厚生労働省では今後介護総費用が増加することで、第１号被保険者の保険料（全国平均）は現在の５５１４円から２０２０年度では６７７１円、２０２５年度では８１６５円にまで上昇するとみている。

東京圏での介護不足とＣＣＲＣ

高齢化とともに要介護等認定者が増加することは間違いないが、地域的にはその増加率は大きく異なる。２０１５年６月に日本創成会議・首都圏問題検討分科会は「東京圏高齢化危機回避戦略」として、東京圏は医療・介護の供給余力が不足しているとするレポートを公表した。

このレポートでは全国の介護・医療需要の

将来見込みの試算を行なっているが、介護需要に着目すると、２０２５年には２０１５年と比べて介護サービス利用者は32・３%、また２０４０年には２０２５年と比べて21・１%増加するのに対し、東京圏だけをみると２０２５年では２０１５年比で45・０%（埼玉県51・５%、千葉県49・８%）、２０４０年では２０２５年比で27・５%（埼玉県28・５%、千葉県28・３%）もの増加になるとしている。日本創成会議は東京圏、とりわけ埼玉県や千葉県にはそれだけの介護需要を満たす施設も人材も不足するとして警鐘を鳴らした。

　レポートではそのための対策として、①医療介護サービスの「人材依存度」を引き下げる構造改革（ＩＣＴやロボットの活用など）、②地域医療介護体制の整備と高齢者の集住化の一体的促進、③一都三県の連携・広域対応、とともに④東京圏の高齢者の地方移住環境の整備を図る必要があるとした。

　レポートの発表後、高齢者の地方移住を念頭にした日本版ＣＣＲＣ構想が議論され始めた。ＣＣＲＣとはContinuing Care Retirement Community の略であり、日本では「生涯活躍のまち構想」と呼ばれている。これは健康なうちから地方に移住して地域社会に溶《と》け込み、介護が必要になった場合にはその地方で介護を受けられるようにするというのが基本的な考え方である。日本創成会議のレポートでもＣＣＲＣ構想に適した市町村をいくつか挙げて推奨している。

CCRCなどの地方移住は東京圏の高齢化問題に対する一つの方法であるが、しかしこれだけですべてが解決するとは考えていない。巷《ちまた》では日本創成会議は地方移住で問題を解決しようとしているという誤解があるが、前述したようにCCRCを含めたさまざまな対策を用いてこの問題に対処しなければならないというのがレポートの骨子《こつし》である。

介護人材の不足とその対応

東京圏のみならず、全国で介護人材の不足が問題となっている。介護人材の不足には高齢者の増加という需要面のみならず、人材自体が少ないという供給面もある。とりわけ、介護職の賃金が低い、労働がきつい、あるいは介護に関する仕事にはキャリア・パスが見えにくい、などの課題もあって必要な介護人材を確保することが困難である。

筆者も参加した経済産業省の「将来の介護需要に即した介護サービス提供に関する研究会」では、詳細に地域別の介護需要等を試算するとともに、人材確保手段の検討の他、生産性上昇によって必要な人材の節約効果などを示した〈図表4-11〉参照)。

経済産業省の試算によれば、2025年では介護人材需要が247万人であるのに対

〈図表4-11〉介護人材不足への対応

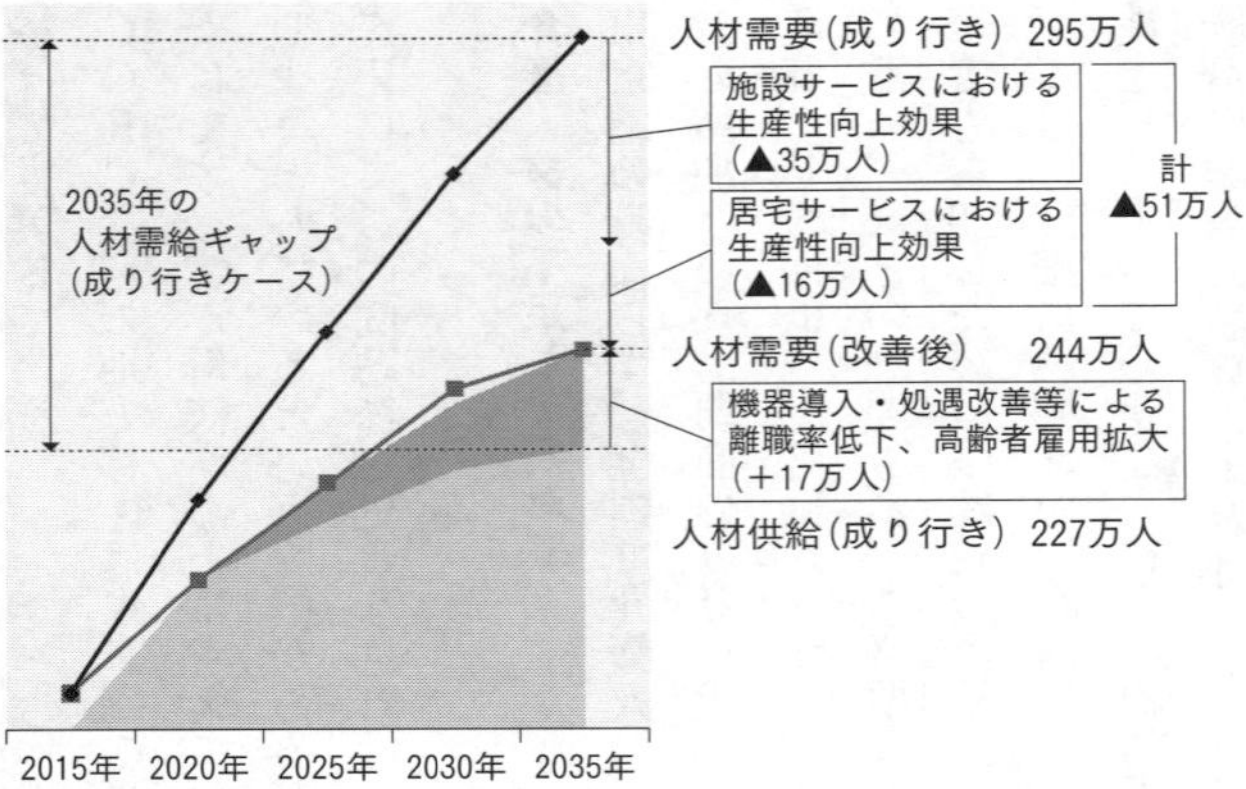

出所:経済産業省「将来の介護需要に即した介護サービス提供に関する研究会」報告書

し、人材供給は215万人に留まり31万人程度の不足が、また2035年では295万人の介護人材需要に対し、人材供給は227万人で68万人の不足が生じることになる。

これに対し、AIやロボットの活用などの生産性向上によって、施設サービスで35万人、居宅サービスで16万人の節約効果が見込まれ、また処遇や機器等の導入による労働環境の改善などで17万人の介護人材増が見込めることで、2035年の68万人の介護人材不足を解消できるとした。

現在、政府は介護人材の供給を増やすため賃金の引き上げ等を検討しているが、やはり決め手は生産性向上であろう。今後、アジア諸国においても高齢化が進行し、介護に対する需要が急増すると見られている。日本が、ＡＩやロボット等を駆使して生産性向上に成功すれば、新たな輸出産業として介護産業を位置づけることができるようになり、まさに成長戦略の柱になる可能性を持っていると言えよう。

第5章　日本消滅を回避する戦略

日本はいま消滅の危機に立っている。人口が８０００万人になるからと言って消滅は言いすぎではないか、と思われるかもしれない。しかし人口減少のトレンドを変えないと、いつの日か本当に日本から人口が消えてしまう。人口が消滅しなくても、このままでは、日本の存在感は薄れ、経済力も期待できなくなるだろうから、われわれの子孫の生活は大変な苦労を強いられることになるだろう。

将来世代に明るい未来を残すために、何をしなければならないのか。それは少子化の流れを反転させ、人口減少に対応した国土を再構築し、高齢化していく社会に即した財政や社会保障制度に組み換え、さらに経済成長を持続可能なものとしていくことである、もちろん簡単ではない。しかし、日本を消滅から回避させるには、いますぐこれらの戦略を実行しなければならない。残された時間は少ない。

1　少子化からの脱出

少子化対策のこれまで

１９９０年に１・57ショックが世間を騒がせた後、少子化という言葉が広まると、政府は1994年に「エンゼルプラン」を策定し、保育の質および量の拡充に努めるなど本格的な少子化対策の一歩を踏み出した。これは1999年の「新エンゼルプラン」に継承されていくが、新エンゼルプランには保育のみならず、男女の働き方などの幅広い視点から少子化対策を進めることが盛り込まれた。

2003年には地方公共団体や企業を巻き込み、社会全体で子どもを育成する目的で「次世代育成支援対策推進法」が策定され、少子化対策の基本理念を定めた「少子化社会対策基本法」も成立した。その後、2010年に少子化社会対策大綱（「子ども・子育てビジョン」）が閣議決定されるなど、一向に上向かない出生率の改善にさまざまな努力が行なわれてきた。2013年には、都市部で深刻となっている待機児童の解消に焦点をあてた「待機児童解消加速化プラン」も動き出した。

2015年になると新たな「少子化社会対策大綱」が閣議決定されるとともに、認定こども園、幼稚園、保育所を通じた共通の給付である「施設型給付」などの新たな仕組みを含む「子ども・子育て支援新制度」が4月からスタートした。この新制度は、社会保障と税の一体改革により実現した消費税率引上げによる財源を利用したものだ。

このように政府はさまざまな側面から少子化対策を進めてきた。この間、保育所の定員数も1995年の192・4万人から2015年では247・5万人に、また育児休業の取得率（出産した女性労働者に占める育児休業取得者の割合）も1996年の49・1％から2014年では86・6％に上昇するなど、一定の成果を上げてきた。しかし、合計特殊出生率は1996年の1・43から2015年でも1・46と、この間上昇下降はあったもののほとんど変化はなかった。

どうすれば少子化対策は効くのか？

これまでに実施された少子化対策のメニューは、保育環境を含めた就業と育児の両立支援に加え、男性の育児参加促進や働き方の見直し、さらには児童手当などの経済支援まで含んでおり、ほぼ考えられる限りの内容が含まれている。

政策の方向性は誤っていないと考えるが、なぜ出生率は向上しないのか。そもそも政策は出生率改善に効果がないのか、という疑問はぬぐえない。その原因は一体何なのであろうか。

一つはいまだ就業と出産・育児との両立が十分でない状況がある。「出産前に就業していた既婚女性が、第1子出産前後で継続して就業できている割合は、2005年から20

09年に第1子を出産した女性でみると約38％にとどまっており、約6割の女性が出産・育児により退職している」（厚生労働省「平成27年度厚生労働白書」）といった分析もある。こうした状況を改善し、出産・育児などが女性の多様な生き方に対して障害にならないような社会を構築する必要がある。

両立支援にあたっては、昨今《さっこん》議論されている保育士の賃金引上げや、容易ではない保育所等の設置場所の確保といった状況を改善する必要がある。加えて、保育士の確保であれば量的側面だけでなく、キャリアを追求したい人、ある程度の収入が確保できればいい人、専業主婦を志向する人など多様なニーズに沿った雇用の仕組みの提供も考えなければならない。いずれにせよ、財源がさらに必要な状況が解決されていないのである。では、財源があれば出生率は改善するのか。

〈図表5-1〉はOECD諸国を対象として、2011年における家族支出（対GDP比）と合計特殊出生率（TFR）との関係を示したものである。この家族支出は現金給付（児童手当や出産・育児休業手当など）と現物給付（保育所運営費や子ども・子育て支援対策費など）の合計である。一般的な傾向として、家族支出の対GDP比が大きい国ほどTFRは高いことがわかる。この結果は、少子化対策が出生率改善に有効であるということの証左でも

〈図表5-1〉家族支出とＴＦＲ（2011年）

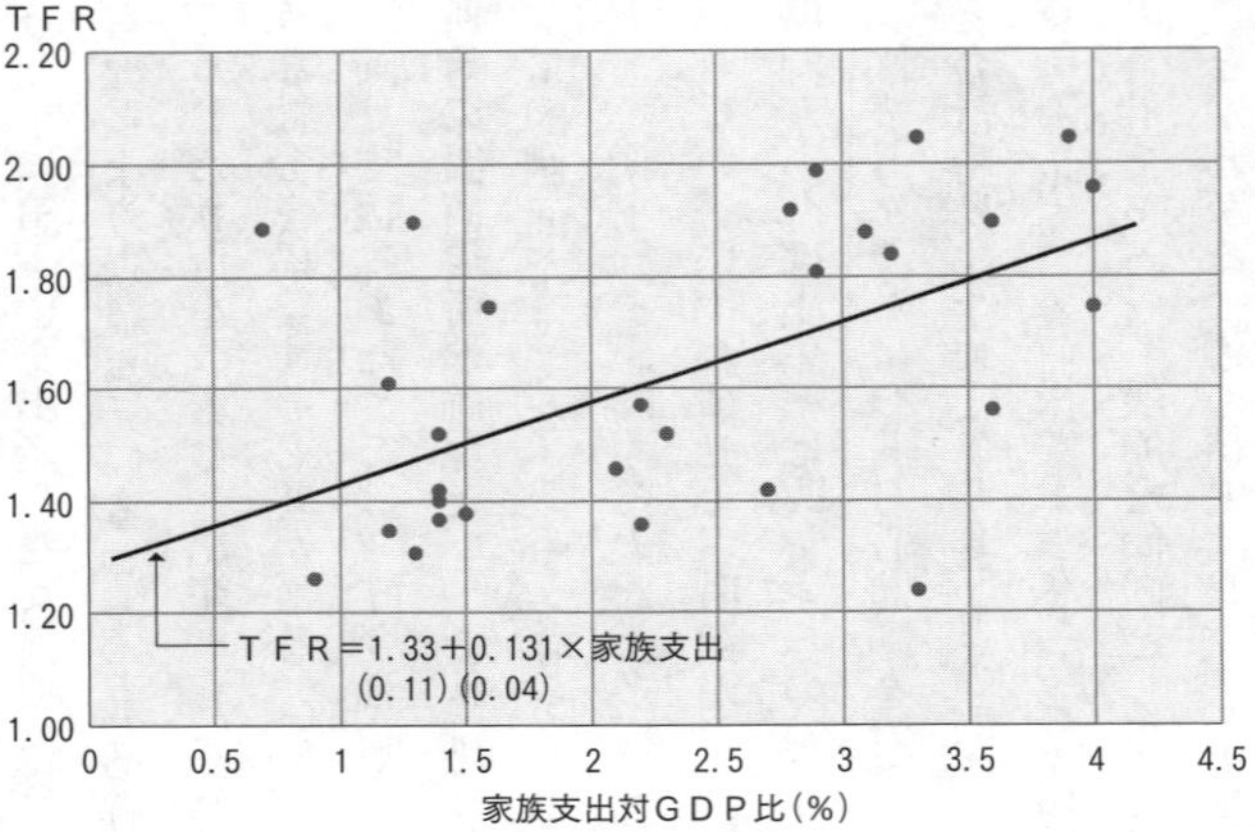

資料：OECD"Social Expenditure Data base"他

ある。

　では、日本の家族支出の規模はどの程度だろうか。２０１１年の家族支出対ＧＤＰ比は１・35％であったが、これは２０００年の０・６％、２００５年の０・８％と比較すれば上昇しているものの、出生率が高い先進諸国と比べるとまだまだ低い。

　たとえばオーストラリア（ＴＦＲは１・92）は２・８％、フランス（同１・99）は２・９％、またスウェーデン（同１・90）は３・５％などであり、日本の２倍以上の支出を行なっている。日本もさらに家族支出を増やすことで、出生率を改善することは可能である。また、加藤・中野（２０１６）では、こうした家族支出を現在の２倍程度に増やせば、Ｔ

FRは2・0を超える可能性があることを示した。

より多くの財源を少子化対策に投入することで、出生率は引き上げられる。問題は財源である。膨大な借金を背負っている日本では単純に支出拡大というわけにはいかないので、高齢者向け社会支出を振り向けることで財源を捻出《ねんしゅつ》することも考えなければならない。この点は後で再び触れたい。

その他、少子化対策で考えるべきこと

少子化対策に関連して、若者の雇用の安定化、婚活と少子化対策、社会の意識改革の三点について述べておきたい。

少子化は特定の一つの要因で生じたわけではないので、これを行なえば少子化問題は解決するという決定打はない。できることは何でもやる、というスタンスが大事だと考える。その際、忘れてならない条件として若者の雇用や所得の安定がある。雇用や所得に関して将来の見通しが明るくなければ、子どもを持つことや結婚などの家族形成を行なうことは難しい。

正規雇用者と非正規雇用者を比べると、後者は経済的な理由で結婚に不安を持つ人が多

いなどの分析もある。「相対所得仮説」という出生率の決定要因に関する理論でも、将来の見通しが明るい時期ほど出生率は高いと述べている（拙著『人口経済学』〈日本経済新聞出版社〉参照）。

一方で、非正規雇用者の割合は年々上昇しており、若者の正社員化や雇用の安定なども出生率改善のための必要条件であると言える。若者の正社員化、雇用の安定化は長期的に見れば個々人の人的資本投資につながり、経済全体の生産性上昇にも寄与する政策なので、少子化対策の観点のみならず重点を置くべき施策である。

次に、婚活についてである。結婚さえすれば女性は二人程度の子どもを持つのだから、婚活が少子化対策の決め手であるとする論調もある。しかし、女性は（男性もそうであるが）結婚というイベントだけを人生の中から切り離して決断をするのではなく、その後の出産・育児、就業、両親の介護等々、さまざまなことを結びつけて考え、その中で結婚をするかどうかを決断しているはずである。

言いかえれば、結婚後の出産・育児・就業などの一連の人生の出来事を総合して考えなければ、結婚の決断はできない。したがって、婚活だけ、保育だけ、あるいは就業支援だけ、というのではなく有機的な連関を持った政策を進めていく必要がある。

〈図表5-2〉第一子出産年齢と合計特殊出生率（2014年）

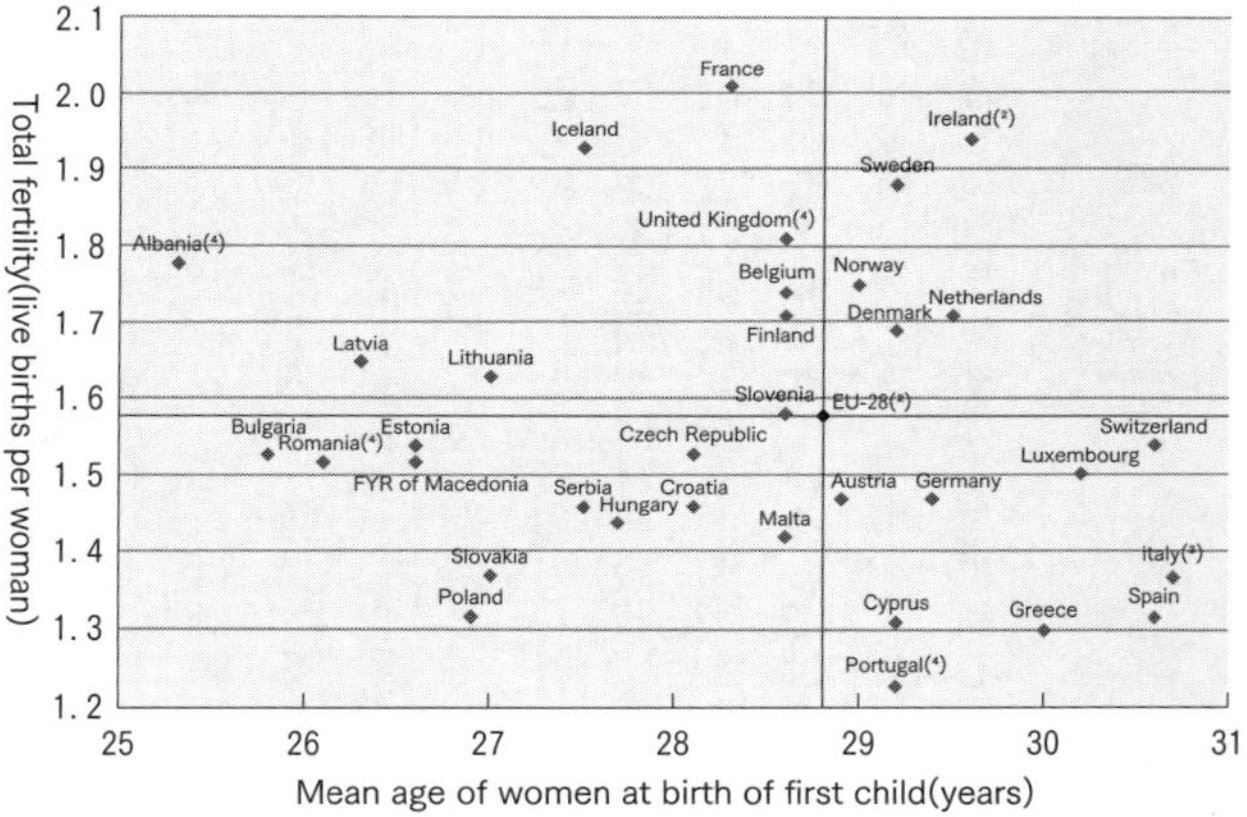

資料：EU "Eurostat"

　また、婚活を重視する立場からは、結婚年齢の遅れが出産年齢の遅れをもたらし、これが出生率の低下に結びつくという見方がある。これは一概に否定できないが、しかし第一子出産年齢と出生率の間には相関がないというデータもある。

〈図表5-2〉はEU諸国における両者の関係を示したものであるが、ほとんど二者の間には相関が見られない。すなわち、第一子出産年齢と出生率には関係が見られないということは、晩婚化が低出生率に与える影響も限られているということを示唆《しさ》する。この点はさらに検討すべき余地があるが、これまであまり議論されていない論点でもあり、ここに提示しておきたい。

加えて、やや情緒的な議論であり、データによるエビデンスが収集しにくいものであるが、少子化の流れを反転させるには、社会にとって子どもは必要だという社会全体の意識の改革も欠かせない。これは価値観の変化を伴うものであって、簡単なことではないが、子どもを増やす、人口を維持することが経済社会の安定につながるということをしっかり理解していく必要がある。「希望出生率1・8」などの政府目標の提示は、その意味からしてもいい契機になると期待している。

子どもや女性にとって優しい社会をつくり上げることも大事だ。最近ではマタニティマークに対する疑問や保育所設置に関する反対など、社会的な議論をもたらす事柄も散見する。個々人の価値観や生活環境を考慮する必要はもちろんあるが、相対的に社会における許容力が低下してきているのではないかという危惧《きぐ》もある。女性の就業継続に対しても、職場や家庭（夫）での理解が十分に行き渡っているとはまだまだ言えない。こうした意識改革なしには出生率の上昇は難しいと言わざるをえない。

2 持続的な経済成長を維持する戦略

労働力減少への対応

経済成長を今後も維持していくには、労働力人口の確保が不可欠である。人口減少が進む中で労働力人口を確保するには、労働力率を引き上げていくしかない。しかし、生産年齢人口に該当する男性の労働力率はほぼ9割を超えており、これ以上労働力率を引き上げることは難しい。そのため、女性や高齢者などの就業を促進することがまずは必要になる。

もちろん、これに加えて外国人労働力の受入れも必要になるが、この問題については多くの課題も指摘されている。しかしながら長期的には海外人材の受入れを検討するべきである（以下のグローバル化と海外人材の箇所で改めて述べる）。高齢者に関しては第2章ですでに議論を紹介したこともあり、以下では女性の活躍について述べておきたい。

女性の労働力率（25～54歳）に関する国際比較を示したものが〈図表5－3〉である。これによれば日本の2013年の女性の労働力率は73・6％であり、スウェーデンの88・

〈図表5-3〉女性の労働力率の比較(25〜54歳、2013年)

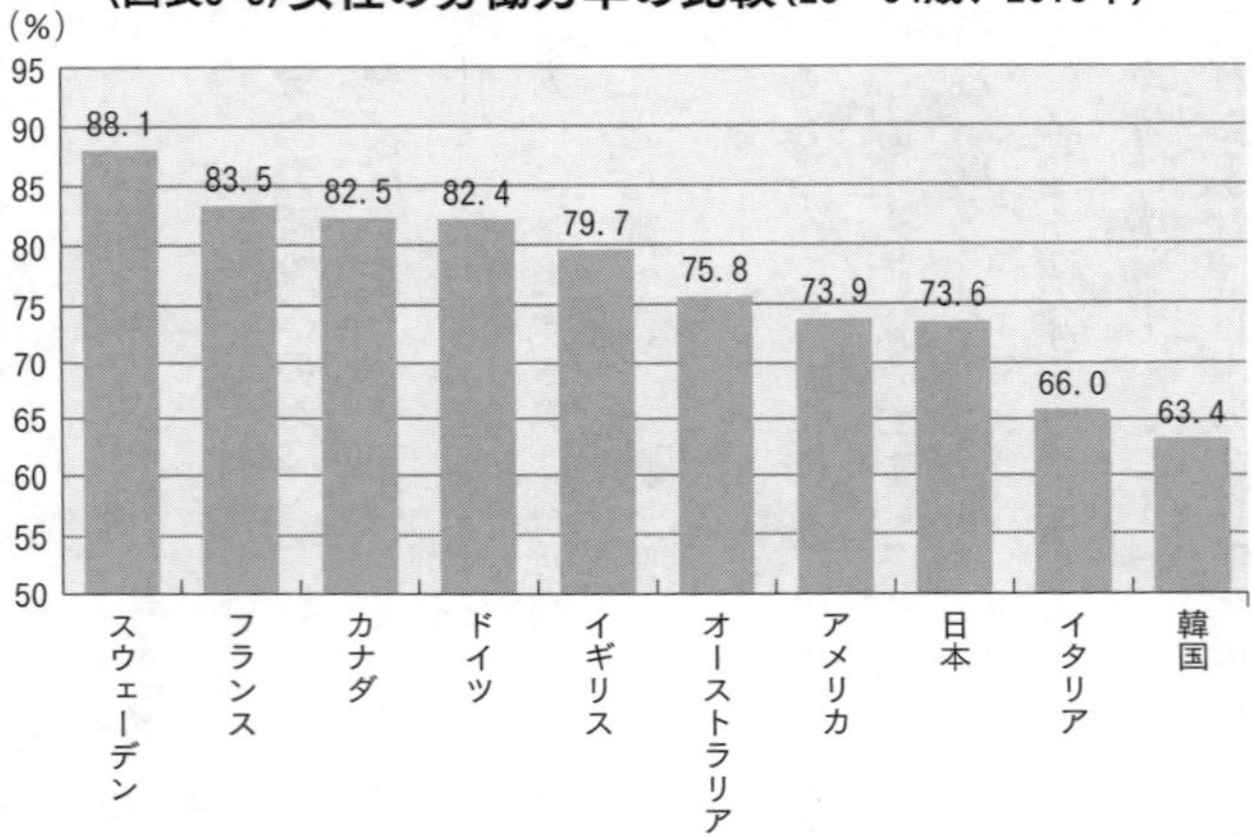

出所：独立行政法人労働政策研究・研修機構「データブック国際労働比較2015」

１%、フランスの83・5%、さらにはドイツの82・4%と比べるとまだまだ低いことがわかる。スウェーデンやフランスとの差を一気に詰めることは難しいが、今後10〜15%ポイント程度、労働力率を引き上げることがまずは目標となろう。

非常にざっくりとした計算だが、２０３０年時点の25〜54歳の女性人口は１９５４万人であり、もし15%ポイントだけ労働力率が上昇すれば２９０万人程度の労働力人口が確保できることになる。ただし、第２章で述べたように、２０１４年から２０３０年にかけて８００万人もの労働力人口が減少すると予測されており、女性の活用だけではとても追いつかない。

さらに、これまで女性の就業継続と出産・育児の両立が難しいことが少子化の大きな要因の一つでもあったことから、ただ女性の就業促進を進めるだけでは出生率の低下を再び招く懸念もある。

この点については少子化対策と並行して慎重に進めていく必要がある。大事なことは女性をただ労働力として見るのではなく、これからの経済社会において多様な分野で活躍する担い手として支援していくことである。

女性活躍とその課題

女性の多様な活躍の支援は、安倍政権下の成長戦略の一環として注目を集めている。その必要性については、男女共同参画社会の実現と併せて以前から議論されてきたものである。女性活躍という言葉には多様な意味が含まれ、労働力として労働市場に進出するだけでなく、より広く政治・経済・社会でさまざまな立場から活躍することとして捉えたい。その場合、考慮すべきいくつかの論点がある。

第一に、女性の多様で柔軟な生き方への支援が必要とされている。高度経済成長期以降の日本型雇用システムの下では男性中心の働き方が主流であった。いわゆる伝統的家族観にあっては、専業主婦世帯が代表的な世帯モデルであり、こうした見方は現在においても根強いものがある。

また1970年代中盤以降、女性の労働力率は高まってきたが自らの希望に添えず、非正規就業に就かざるをえない女性もいまだに多く存在する。すなわち、働き方の質の面からみれば、女性が望む就業機会は依然として限られているといえる。このような意味からも、多様で柔軟な女性の生き方を支援する必要がある。

第二は、労働力の確保のための両立支援が、少子化対策になるという視点がある。これまでも述べてきたように、結婚・出産・育児と就業との選択を迫られる女性はいまだに多く存在する。就業希望の女性が、育児などを理由に就業をあきらめざるをえない場合、就業をあきらめることで生じる逸失所得が子どもを持つことの機会コストとなり、こうした機会コストの高さが少子化をもたらした一因となっている。

両立支援により、女性が育児と就業との選択を迫られずに活躍できる社会を実現し、これが出生率の改善につながれば、労働力供給増を通じて、日本社会の持続可能性の確保が期待できる。

第三は、男女格差の改善とグローバル社会への対応である。労働・雇用の面のみならず、社会進出や所得分配、その他の面において男女間に格差が存在する。男女格差の状況は、諸外国と比較しても改善すべき点が大きい。グローバル化の潮流の中で、今後諸外国との結びつきが一層深まり、雇用等において共通の土俵で競争する際にも、このような男女格差は解消すべき課題だと考えられる。

生産性向上のための戦略

潜在的な経済成長率を維持するには、生産性の向上が不可欠である。すでにみたように労働力の確保も重要であるが、長期的な経済成長を決定する最大の要因は、やはり生産性の上昇である。経済学では生産性を捉える場合、全要素生産性（ＴＦＰ）を意味することが多い。

全要素生産性は「工学的な技術革新や様々なイノベーション、ブランド戦略、革新的な経営戦略、知的財産の有効活用などを包括した広義の技術進歩を表した指標」（日本生産性本部「日本の生産性の動向２０１５年版」）である。

全要素生産性は労働と資本による経済成長への寄与を差し引いた残差として計測されるため、短期的な変動は大きいが、長期的な経済成長を決定する最大の要因でもある。〈図

表2‐8（102ページ）〉で示したように2000年代以降、この全要素生産性の成長率は年率0・5％程度となっている。

資本ストックの影響を無視すれば、今後50年間で人口の減少率は毎年マイナス0・5％程度と見られる。単純に人口と同じ率だけ労働力人口が減少するとすれば、全要素生産性が0・5％上昇すれば、ほぼ現在のマクロの経済水準を維持できることになる（労働力率の上昇などが実現すれば、全要素生産性の上昇率はもう少し低い値でもかまわない）。

社会保障制度等を維持するために、より高い成長率を実現しなければならなく、一つの目標として全要素生産性上昇率を1970〜90年代並みの1・5％程度に引き上げることも考えられる。なお、内閣府「中長期の経済財政に関する試算」（平成28年1月21日）では、全要素生産性上昇率は、今後2・2％で推移することが前提となっている。

この生産性上昇率は、どうすれば引き上げることができるのだろうか。経済産業省「平成25年版通商白書」では、個別企業に関する全要素生産性上昇率の決定要因を分析している。

その結果を示したものが〈図表5‐4〉である。この図表は経済産業省が実施した「企業活動基本調査」の個票データを利用したものであるが、ここから、①グローバル展開し

〈図表5-4〉全要素生産性上昇率の決定要因

サンプル数：153, 350
サンプル期間：2001-2008年

説明変数	被説明変数：相対TFP上昇率					
	係数推定値	標準誤差	*t*値	*p*値	95％下限	95％上限
輸出集約度（t-1）	0.131***	0.010	12.73	0.000	0.111	0.151
海外出資比率（t-1）	0.086***	0.023	3.70	0.000	0.041	0.132
総従業者数の対数値（t-1）	0.273***	0.002	140.06	0.000	0.270	0.277
企業年齢の対数値（t-1）	-0.029***	0.008	-3.40	0.001	-0.045	-0.012
企業年齢の対数値の二乗（t-1）	0.004***	0.001	2.90	0.004	0.001	0.007
外資系企業ダミー（t-1）	0.132***	0.007	18.27	0.000	0.118	0.146
日本の子会社ダミー（t-1）	0.039***	0.002	19.35	0.000	0.035	0.043
R&D集約度（t-1）	0.650***	0.046	14.29	0.000	0.561	0.740
情報化投資比率（t-1）	0.494***	0.099	4.99	0.000	0.300	0.688
TFP水準の対数値（t-1）	-0.253***	0.002	-155.80	0.000	-0.256	-0.250
定数項	-1.842***	0.023	-80.97	0.000	-1.887	-1.798
自由度修正済み決定係数	0.162					
*F*値	117.0（0.000）					

備考：Pooled OLSによる推定。推定式には年ダミー、産業ダミー（3桁レベル）を含む。***は有意水準1％で統計的に有意であることを示す。外資系企業ダミー、日本の子会社ダミーは、日本の独立系企業をベンチマークとしている。*F*値の横の括弧内の数字は*F*値に対応する*p*値である。
資料：経済産業省「企業活動基本調査」から作成。

出所：経済産業省「通商白書2013」、p. 21.

ている企業、②研究開発（R&D）を積極的に行なっている企業、③情報化投資を積極的に行なっている企業ほど全要素生産性上昇率が高いことがわかる。

すなわち、将来の生産性向上の鍵はこの三つにあると考えられる。このうち、研究開発はイノベーション等を通じて生産性上昇に直接つながるとされ、いかに研究開発を支援するかが問われる。なお、イノベーションとは生産物、生産・販売過程、それらの創造的手法と普及を総称する用語である。

ＯＥＣＤ（２０１０）では、イノベーションが持続可能な成長にとって不可欠であり、さらには研究開発、ソフトウエア、データベース、技能などの無形資産に対する重要性がますます高まっているとしている。日本生産性本部（2015）においても「生産性向上のためには、ICT投資だけでなく、無形資産投資も欠かせない」（日本生産性本部〈2015〉、宮川《みやがわ》努《つとむ》第1章「生産性向上における無形資産の役割」）と述べている。

このように、生産性上昇を図るには、いかに無形資産の蓄積を進めるかがポイントとなる。

グローバル化と海外人材

グローバル化への対応は生産性上昇に寄与するとされるが、それはどのような経路からだろうか。一般に三つの点が考えられる。

第一は、海外からの輸入拡大は材料、技術、設備等の選択肢を広げることになり、これによって効率性が高まるというものである。また生産品の輸入により、それに体化された先進技術を会得できるという点もある。

第二は、海外進出に伴う競争を通じて、国内企業等の効率化の改善に繋がるという視点である。

そして第三は、国内にない技術、経験、アイデアなどを持つグローバル人材の獲得によって国内企業等の生産性向上に寄与できるという視点である。このうち、グローバル人材について考えてみよう。

この節の冒頭でも述べたように、労働力人口の減少に対して女性や高齢者とともに、海外人材の活用も検討する必要がある。現在でも技能実習生等の受入れ拡大がなされているが、生産性上昇にはより高度な人材の受入れを進めなければならない。法務省は２０１２年度から高度人材（高度学術研究活動、高度専門・技術活動、高度経営・管理活動）の受入れを促進するためのポイント制（獲得ポイントによって出入国管理上の優遇措置を与える）を開始したが、その有効性についてはさらに検討を進めていく必要がある。

今後もこうした高度人材の受入れを進めていかなければならないが、そのための障壁は多い。第一に、年功序列、終身雇用など日本型雇用システムという見えない障壁が海外人材の定着を難しくしている面があること、第二に、コミュニケーションのツールとしての言語障壁（英語の通用可能性）があること、そして最も難しい点は、海外の高度人材にとって経済成長の鈍化などにより日本がそれほど魅力的でなくなったこと、などがある。

最後の点は自縄自《じじょうじ》縛《ばく》の面もあるが、選択される国としての日本でなければ、グローバル人材を受け入れて、それによる生産性向上を図ることが難しいということである。

経路

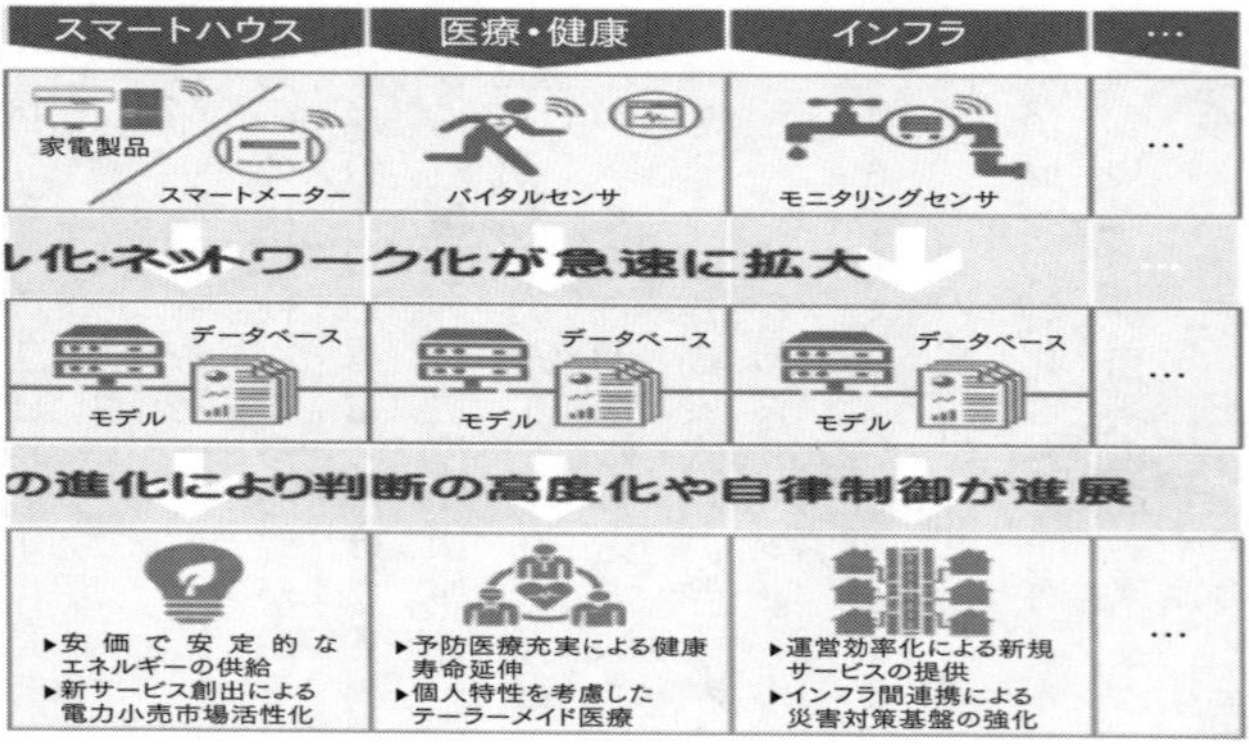

出所：経済産業省「2015年版ものづくり白書」p. 156

インダストリー4・0、AI・ロボット、そしてビッグデータ

生産性向上に関してはこれ以外にも多岐にわたる論点があり、この節の中で議論することはとても紙幅の関係で限界がある。以下では、近年、注目されているインダストリー4・0、ビッグデータ、AI・ロボットの活用などの話題について触れておきたい。

インダストリー4・0とはドイツで起こった製造業の現場を大きく変える動きであり、サプライチェーンや工場などを相互にネットワークでつなぎ、あらゆるモノ（設備や製品等）を連携させるという、製造現場の高度化の試みである。

インダストリー4・0によって、製造現場

〈図表5-5〉IoTやビッグデータの利用による生産性上昇の

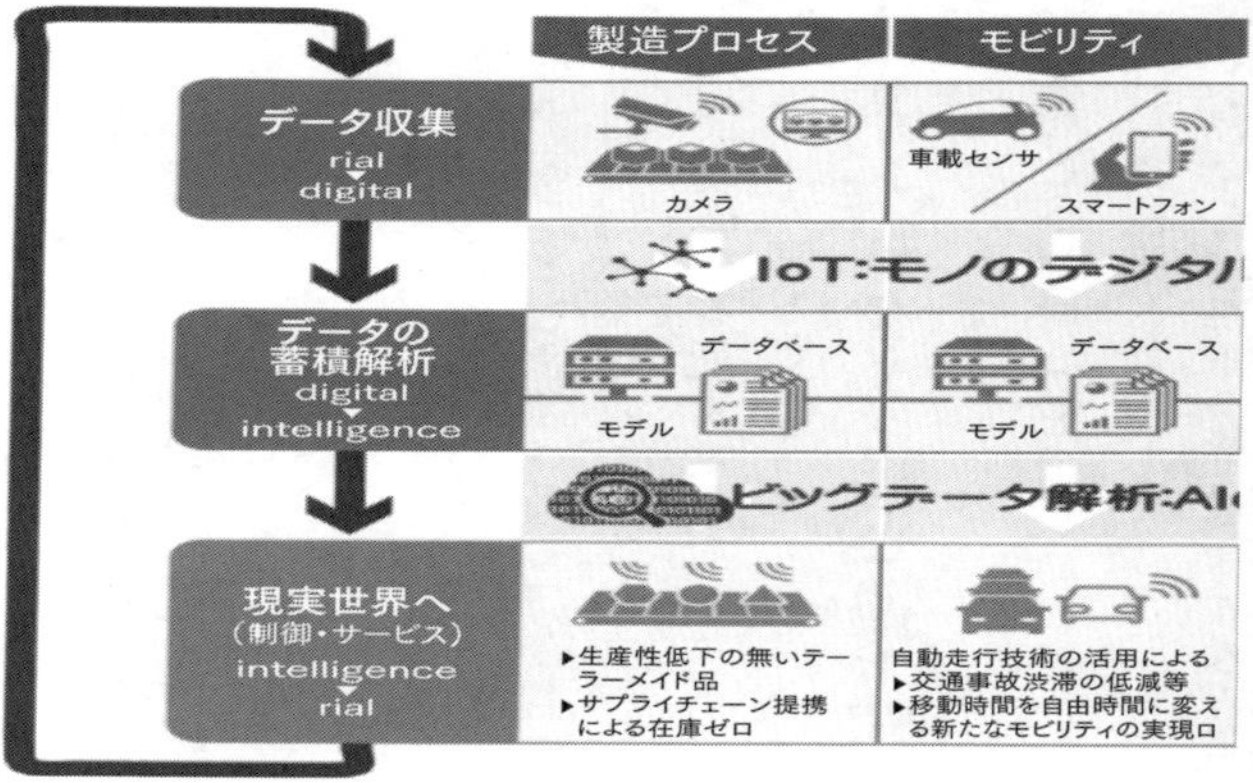

での効率性を高め、高い付加価値を持つ製品を産出することができるようになる。ドイツ政府は世界の製造業のリーダーとなる目的をもってインダストリー4・0を進めている。

インダストリー4・0はIoT（Internet of Things）やビッグデータなどを活用した生産性向上の仕組みの一つであるが、これをさらに一般化したイメージが〈図表5-5〉である。

こうした「人工知能・ビッグデータのもたらす変革は、単なる情報技術の進展、あるいは、IT分野に閉じた変化と見るべきではなく、全産業分野を変革するものであると見るべきである」（経済産業省「日本の『稼ぐ力』創出研究会　とりまとめ」）。

また、ＡＩ（人工知能）やロボットなどの活用も生産性上昇の有力な手段となる。人工知能が自ら学習することで、ヒトよりも大量のデータを高速で処理することが可能となり、加えてロボットによって複雑で大量のデータを用いた作業が自動化できることになれば、これまでの製造業やサービス業では考えられないイノベーションが生じることが期待できる。

高齢化する日本では今後、こうした新たなイノベーションの流れに対応可能な若い人材が減少することも懸念される。これまで以上に一人一人に教育などを通じた人的資本投資を進めて、イノベーションの先頭に立てる人材を輩出することが、持続的な経済成長を維持するためにも不可欠であろう。

3　コンパクト化と拠点化

東京をどう発展させるか

第３章で詳細に検討したように、東京圏一極集中には集積の経済などプラスの側面と、出生・育児環境が十分ではないなど混雑現象としてのマイナスの側面があり、このマイナスの側面をいかに改善するかが問われている。

低い出生率や高齢者の急増に伴う医療・介護供給能力の限界といった課題は全国共通のものであるが、東京圏は全国の中でも突出して深刻な状況にある。これらの問題は各自治体が単独で解決することはきわめて難しいものばかりである。

さらに、東京圏内部においても23区など都心から若い家族が郊外へ転居する、高齢者が居住地外の介護施設に入居するなど、自治体の枠組みを超えた構造を有しており、自治体間の連携が必要になる場面も多い。

そもそも少子化対策を考えてみても、ある自治体が魅力的なメニューを提示すればその自治体に周辺から移住するインセンティブをもたらし、そのメニューのキャパシティが限界となる可能性もある。待機児童対策によって保育資源のキャパシティを増やした自治体に子どもを持つ家族が移り住み、翌年はさらに待機児童が増えるといった状況もある。横浜市はまさにその具体的な事例であった。こうした課題を解決するには自治体間で共通の政策メニューの提示が必要となる。

こうした自治体間の連携の必要性を考えると、独立した都県それぞれの政策を調整し、東京圏共通の少子化対策、医療介護対策などが可能となるシステムが必要となる。首都圏庁のような新しい行政単位を設けることも考えられるが、こうした分野の政策を統括する縦断的な組織を設置する改革など、この問題を解決するための方策に関して早急に議論を始めるべきである。

一方、プラスの側面に関しては、東京圏がさらに国際都市へと発展することで、日本経済を今後も牽引していくことが可能となる。グローバルな企業や人材を受入れ、国内への投資や生産性向上のための刺激を与え続けられるような東京圏を構築するため、積極的な規制緩和などが欠かせない。

容積率や土地利用規制といった旧来型の規制緩和のみならず、混合診療の容認、病床規制の緩和、海外からのＩＴ人材の受入れ、研究開発に関する優遇措置など、これからの国内産業の発展につながる規制緩和の方策は多数ある。東京都ではすでに国家戦略特区などの指定を受けているが、この動きをさらに促進していくことが求められる。

地方拠点都市への選択と集中

人口減少時代の国土構造を考えると、人口が拡散している状況をコンパクトな構造にシフトさせていかなければならない。これには二重の意味がある。一つは広域的な視点から、拠点都市を核として周辺の市町村とが有機的に結びついていくというものであり、もう一つは狭義の意味でコンパクトシティー化を進めていくということである。ここでは前者について議論をしてみたい（後者の議論に関しては第3章を参照されたい）。

地方の拠点都市へヒト・モノ・カネの集積を進めることで、より効率的な都市圏を構築し、東京圏に対抗していくというのがその目的である。東京圏の一極集中への対応は東京という大都市を弱めるのではなく、地方の拠点都市を相対的に強くすることがウィンウィンの解であると考える。たしかに東京の魅力を弱めれば地方から若者が東京に移動することはなくなるが、引いては日本経済全体の足を引っ張ることになる。そうではなく、地方が強くなること、特に拠点都市を中心とした自立した経済圏を確立することが大事である。

これには批判も考えられる。たとえば、地方の拠点都市を強くすることは小さな東京を生み出すだけではないか、拠点都市に集積が進めば現在の東京圏同様に混雑現象を生み出すだけではないか、あるいは周辺の市町村を切り捨てることになるのではないか、などである。

地方の拠点都市、あるいは道府県の中心となる都市には歴史から受け継いできた伝統があり、その周辺地域の特色も息づいている。北陸新幹線が開通し金沢が活気に満ち始めたが、さらに発展したとしても、北陸の小京都と呼ばれた金沢が東京を縮小したような都市になるかといえば、そうはならないであろう。アジアに向いて成長を続けている福岡は東京と同じ国際化の道を歩んでいるとしても、そこには差別化された戦略があるはずである。

決して、小東京ばかりが生まれるのではない。また、集積が混雑現象を引き起こす恐れはあるが、それは東京圏での改革を参考に対応していくこともできる。少なくとも少子化対策は東京圏だけの問題ではなく、日本全体の課題であり、それは地方においても改善していくべき課題である。さらに、周辺の市町村を切り捨てるのではなく、今後人口減少が続く中で、市町村間の効率的な連携を高めるためにコンパクト化を進めるのである。

では、拠点都市とはどこなのか、具体的にどの都市に「選択と集中」を行なうのか、と問われるならば、まずは現在20ある指定都市（政令で指定された人口50万人以上の市、政令指定都市とも呼ばれる）がその中心になろう。しかしその分布は偏《かたよ》っており、東北には仙台市、北陸にも新潟市しかない、あるいは四国には指定都市がない、など指定都市を補完する県庁所在地なども重要である。

大阪は元気になるか

地方拠点都市に集積を進めることに加え、都市間競争の観点からは大阪が元気になることも欠かせない。単純に東京都と大阪府を人口増加率で比べると、2005年から2015年までの10年間でそれぞれ0・7%、0・02%（いずれも年率）であり、大阪府は2000年代に入って人口がほとんど増加していない。

さらに2015年の国勢調査の速報では大阪府は2010年と比べると人口減少に転じている。一方、東京都の人口増加は続いている。また、一人当たり県民所得の値を全国の平均値で割った指標をみると東京都は1・49であるのに対し、大阪府は0・99（いずれも2012年度）であり、大阪府の一人当たり所得は全国平均を下回っているのである。

こうした大阪の停滞は、東京圏の一極集中を促す要因の一つになっていると考えられる。日本経済を牽引する大都市が東西に一つずつあり、それぞれが東日本、西日本の中心として元気であれば、西日本を含む地方から東京圏だけに集中することは考えにくい。大阪が元気を取り戻すことが、当面の国土構造再構築の鍵になると考える。

4　財政と社会保障制度の改革

財政規律を維持するために

中央と地方を合わせた長期の借金が1000兆円を超え、さらに2016年度では、34兆円を超える公債を発行しなければ一般会計の予算が確保できないという事態は、きわめて深刻である。借金をすれば当然、金利の支払いが伴う。

現在は低金利の状況にあって、利払い費は抑えられているが、いったん金利が上昇すればさらに借金を重ねなければならないという事態も容易に想像できる。それ以上に、金利の上昇と公債価格の下落によって日本政府の信用が失われ、最悪の状況では政府の破産も起きかねない。

一方、政府は年金の積立金や公共施設などの資産もあるのだから、借金と相殺《そうさい》してネットでみればそんなに心配することはない、という誤った意見もある。

現在（2015年末）、140兆円近い年金積立金はあるが、これは将来の年金給付を行なうためのものであり、これを使ってしまえば将来の年金を支払うことができなくなる。

国道等の公共施設を売却すれば、これ以降その公共施設を使用するには費用を負担しなければならなくなる。そもそも政府の建物などを売却してしまえば、政府の機能はストップして、国民生活に支障となることは間違いない。

ＯＥＣＤは負債から資産を相殺した純債務残高（ネットの債務残高）の対ＧＤＰ比も公表しているが、日本は２０１６年度末の見込みで１３５・０％（グロスの債務残高の対ＧＤＰ比は２３２・４％）とこれも先進国の中では際立って高い。資産があるからといって安心できる状態では全くない。

こうした状況をいかに改善するかが問われており、第４章でも議論したが、まずは２０２０年度のプライマリー・バランス（基礎的財政収支）を黒字化することから始めなければならない。その後、債務残高対ＧＤＰ比を安定的に引き下げるというのが、２０１４年６月に策定した「経済・財政再生計画」（経済財政運営と改革の基本方針２０１５）で定められ、国際公約ともみなされている。

プライマリー・バランスの黒字化のためには歳出の削減と税収増の双方からアプローチしなければならない。注目すべきは税収であって、消費税率の10％への引上げが2年半、先送りされた。しかし、短期の経済状況を消費税率引上げの判断条件とするなら、いくら

〈図表5-6〉財政の超長期推計

〈一般政府の基礎的財政支出(対ＧＤＰ比)(イメージ)〉

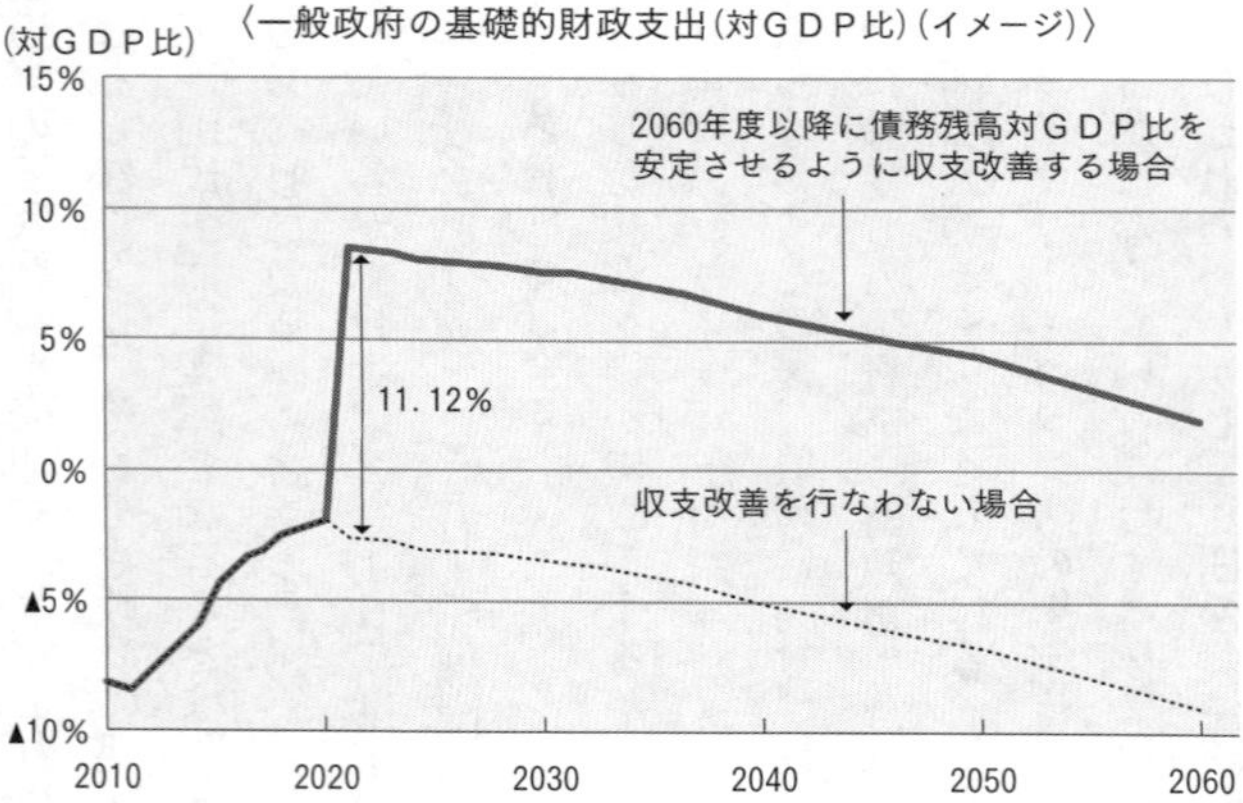

〈一般政府の債務残高(対ＧＤＰ比)(イメージ)〉

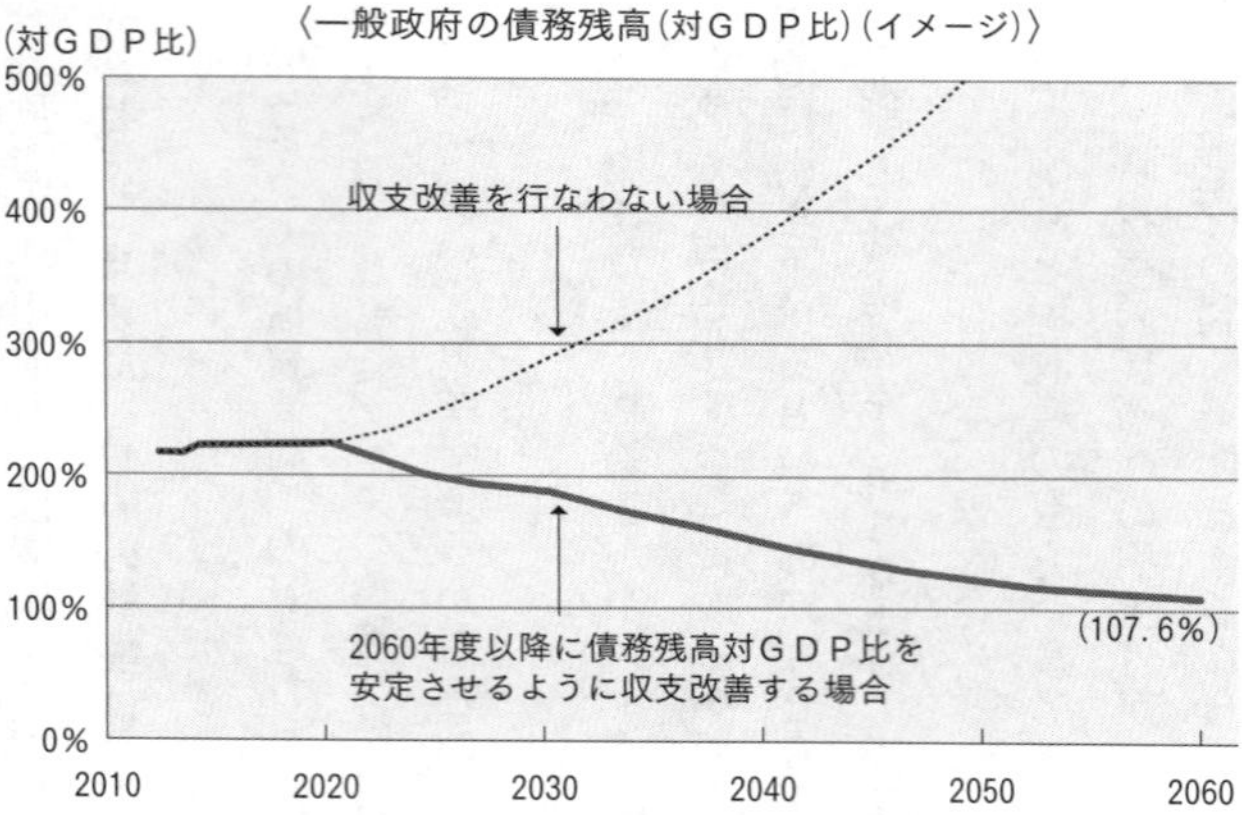

出所：財政制度等審議会起草検討委員提出資料(平成27年10月9日)、
「我が国の財政に関する長期推計(改訂版)」

でも口実を設けた税率引上げの先送りは可能になる。まずは時の政権が粛々と増税ができるような、より厳格な縛りが必要である。

〈図表5-6〉は、財政制度等審議会の起草検討委員による「我が国の財政に関する長期推計（改訂版）」において紹介された将来の財政状況である。いくつかの仮定があるが、2060年度以降に政府債務の対GDP比を安定させるためには、2020年度時点において対GDP比11・12％のプライマリー・バランスの改善が必要であることを示しており、もし収支改善が行なわれない場合には、政府債務の対GDP比は急速に膨張し発散してしまうというものである。これが現実とならないような財政運営が求められているのである。

諸外国の財政健全化目標

日本の財政規律を議論する際には、諸外国の事例が参考になる。よく知られているのが1993年に合意されたマーストリヒト基準であり、EU各国は一般政府の財政収支の対GDP比をマイナス3％と債務残高の対GDP比を60％以内に収めるというものである。

さらに欧州債務危機以降、2012年の財政協定に基づいて、各国は憲法等に財政収支均衡もしくは黒字化を義務化するなどのより厳しい財政健全化目標を定めることになった。なお、債務残高の対GDP比が60％を超えている国は、構造的財政赤字（景気変動の要因を除いた財政赤字）が対GDP比0・5％以内の範囲で中期財政目標を設定し、それに沿っていれば協定を遵守《じゅんしゅ》していることとみなしている。いずれにせよ、日本よりも厳しい財政健全化目標が実施されている。

国別にみると、スペインは2016年までに財政収支対GDP比をマイナス2・8％以下とし、2019年までに構造的財政収支を均衡化する。イタリアも2018年までに構造的財政収支を均衡化するなど、債務危機に直面した国は厳しい目標を立てている。それ以外の国でもフランスは2017年までに財政収支対GDP比をマイナス2・7％以下とし、2019年までに構造的財政収支を均衡化するとしている。

ドイツは連邦および州の財政収支を原則として均衡化するとともに、（ドイツ）連邦政府は2016年から構造的財政収支の対GDP比をマイナス0・35％以内とするなどの目標を設定している。EU加盟国ではないが、アメリカは2025年度までに連邦政府の財政赤字を対GDP比で3％以内にするとしている。

こうした諸外国の財政健全化目標をみると、日本のプライマリー・バランスの黒字化はあまりにも緩《ゆる》い目標でしかない。さらに、2020年度以降は、債務残高対GDP比を安定的に引き下げるというだけであり、数値目標を定めているわけではない。日本は先進国の中でも財政状況は最も深刻であるにもかかわらず、財政に対する危機感が乏しいと言わざるをえない。

消費税を考える

消費税率の引上げが議論されるたびに、逆進性が必ず指摘される。逆進性とは、所得の低い世帯ほど相対的に多くの税を支払うことをいう。所得の低い世帯ほど所得に占める消費の割合が大きい（言いかえれば貯蓄が少ない）ため、消費税では消費がより多い低所得世帯にとって厳しいという批判である。

そのため、税率を10％に引き上げる際に食品等に対して軽減税率を適用することとなっている（これについては、対象品目の線引きが曖昧な点や導入時のコストがかかること、税の簡素さが失われるなどの理由から反対であるが）。はたして本当に逆進的な税であろうか。

税の負担を議論する場合、どのような時点で負担を考えるのかを明確にする必要がある。一時点（あるいは年齢）の所得と消費を捉えれば両者に差があるが、生涯所得と生涯

〈図表5-7〉諸外国の付加価値税率（2015年1月現在）

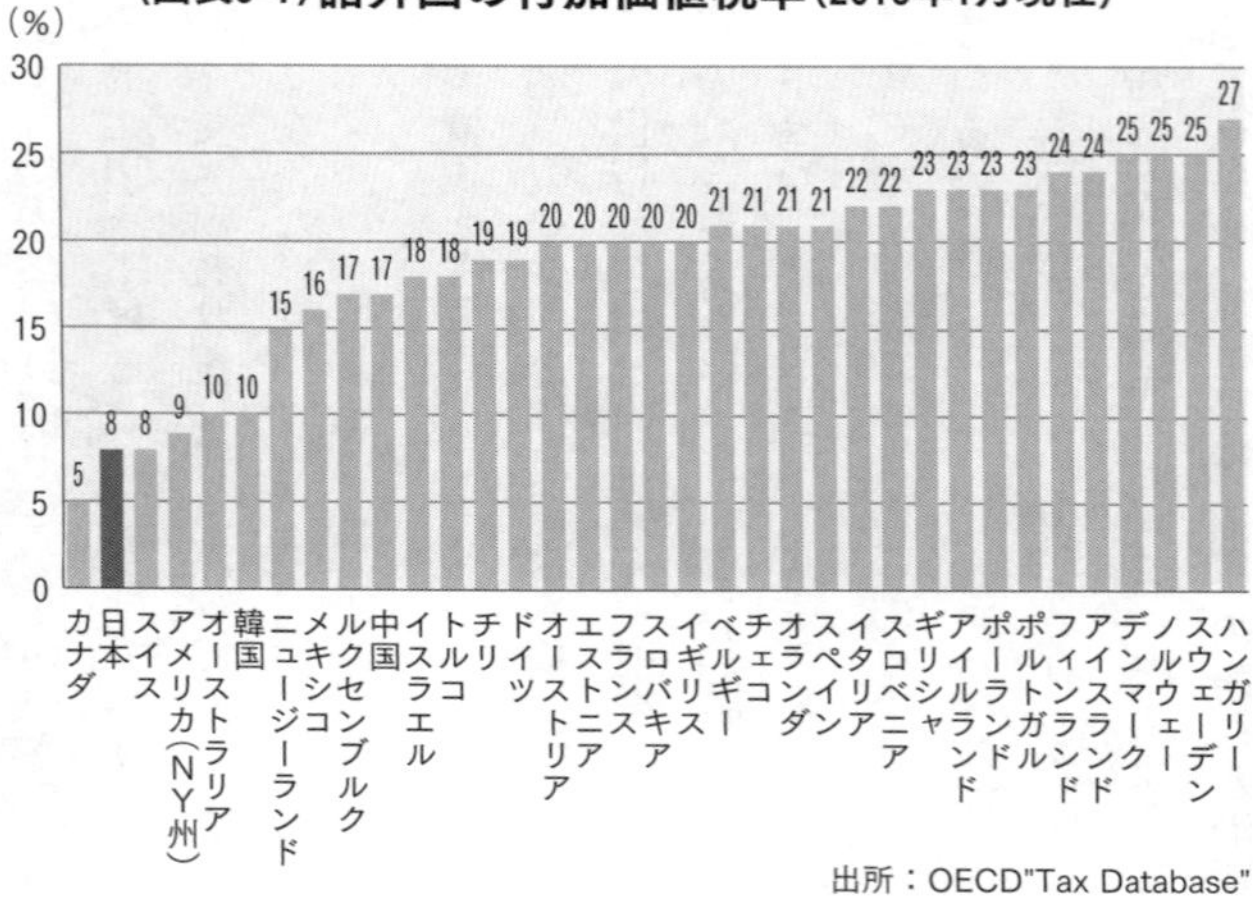

出所：OECD"Tax Database"

消費を比べれば両者はほぼ一致する（相続資産等を除く場合）。

所得税は累進課税になっており、高い所得者が多くの負担を行なう。一方、消費税はフラットな税率で負担を求めるものであって、所得税に比べれば累進性は小さい。しかしながら、生涯の所得と消費がほぼ同じであれば、消費税は所得比例税として捉えることができるのであって、それほど逆進性が高いわけではない。

加えて、日本の場合、消費税からの税収は社会保障４経費（年金・医療・介護・子育て）にすべて充てられることとなっている。すなわち所得再分配の財源でもある。その意味では比較的低所得の世帯に対しての支援の財源になるのであって、税の使われ方までを含めて考えれば逆進性は相当に小さくなっているはずである。

逆進性で消費税よりも問題があるのは、定額の社会保険料である。たとえば国民年金の第一号被保険者が負担する保険料は２０１６年度では１万６２６０円で定額である。所得の如何《いかん》にかかわらず同額の保険料負担こそが逆進性の最たるものと考えられる。

後述するように、基礎年金の財源をすべて税に求め、それを消費税収で賄うことを提案するが、そのほうが逆進性を弱めることができるのである。

累進性による負担の公平性が特徴の所得税と、安定した税収が期待できる消費税の利点を総合して、今後の税体系のあり方を考えなければならない。所得税にもクロヨンなどと呼ばれる所得の捕捉の不完全性（サラリーマンは９割所得が捕捉されているが、自営業は６割、農業等は４割しか補捉されていない）の問題が指摘されるが、これはマイナンバーが普及することで解消に向かうと期待される。

大事なことは両者の特徴を組み合わせた税体系にすることであり、また財政健全化のために消費税によるさらなる税収確保も検討するべきである。

〈図表５－７〉は諸外国の付加価値税（日本の消費税）の税率を比較したものであるが、

日本の消費税率は諸外国と比べてもきわめて低い（EU諸国は付加価値税率を15％以上としている）。将来、どこまで引き上げるかは、財政健全化の目標や社会保障給付の規模など歳出項目の見直しなどとも関連するが、10％では低すぎることだけは間違いない。

社会保障給付の抑制と負担の見直し

財政健全化を進めるには歳出の見直しが欠かせないが、その最大の項目は社会保障関連の支出である。第4章でも説明したように、近年の債務の増加は社会保障関連費用の増加が大きい。年金や医療・介護といった諸制度に関する改革の提案は次項で述べるが、ここでは社会保障制度全般を通じた見直しの方向性を議論したい。

現在、110兆円を超える社会保障給付費はここ5年間の平均でほぼ年間3兆円ずつ増加している。また、公費負担の原資となる一般会計の社会保障関係費は2000年以降、年1兆円ずつ増加している。年金や医療・介護といった高齢化によって歳出が増える可能性が高い費用でもあり、何もしなければ今後もこうした傾向は変わらないであろう。

まずは、こうした社会保障給付額の増加に一定の上限を設ける必要もある。たとえば「経済・財政再生計画」では、社会保障関係費を2016年度から18年度までは高齢化に伴う増分である合計1・5兆円（年間で5000億円相当）の伸びに留めることとしている。

今後、消費税率の引上げによって増収分があるとしても、それを除いて少なくともこの水準（年間5000億円増）を基本的な目標とするべきであろう。したがって、社会保障給付費に逆算すれば年間1・5兆円程度以内に抑えることが大前提となろう。

どのように社会保障を抑制すべきか。基本的な老後の生活を支える年金や、健康な日常生活をサポートする医療や介護を簡単に切り捨てることはできない。

したがって、社会保障給付の「選択と集中」によって、真に社会保障を必要とする者への給付、および稼得能力に応じた対象者の選択という意味で「ターゲティング」を重視する必要がある。これまでの対象者の範囲を拡大し、普遍的な社会保険を目指していた方向性を見直すことが欠かせない。

もちろん、抑制だけでなく負担の増加も考えていく必要がある。高齢化の進展は一様ではなく、2025年問題などを考えれば社会保障給付費の増加圧力はさらに高まり、その結果、一般会計の社会保障関係費を年間5000億円程度で収めることは徐々に難しくなる。その場合には消費税率引上げや社会保険料の増額などを進める必要がある。

〈図表5-8〉OECD諸国における社会保障支出と国民負担率の関係（2011年）

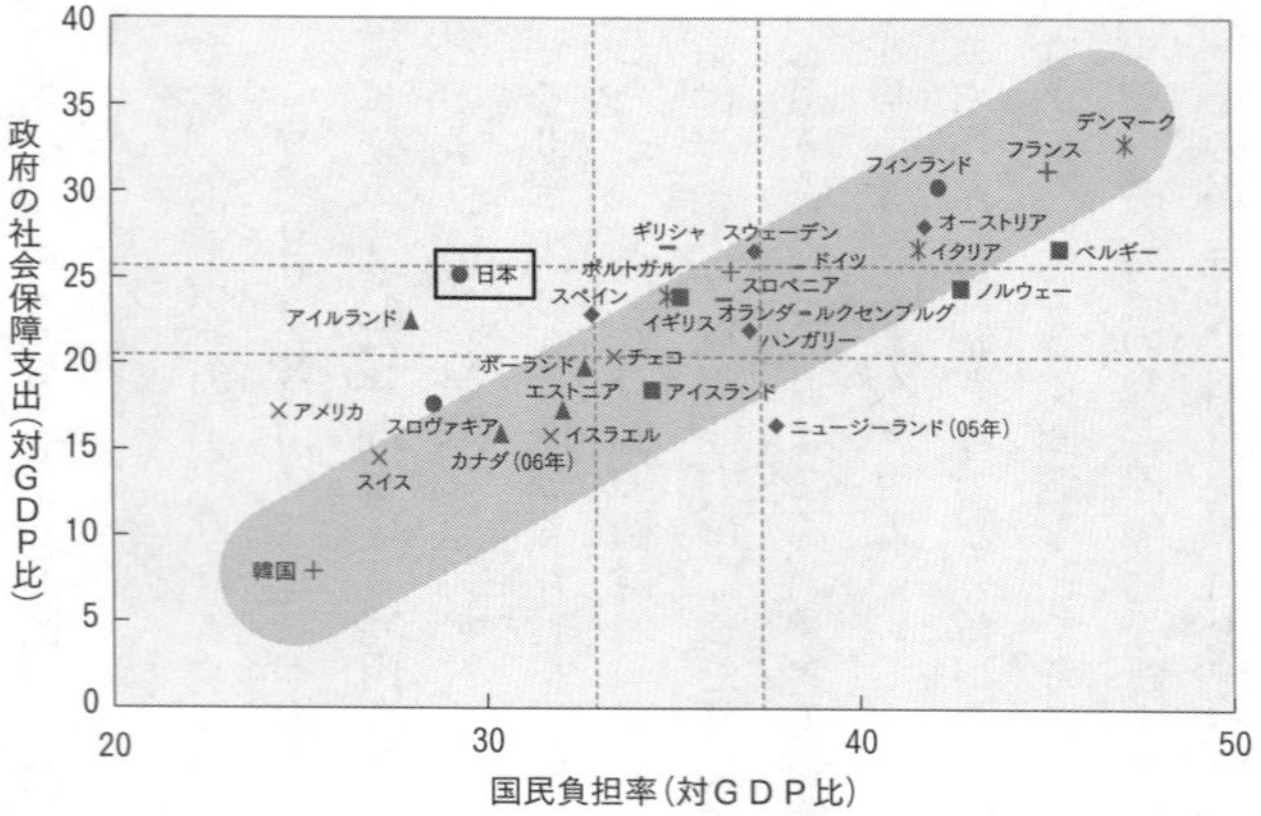

出所：財務省「日本の財政関係資料（平成28年2月）」

〈図表５－８〉にあるように、これまで諸外国に比べ負担がきわめて小さかったのであるから、社会保障給付の抑制のみならず、負担の拡大も同時に行なわなければならない。ちなみに、消費税率１％の引き上げによって２・８兆円程度の税収が期待される。消費税率が10％になったとしても地方交付税分や地方消費税がこれに含まれるため、国が使える分は６・28％であり、これは５％の時代の国の取り分である２・82％と比較しても３・46％の増分に留まる。税額にすると９・７兆円程度となる。

しかし、この中には消費税を増税したことによる社会保障の充実分や基礎年金の国庫負担分など６兆円分が含まれるので、実質的には4兆円程度しか余裕はない。たとえ、一般会計の社会保障関係費を年5000億円に止めたとしても、2020年代初頭には消費税率引き上げ分の効果はなくなってしまうことになる。それらを考えれば、消費税率の再度の引上げは不可避である。

高齢者から若者へ

消費税の税収は社会保障4経費（年金・医療・介護・子育て）に充《あ》てられることになっているが、それまでは消費税は高齢者3経費（基礎年金、老人医療、介護）に使うものとされ、ここには「子育て」が含まれていなかった。育児支援などの仕組みが社会保障として位置づけられたとともに、消費税収の使途として子育てが加わったことは評価すべきであるが、現実には高齢者向け支出に偏っている傾向は否めない。

〈図表5-9〉は、OECDの社会支出のうち高齢者向け支出と家族支出を取り出したものである。日本は年金など高齢者向けが11・0%であるのに対し、児童手当や保育所支援等に関する家族支出は1・4%でしかない。

これだけ見てもいかに高齢者に手厚い給付を行なっているかがわかるが、加えて、家族支出は他国と比べても低い水準にある。フランスは日本の概ね2倍、スウェーデン2・5

〈図表5-9〉政策分野別社会支出（対GDP比、%、2011年）

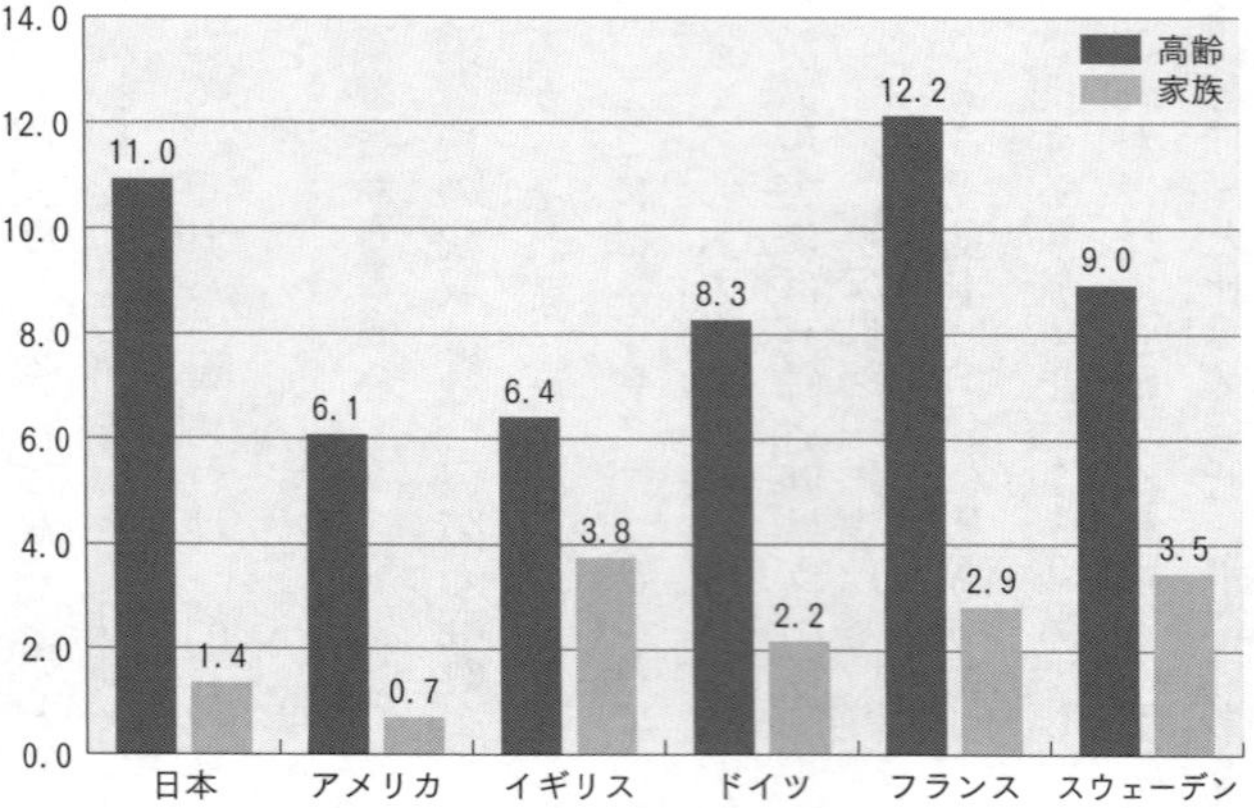

資料：国立社会保障・人口問題研究所「社会保障費用統計（平成25年度）」

倍、ドイツでも1・5倍となっている。

こうした高齢者向け給付への偏りを是正《ぜせい》していく必要がある。本当に社会保障を必要としている高齢者を選択し、それ以外の恵まれた層には給付を抑制するなどにより財政健全化を目指すとともに、本章の少子化対策のところで述べたように高齢者向け支出の抑制分を家族向け支出の財源として利用することを目指すべきである。

これは、いわゆるターゲティングの実施と若い家族向けへの給付増という、これまでの社会保障制度の方向性を大きく変えることである。とりわけ高齢者向け給付のターゲティングは高齢層から批判も起きるであろう。また、高齢者人口の政治的発言力が強いことからシルバー民主主義的な圧力も考えられないわけではない。

しかしながら、債務の拡大は後世代の負担となり、世代間の格差をさらに拡大させるだけでなく、将来の財政の持続可能性さえも奪ってしまう（すなわち政府の破産の）可能性さえ孕《はら》むのである。ここは広い観点から理解を求めていかなければならない。

年金・医療・介護制度の改革

年金制度は老後の基本的な生活を支える重要なものであり、現に無年金や低年金で貧困に陥《おちい》っている高齢者も多い。特に自営業等、基礎年金のみの受給者であって現役時代に十分に保険料を納付できなかった者は、生活保護などの公的扶助を得ている場合も多い。2012年度では被生活保護世帯のうち、43・7％が高齢世帯である。この中には未納によって年金を受けられない者もいるとみられ、こうしたモラルハザードの防止も考えなければならない。

一方、老後の生活を支えるために真に年金を必要とする者とそうでない者を区別して、年金給付の抑制を図ることも必要である。たとえばカナダではクローバック制度により所得に応じて基礎年金を減額する仕組みがあり、またオーストラリアではミーンズテストによって保有資産や所得の多寡《たか》によって年金の減額を行なう制度がある。

このような仕組みを積極的に取り入れる必要があろう。マイナンバーの普及で（資産の捕捉は難しいが）所得の捕捉が容易になれば、こうした仕組みも可能になる。

ただし、現行の公的年金制度は社会保険方式を採用しており、高所得の高齢者も権利として年金を受け取れることになっている。基礎年金ではすでに財源の2分の1を租税によっていることもあり、消費税によってすべての基礎年金の財源を賄うようにすることで、低年金や無年金の高齢者の解決、未加入などモラルハザードの防止、それに年金給付のターゲティング化のすべてが可能になる。いま一度この点を検討する時期にきているのではないか。

また、現行の年金財政は有限均衡方式を採用しているということもあり、財政検証の前提条件等が整うのであれば年金の支給開始年齢の引上げは不要である、という議論になっている。しかしながら、経済成長率や運用利回りなどの経済条件は不確実であり、公的年金制度の重要性を考えてもその財政の維持は重要であることから、支給開始年齢の引上げも改めて検討するべきであろう。

日本よりも高齢化比率が低く、かつ平均寿命が短い諸国でも支給開始年齢の引上げが予定されている。たとえばアメリカでは2027年までに67歳へ、ドイツも2029年までに67歳へ、などである。

加えて制度改正の自動化も望まれるが、これについては第4章で詳述したので参照してほしい。

医療保険制度についても、その効率性を高めるためには多くの改革を試みる必要があろう。経済・財政再生計画に伴って策定された改革工程表では、地域医療構想に関連した慢性期の医療・介護サービスの見直しやかかりつけ医の普及、高齢者などの高額療養費制度や高額介護サービス費制度の負担の引上げ、薬価・調剤診療報酬の見直し、ジェネリック薬品の普及など多くの改革項目が示されている。

こうした改革を着実に進めるとともに、かかりつけ医を普及させるために導入が検討されている、かかりつけ医以外を受診する際の定額負担や、診療先を選ばずに広く外来時の定額負担を求めるしくみ（保険で言う免責制）の導入なども検討すべきであろう。

また、現行の窓口負担のあり方も考える必要がある。真に医療を必要とする者以外（軽症の患者など）については現行の負担割合（義務教育就学時から69歳までは3割負担）を引き上げ、後日、追加負担を求めるなどの医療保険のターゲティングを進めていくことや、かかかりつけ医の普及が進んだ後にはフリーアクセスの見直し（大病院等への診療における選定療養費の支払いではなく直接的な抑制）も検討していくべきではないか。

その一方で、高額療養費制度など、高い医療費リスクへの対応を支えている仕組みを維持していくことも忘れてはならない。

介護保険制度はその開始から15年余りで不可欠な社会制度となり、今後は地域包括ケアなど、一層生活に密着した仕組みとなることは間違いない。しかし第4章でも概観したように、財政的な負担は今後も拡大していくことが予想される。ターゲティングの考え方を適用すれば、真に介護サービスを必要とする者を選択していくことが不可避であろう。

たとえば要支援もしくは要介護1程度の軽症の高齢者に対しては自己負担を引き上げる、もしくは介護保険制度の対象から見直すなども必要になるかもしれない。財政的な負担を満たさずに手厚いサービスを提供することはできない、という事実から目をそらしてはならない。

5　将来世代に豊かな日本を残すために

景気回復や経済成長がままならないうちに、人口減少が現実のものとなり、財政制約も日増しに強まっている。停滞感が拭《ぬぐ》えない日本は、このまま８０００万人社会に落ち込んでしまうのだろうか。高齢化とともに地方は仕事の担い手が減り始め、東京オリンピックで一時的に活況《かっきょう》を呈《てい》した東京もその後遺症からか元気を失い、大阪も名古屋も徐々に存在感を失う。こんなシナリオを描きたくはないし、またそうした将来を子どもや孫の世代に残すことだけはしたくない。

しかし、長い先の将来に思いを馳《は》せる前に、現実の経済の低迷のほうに気をとられ、必要な財政や社会保障の構造改革もままならない、20〜30年先にやっと収穫ができる少子化対策の果実も、今日の年金や医療・介護の確保に気を取られ、十分な肥料を与えられないというのが実情ではないだろうか。

何にも増して不足しているのは、将来に対する想像力の欠如である。８０００万人社会が訪れた未来は、どうなっているのか。それは住みやすい社会なのか、変わりない豊かさを享受できる社会なのか、そうした想像力を働かせれば、いまの日本がとんでもない場所にいることに気づくはずだ。

断崖絶壁に立たされ、強い風が吹き荒れれば、８０００万人社会という奈落の底に落ちかねない。できれば１歩でも２歩でも絶壁から離れなければならない。そして安全な場所に移ればいいのだが、その１歩を踏み出す勇気がない。

第１章から第４章まで、人口、経済、国土構造、財政・社会保障の課題を整理し、本章では先に述べたペシミスティックな未来が訪れることがないように、戦略とは言えないかもしれないが、方向性をまとめてみた。すべては、将来世代に豊かな社会を残すためにはどうすればいいのか、という問題意識がその根底にあり、そして（当然かもしれないが）現在世代がそのための責任を負わなければならないということが結論となる。

少子化も東京一極集中も、持続可能な経済成長もすべていまの世代が解決のための種をまかなければならないし、引退した世代にはそれなりの負担という形での責任を引き受けてもらわなければならない、なぜなら、今日の日本を作り上げたのは、いま、生きているわれわれすべてであるからだ。

本章のタイトルは『日本消滅を回避する戦略』としたが、もちろんここで示した戦略（方向性）ですべてが解決するわけではないし、足りないところも多々あるはずだ。日本消滅は言いすぎ、と思われる読者もいるかもしれないが、決して誇張でも何でもない。日本消滅を回避するために残された時間はわずかしかない。

おわりに

祥伝社新書編集部の磯本氏から一通のメールを頂いたことが本書の始まりだった。人口減少社会がもたらす困難を彼方此方《あちこち》で訴え、大学の講義などでも若い学生たちに問題の難しさを説いていたが、忙しさにもかまけて、自分なりにこの問題を俯瞰して整理することを怠っていた。そうしたところに頂いたメールは、まさに私にとって素晴らしい機会となった。

とはいうものの、なかなか具体的な内容を提案しない著者に圧力をかける目的か、水無瀬編集長とお会いすることとなった。緊張してお二人とお会いした後に、なぜか気が合ってしまい、筆者の大学のゼミにお招きして学生に講義をして頂いたり、コンパに参加して頂いたりした。そうこうするうちに、執筆という大前提を忘れかけてしまったが、叱咤激励を受け、何とか出版するところまでこぎつけることができた。水無瀬尚編集長と磯本美穂氏に感謝申し上げます。

第5章の最後にも述べたが、われわれは将来の世代に豊かな日本社会をバトンタッチすることができるのか、というのが本書の根底にある問題意識である。いまも大事だが、未来も大事、どちらも大事にしなければならないが、未来を疎《おろそ》かにしていないか、というメッセージで本書を締めくくりたいと思う。

２０１６年5月　初夏の駿河台にて

加藤久和《かとうひさかず》

参考文献など

加藤久和（２００１）『人口経済学入門』、日本評論社

加藤久和（２００７）『人口経済学』（日経文庫１１６０）、日本経済新聞出版社

加藤久和・中野諭（２０１６）「少子化対策で将来の出生率や人口はどうなるか？」、阿部正浩編『少子化は止められるか？』、第6章、有斐閣

経済産業省（２０１６）「将来の介護需要に即した介護サービス提供に関する研究会」報告書、http://www.meti.go.jp/press/2015/03/20160324004/20160324004.html

国立社会保障・人口問題研究所（２０１４）「全国人口の再生産に関する主要指標：２０１３年」、『人口問題研究』第70巻第4号、pp.５１２〜５２７

日本創成会議・人口減少問題検討分科会「ストップ少子化・地方元気戦略」http://www.policycouncil.jp/pdf/prop03/prop03.pdf

日本生産性本部（２０１５）「日本の生産性の動向２０１５年版」http://www.jpc-net.jp/annual_trend/

日本創成会議・首都圏問題検討分科会「東京圏高齢化危機回避戦略」http://www.policycouncil.jp/pdf/prop04/prop04.pdf

内閣府（２０１２）『地域の経済２０１２』、第3章第2節「集積のメリット」

八田達夫編（１９９４）『東京一極集中の経済分析』、日本経済新聞社

Kato, H. (2016), *An Empirical Analysis of Population and Technological Progress*, Population Studies of Japan No.5, Springer, Tokyo.

OECD (2010), *The OECD Innovation Strategy, Getting a Head Start on Tomorrow*, OECD Publishing, Paris.

OECD (2015), *Pensions at a Glance 2015: OECD and G20 indicators*, OECD Publishing, Paris.

OECD (2015b), *Health at a Glance 2015: OECD Indicators*, OECD Publishing, Paris

UN (2015) *World Population Prospects The 2015 Revision*, United Nations, New York.

切りとり線

★読者のみなさまにお願い

この本をお読みになって、どんな感想をお持ちでしょうか。祥伝社のホームページから書評をお送りいただけたら、ありがたく存じます。今後の企画の参考にさせていただきます。また、次ページの原稿用紙を切り取り、左記まで郵送していただいても結構です。

お寄せいただいた書評は、ご了解のうえ新聞・雑誌などを通じて紹介させていただくこともあります。採用の場合は、特製図書カードを差しあげます。

なお、ご記入いただいたお名前、ご住所、ご連絡先等は、書評紹介の事前了解、謝礼のお届け以外の目的で利用することはありません。また、それらの情報を6カ月を越えて保管することもありません。

〒101-8701（お手紙は郵便番号だけで届きます）
祥伝社新書編集部
電話03（3265）2310
祥伝社ホームページ　http://www.shodensha.co.jp/bookreview/

★本書の購入動機（新聞名か雑誌名、あるいは○をつけてください）

＿＿＿＿新聞の広告を見て	＿＿＿＿誌の広告を見て	＿＿＿＿新聞の書評を見て	＿＿＿＿誌の書評を見て	書店で見かけて	知人のすすめで

★100字書評……8000万人社会の衝撃——地方消滅から日本消滅へ

名前

住所

年齢

職業

加藤久和　かとう・ひさかず

1958年東京生まれ。明治大学政治経済学部教授。1981年慶應義塾大学経済学部卒業、1988年筑波大学大学院経営・政策科学研究科修了（経済学修士）。2000年博士（経済学）（中央大学）。電力中央研究所主任研究員、国立社会保障・人口問題研究所室長などを経て、2005年明治大学政治経済学部助教授、2006年４月より現職。専門は、人口経済学、社会保障論、計量経済学。主な著書に『人口経済学』（日経文庫）、『世代間格差―人口減少社会を問いなおす』（ちくま新書）など多数。

8000万人社会《まんにんしやかい》の衝撃《しょうげき》

――地方消滅から日本消滅へ

加藤久和《か とうひさかず》

2016年７月10日　初版第１刷発行

発行者……………辻 浩明

発行所……………祥伝社《しょうでんしゃ》

〒101-8701　東京都千代田区神田神保町3-3

電話　03(3265)2081(販売部)

電話　03(3265)2310(編集部)

電話　03(3265)3622(業務部)

ホームページ　http://www.shodensha.co.jp/

装丁者……………盛川和洋

印刷所……………堀内印刷

製本所……………ナショナル製本

Printed in Japan　ISBN978-4-396-11473-2　C0236